शहंशाह के कपड़े कहाँ हैं?

वाणी प्रकाशन
21-ए, दरियागंज, नई दिल्ली-110002
फोन : 011-23273167, 23275710, 41562622
फैक्स : 011-23275710
e-mail : vani_prakashan@yahoo.com

शहंशाह के कपड़े कहाँ हैं?

वागीश शुक्ल

भूमिका
मदन सोनी

वाणी प्रकाशन का लोगो
विख्यात चित्रकार मकबूल फिदा हुसेन
की कूची से

ISBN : 81-8143-489-7

वाणी प्रकाशन
21-ए, दरियागंज, नयी दिल्ली-110002
द्वारा प्रकाशित

प्रथम संस्करण : 2006

मूल्य : 225.00

आवरण : वाणी चित्रांकन

एस.एन. प्रिंटर्स, दिल्ली-110032
द्वारा मुद्रित

SHAHANSHAH KE KAPDE KAHAN HAIN
by Wagish Shukla

मृत्यु के निष्पादन के रूप में आलोचना

वागीश शुक्ल का लेखन हिन्दी आलोचना के दरवाज़े पर एक सर्वथा अजनबी आगन्तुक की दस्तक है। यूँ हमारी परम्परा का पेगॅन (बहुदेववादी) स्वभाव 'अजनबी' जैसी किसी अपवर्जक अवधारणा को मानकर नहीं चलता; उसका रूप केवल बहुलता का नहीं, बल्कि एक ऐसी भिन्नता का भी है जिसमें हर एक हर दूसरे के सन्दर्भ में किसी अन्य ग्रह से आया हुआ 'अजनबी' प्रतीत होता है; इस अर्थ में वह अजनबियों का समवाय है, और इस अर्थ में भी कि जिस मानव प्रजाति के साथ इन देवताओं का सहअस्तित्व है उसके सन्दर्भ में वे लगभग सब के सब अ-मानवीय हैं, ऐसी हस्तियाँ जिसमें सामी परम्परा के भीतर Beasts कहा जाएगा, शैतान के अवतार। इसलिए हमें इस अजनबी को लेकर चिन्तित शायद नहीं होना चाहिए। और शायद इसलिए भी कि हमारी यही पेगॅन परम्परा अतिथि को इस कदर महत्व देती रही है कि वह उसके लिए अपना घर ही नहीं अपना शरीर और आयु तक छोड़ने के लिए तत्पर देखी जाती रही है। पर यह पेगॅन अब हमारा और हमारी आलोचना (दृष्टि/देखने) का भी न यथार्थ है न आदर्श। अब भिन्न होना अनिवार्यतः अजनबी होना है, दूषण की सम्भावना से युक्त अजनबी।

अजनबी वह अनेक अर्थों में है। प्रथमतः और प्रथमद्रष्टया तो इसी अर्थ में कि जो प्रश्न, चिन्ताएँ, उत्प्रेरणाएँ आदि 'आधुनिक' हिन्दी लेखन में केन्द्रीय रही हैं, जो इस लेखन को 'आधुनिक' बनाती हैं, उन्हें वागीश शुक्ल के यहाँ हाशिये पर भी जगह प्राप्त नहीं है। और न ही उन प्रत्ययों, पदों, सन्दर्भों, मुहावरों, विचारों, विवादों, पाठों, किस्सों, चरित्रों आदि को जिनमें हिन्दी का 'आधुनिक' परिदृश्य साझा करता है। दूसरे इस अर्थ में कि वह ऐसे परिदृश्य में लगभग ऐकान्तिक रूप से पाठीय–पाठकेन्द्रिय, पाठमूलक, पाठप्रवण–लेखन है जहाँ हमारी आलोचना अपना आश्रय और अधिप्रामाण्य पाठेतर तथ्यों, भावनात्मक-वैचारिक अमूर्तनों में तलाशती हुई पाठ से उत्तरोत्तर अपसरण करती गई है। इस सीमा तक वागीश शुक्ल के लेखन को 'अनाधुनिक' या 'आधुनिक' के प्रति उदासीन लेखन भी कहा जा सकता है। लेकिन इसी सीमा तक, अन्यथा वह पश्चिम की उत्कृष्ट आधुनिक और उत्तरआधुनिक लेखन-परम्परा से गहरे प्रतिश्रुत और स्वयं हिन्दी की 'आधुनिकता'

के प्रति उत्कट रूप से आलोचनात्मक है। वह हिन्दी का किसी परम्परा, किसी स्कूल से ताल्लुक नहीं रखता।

लेकिन वागीश शुक्ल के लेखन की अजनबीयत, हिन्दी आलोचना और उसकी 'आधुनिकता' के सन्दर्भ में, जिस मूलगामी अर्थ में सबसे ज्यादा उभरती है वह है *मृत्यु*। मृत्यु की प्रवृत्ति (death instinct) नहीं, जो जीवन के विवश दोहराव में फलित होती है, बल्कि लेखन में, और लेखन के रूप में मृत्यु का निष्पादन (performance)। वागीश शुक्ल के लेखन की अजनबीयत का यह सबसे बड़ा स्रोत है। यह स्वाभाविक है क्योंकि मृत्यु 'आधुनिक' हिन्दी लेखन में खेत रहे, या कहें मृत्यु के शिकार हुए, अर्थों में शायद सबसे पहला अर्थ है। इसकी शुरुआत सम्भवतः हिन्दी आलोचना के उद्‌गम पर ही हो जाती है जब उसकी 'रसमीमांसा' पारम्परिक रसमीमांसा को उलटते हुए कविता से निष्पन्न भावों को उनकी 'लोकोत्तर' भूमि से विस्थापित कर 'लोकहृदय' में बसाने का प्रबन्ध करती है। यह वस्तुतः उस मृत्यु के निषेध की शुरुआत थी जो भरतमुनि के *नाट्यशास्त्र* में रस की रक्षा करती है, जो सहृदय के कवि तक पहुँचने से पहले उससे वे सारे आवरण और आभूषण उतरवा लेती है जो उसकी देशकाल परिमितिको, उसकी जीवननिष्ठता को परिभाषित करते हैं। हिन्दी की 'रसमीमांसा' ने कविता या साहित्य के अनुभव के लिए, रस या उसकी प्रतीति के लिए, पाठक, सहृदय या आलोचक का, और उससे भी पहले कवि या रचयिता का, न केवल 'मरना' ग़ैरज़रूरी बना दिया बल्कि उसे उस अनुभव या रस के अधिप्रामाण्य के रूप में कृति के भीतर, और अक्सर उसी से आहार प्राप्त करते हुए, *उपस्थित* रहने का समादेश भी दिया–चाहे यह उपस्थिति उसकी हो या उसके प्रतिनिधि किसी इतिहास-प्रमेय चरित्र या तथ्य की। यह अकारण नहीं कि हिन्दी साहित्य उत्तरोत्तर मुख्यतः *उपस्थिति* का साहित्य होता गया है; उसके भाव ही नहीं अभाव भी किन्हीं कृतिबाह्य उपस्थितियों, भावों या अभावों की प्रतिकृतियाँ होने में गौरव का अनुभव करते हैं, और इस प्रतिकृतित्व की खोज, या फिर आविष्कार, आलोचना की सफलता मानी जाती है। उसमें यह आत्मबोध लगभग असम्भव हो चुका है कि वह ऐसा रूपंकरण है जिसमें अस्तित्व अनस्तित्व की एक शैली के अतिरिक्त और कुछ नहीं है।

वागीश शुक्ल को पढ़ना साहित्य को इसी, अनस्तित्व के देशकाल के रूप में देखना है; मृत्यु का उसके अनुभावों और उद्दीपनों के साथ सामना करना। इन रूपकों, उपमाओं, उत्प्रेक्षाओं आदि पर ध्यान दें : शब्द और अर्थ का स्वयं को एक-दूसरे की आग में झोंककर देह-त्याग; देह के घड़े में काव्यानन्द के लिए जगह बनाते हुए प्राणवायु का निकलते जाना; रक्त के उठे काव्य को सँवारती लेखनी; रचना का वध, उसका रन्धन और आस्वादन; रचना के शव के चाकू से काटकर खाता-पचाता हुआ आलोचक; रचना की लाश पर सरसों फेंकते हुए मान्त्रिक व्याख्याकार; *अलिफ़लैला :*

मौत को फुसलाने, टालने का तरीका; *कथासरित्सागर* : कहानी के ज़रिये मरने की राह; *श्रीमद्भागवत के सात दिन* : मौत के सात दिन; मौत का होना साबित करने के लिए जिन्दगी; पौरुष यानी मृत्यु का अभ्यास...और शव, श्मशान, जलाना, दफ़नाना, चील कौओं का खाना, आत्महत्या, अकाल मृत्यु...एक अन्तहीन सिलसिला।

यह वागीश शुक्ल के लेखन की अजनबीयत का परिप्रेक्ष्य है। यह अजनबीयत प्रथमतः इस बात में है कि वह हिन्दी के जीवन-प्रमत्त वातावरण में साहित्य के उस रूपंकरण को सामने लाता है जिसका जिक्र हम अभी कर रहे थे, जिसमें साहित्य से आप कुछ भी उपलब्ध नहीं करते—सिवा अपनी उन उपलब्धियों की अर्थहीनता के बोध के जिनके आधार पर आप खुद को एक जीवित व्यक्ति के रूप में परिभाषित करते हैं, या सिवा अस्तित्व के एक ऐसे आश्वासन के जो अनस्तित्व (मृत्यु) की प्रतिभूति पर टिका हुआ है। इस तरह यह 'अजनबी' कोई और नहीं बल्कि स्वयं मृत्यु या कम से कम मृत्यु के अतिसंक्रामक वायरस के आकंठ 'दूषित' जीवन है। और अगर हम उसे गलत नहीं पहचान रहे हैं तो जाहिर है, हिन्द आलोचना के पास, उसकी इच्छा-अनिच्छा के बावजूद, इस तरह का कोई विकल्प नहीं है कि वह इस आगन्तुक की दस्तक पर कान दे या न दे। अगर वागीश शुक्ल की ही एक व्याख्या का सहारा लेकर कहें तो जीवन की धीरोदात्तता के नायकत्व में जारी नाटक की निर्दोषिता को अपनी वक्र दृष्टि से निरन्तर 'दूषित' करते विदूषक की तरह वह वहाँ हमेशा ही पहले से मौजूद है; दस्तक उसकी मौजूदगी का ऐलान मात्र है।

और यह अकारण नहीं है कि हम इस तथ्य पर इतना जोर दे रहे हैं, क्योंकि वागीश शुक्ल के यहाँ यह एक अनुलंघनीय तथ्य है। हिन्दी में साहित्य के और स्वयं जीवन के भी प्रसंग में मृत्यु का ऐसा आवेश, ऐसी व्यापक उपस्थिति अन्यत्र नहीं है। सिर्फ उपस्थिति नहीं, उसकी सहज स्वीकृति भी। यहाँ वह कोई विषय नहीं, बल्कि सह-विषयी है, चीजों के विन्यास में क्रियाशील, उनके होने का अनिवार्य सन्दर्भ, आधारभूत नियम। वह 'प्रथम उत्तर' है, साहित्य के इस पहले और बुनियादी प्रश्न का कि 'शहंशाह के कपड़े कहाँ हैं??'

> *'शहंशाह के कपड़े कहाँ हैं??' इस प्रश्न का प्रथम उत्तर मेरे पास है :* ***साहित्य मृत्यु का सामना करने की विधि है।*** *इसमें साहित्य का पढ़ना और रचना दोनों ही शामिल हैं।*

हम ध्यान दें कि यह 'उत्तर' 'मृत्यु का सामना करने की' इस 'विधि' यानी 'साहित्य' का, उसके स्वरूप के प्रश्न का, सामना करते हुए दिया गया है जो प्रश्नोत्तर के उक्त रिश्ते को मानों इस दूसरे रिश्ते में बदल देता है : मृत्यु क्या है? मृत्यु साहित्य का सामना करने की विधि है। साहित्य और मृत्यु : ये परस्पर अपवर्जक, एक सिक्के के दो पहलू नहीं, बल्कि एक दूसरे की पूर्वापेक्षा करते, परस्पर अन्तर्वेशी हैं।

इस मृत्यु-चेतना या मृत्युन्मुख चिन्ता को एक निरे आत्मपरक मामले की तरह देखना, जैसा कि हमारे मन में लोभ जाग सकता है, एक गम्भीर भूल होगी। बल्कि, इसके विपरीत, यह कहना ज्यादा सही होगा कि इसे वस्तुपरक न मानने के जिस पूर्वग्रह के चलते हमारे मन में यह लोभ जाग सकता है उसका निराकरण करना, उसकी अतार्किकता को उभारना, भी इस चिन्तन का, छोटा-मोटा ही सही, एक उद्देश्य है, और यह पूर्वग्रह इस धारणा में है कि भारतीय चेतना एक 'आनन्दवादी' चेतना है, भारतीय संस्कृति एक 'दुःखान्तविहीन' संस्कृति है :

> *मैं समझता हूँ कि इस तरह की बातें करते हुए इस ओर कोई ध्यान नहीं दिया गया है कि यह 'आनन्द' या 'सुख', जिसकी चर्चा भारतीय साहित्य-शास्त्र में केन्द्रीय है, 'लोकोत्तर' है, 'अलौकिक' है। हम जानते हैं कि भारतीय कविता वाल्मीकि की* ***रामायण*** *की उपज है और भारतीय आलोचना-विद्या भरत के* ***नाट्यशास्त्र*** *की। हम जानते हैं कि* ***रामायण*** *एक क्रौंच-मिथुन के अप्रत्यावर्तनीय ढंग से टूट जाने के नाते उपजे हुए शोक से बनी हुई रचना है, 'शोकः श्लोकत्वमागतः', शोक से ही श्लोक बन गया है। हम जानते हैं कि आलोचना-विद्या का मूल रस-विचार है, रसों का मूल 'शृंगार' हैं, शृंगार का स्थायी भाव 'रति' है और रति एक ऐसी अंगना है जिसका पति अनंग है, रति जिस लोग में है रतिपति उसके लोकोत्तर में है। इसी चिरविधवा, चिरविरहणी रति को स्थायी भाव मानकर वह साहित्य खड़ा है जिसे भारतीय साहित्य कहते हैं। इसलिए भरतमुनि ने व्यभिचारी भावों में 'निर्वेद' को, 'उदासी' को प्रथम गिना है जैसे उन्होंने शृंगार रस को रसों में प्रथम गिना है। इसी 'निर्वेद' को स्थायी भाव मानकर अभिनवगुप्त ने शान्त रस की महत्ता सिद्ध की है जिसमें सभी रसों का पर्यवसान है।*

अन्यत्र भारतीय आख्यान-परम्परा पर केन्द्रित अपने निबन्ध 'कथा शृणोति. ..इन्द्रः' में भी उन्होंने *रामायण, महाभारत, श्रीमद् भागवत, अलिफ़लैला, कथासरित्सागर,* ***रामचरितमानस*** आदि आख्यानों में मृत्यु और दुःख की नियामक उपस्थिति का विश्लेषण करते हुए उक्त धारणा की विचारहीनता को उभारा है। लेकिन जैसा कि हमने कहा, यह एक छोटा-मोटा उद्देश्य ही है। असल चीज उस निर्मिति का वि-सर्जन करना है जिसमें साहित्य और जीवन का द्वित्व कुछ इस तरह परिकल्पित है कि साहित्य 'गल्प' है और जीवन सत्य है, और इसलिए साहित्य की विश्वसनीयता, शक्ति, सार्थकता, सौन्दर्य आदि उसकी जीवननिष्ठता, जीवनपरकता में हैं, उसके 'जीवन की शर्तों' के अधीन होने में है। इसे हम अधीनस्थता न भी कहें, मैत्री ही कहें, तब भी यह समादिष्ट तो है ही : साहित्य को जीवन की मैत्री में, उसके 'सहित' *होना चाहिए*। यह *सहित* होना, जो कि *साहित्य* होने के मूल में है, साहित्य

अनुरूपताएँ हैं। वस्तुतः इन अनुरूपताओं को संकल्पपूर्वक उत्पन्न किया गया है, या कहें, उत्पन्न होने दिया गया है ताकि वह विमर्श सामने आ सके जिसमें गल्प और सत्य, साहित्य और जीवन, शब्द और अर्थ आदि के बीच भेद की कल्पित तात्त्विकता का निराकरण हो सके, या जिसमें मनुष्य को, और लेखक तथा पाठक के रूप में उसके अवतारों को, मान्त्रिक विभाजकों की उनकी वास्तविक स्थिति में पहचाना जा सके; और अन्ततः जिसमें जगत और उसका प्रतिरूप माने जानेवाले साहित्य को उनके 'अवसत्य' या 'हायपॉरियलिटि' में, या उनकी उस 'लॉयर्स पैरॉडॉक्स' जैसा होने की दशा में पकड़ा जा सके जिसमें सत्य की पहचान गल्प की इस आत्मस्वीकृति में है कि 'मैं एक गल्प हूँ'। 'पैरॉडॉक्स' यह है कि अगर यह एक सत्य-कथन है तो उसे वाकई एक गल्प (झूठा) होना चाहिए और अगर यह एक असत्य-कथन (गल्प) है तो उसे एक सत्य-वक्ता होना चाहिए। 'अवसत्य' की बात वागीश शुक्ल इस तरह करते हैं :

> *सौन्दर्यलहरी में कहा गया है कि चौसठ तन्त्रों से भगवान शिव ने (भगवती पार्वती ने) दुनिया को ठगा [---] इस छिपाव दुराव को, इस ठगी और धोखाधड़ी को, जो ज्ञान के नाम से, अस्तित्व के नाम से चालू है, मैं अवसत्य या हायपॉरियालिटि कहना पसन्द करूँगा। सत्य इसी अवसत्य के ऊपर लिपटा हुआ है, एक बाहरी छिलके की तरह, जिसे उतारकर फेंका जा सकता है।*

मृत्यु, वागीश शुक्ल के यहाँ, इस अवसत्य या लायर्स पैराडॉक्स को सामने लानेवाले उस विमर्श का ही एक नाम है जिसका ज़िक्र हमने ऊपर किया है। अगर उनका लेखन मृत्यु से अभिभूत है तो उसका कारण यही है। लेकिन इससे भी बड़ा कारण, जैसा कि वे अत्यन्त विश्वासोत्पादक ढंग से निदर्शित करते हैं, मृत्यु से उस लेखन का, उस विशाल भारतीय वाङ्मय का, अभिभूत होना है जो उनके लेखन का मुख्य आधार है, या जिसका निरूपण उनके अपने लेखन में होता है। यह पहली बार है जब हम इस वाङ्मय के भीतर मृत्यु के व्यापक संवेगों को न केवल लक्ष्य करते हैं, बल्कि ऐसे स्तर पर लक्ष्य करते हैं जहाँ वह *मृत्यु* से *अनुप्राणित* प्रतीत होता है। यह पहली बार है जब हम भारतीय साहित्य में अभाव, शून्यता, अनुपस्थिति, लोप, अपूर्णता, अज्ञातकर्त्तृत्व जैसी चीजों की इस मदर व्यापक, इस कदर संघटक और नियामक भूमिका को लक्ष्य करते हैं। ये मृत्यु के ही अनुभाव हैं, उनके वे निशान जिन पर चलते हुए वे इस 'अनुपस्थित सत्ता' (या सत्ता की अनुपस्थिति) की निरन्तर व्याप्ति की शनाख़्त करते हैं।

लेकिन साहित्य में मृत्यु और मृत्यु में साहित्य की निरन्तर व्याप्ति और आवाजाही की यह शनाख़्त, भारतीय वाङ्मय को आविष्ट, अनुप्राणित, रूपायित करती मृत्यु का यह *निरूपण* ही वागीश शुक्ल के लेखन की अजनबीयत का अकेला

कारण नहीं है। दूसरा और इससे ज्यादा महत्वपूर्ण कारण स्वयं इस लेखन में, और लेखन के रूप में, मृत्यु का घटित होना है; लेखन के रूप में मृत्यु का *निष्पादन* इससे ज्यादा महत्वपूर्ण कारण स्वयं इस लेखन में, और लेखन के रूप में, मृत्यु का घटित होना है; लेखन के रूप में मृत्यु का निष्पादन (performance); आलोचक की मृत्यु के निष्पादन के रूप में आलोचना। परिणामतः ऐसा लेखन जो 'वागीश शुक्ल का लेखन' जैसे पद को अर्थहीन बनाता प्रतीत होता है। यह चीज़ उसे कहीं ज्यादा अजनबी बनाती है, और हिन्दी के 'मांगलिक लोक' के लिए 'अमंगल' भी शायद। आतिथ्य से वंचित रखे जाने योग्य, या अस्पृश्य (=जिसे छुआ नहीं जाना चाहिए/जिसे छुआ नहीं जा सकता, क्योंकि जैसा कि आप बहाना कर सकते हैं, वह अनुपस्थित है), जैसे कि मृत्यु। यह पहली बार ऐसा लेखन (आलोचना) है जो अपनी इयत्ता या वैधता को अपने रचयिता (आलोचक) के जीवन या उपस्थिति से नहीं, उसकी मृत्यु से प्रमाणित करता है; उसके विश्वासों, आग्रहों, तर्कों आदि की शक्ति से नहीं, बल्कि उसके उत्तरोत्तर निहत्था और वध्य होते जाने से; ऐसा लेखन जो अपने रचयिता की जिजीविषा को नहीं, उसकी मुक्ति-कामना को निरूपित करता है। वागीश शुक्ल को पढ़ते हुए हम एक विचित्र मुठभेड़ के साक्षी होते हैं, मुठभेड़ के उस रूपक के एकदम विपरीत, जिसे हम हिन्दी आलोचना का आदर्श रूपक कह सकते हैं, जिसमें पक्ष (आलोचक) प्रतिपक्ष (कृति) के सामने आते ही प्रतिपक्ष की आधी शक्ति अपने भीतर खींच लेता है, और परिणामतः, जिसका अन्त प्रतिपक्ष की मृत्यु से होता है। वागीश शुक्ल की आलोचना दूसरे रूपक की माँग करती है, ऐसा जिसमें पक्ष की सारी शक्ति, उसकी प्रामाणिकता और सार्थकता, प्रतिपक्ष की शक्ति के अन्वेषण में उसके संयोजन और संघटन में और जरूरत पड़ने पर, उसकी उत्प्रेक्षा में व्यय होती है। वह प्रतिपक्ष को 'समस्याग्रस्त' करने (जो इधर की आलोचना का जैसे अपने आप में एक उद्देश्य, और अक्सर एक भ्रम है) की बजाय अपनी दृष्टि को प्रतिपक्ष रूपी समस्या के समक्ष दाँव पर लगाती है। यहाँ भी अन्त एक मृत्यु से होता है, किन्तु इस प्रकरण में यह पक्ष, यानी आलोचक की मृत्यु होती है। ऐसा आलोचक जो केवल अपनी मृत्यु के लिए नहीं बल्कि अपने अस्तित्व और शक्ति के लिए भी उसी कृति का ऋणी है। उसका जन्म उसके मरने की प्रक्रिया का, और उसकी मृत्यु उसके जन्म लेने की प्रक्रिया का पहला सोपान है। इस तरह यह 'कृति' ही है जो अपनी सत्ता के विग्रह के लिए अपने द्रष्टा की सत्ता और असत्ता के बीच का प्रपंच रचती है।

वे अभिनवगुप्त की शिक्षाओं का अनुमोदन करते हैं :

> *(1) उपादेय को एक व्यवस्थित ढंग से पढ़ना (टेक्स्चुअल अरेंजमेंट) (2) उससे भिन्न अर्थात् अनुपादेय को उलटकर उसको देखना (3) स्पष्ट रूप से बतलाना*

कि क्या कहा गया है (4) परस्पर विरोधी बातों का अविरोध प्रमाणित करना (5) पूरी बातें कहना, कुछ छोड़ना नहीं (6) जिस विषय की बात की जा रही है, जिससे उदाहरण लिये जा रहे हैं, उसका अनुसरण करना (7) जो वक्तव्यांश श्लिष्ट है, जिनसे एक से अधिक दिशाओं में चिन्तन जाता है, उनकी विवेचना करना (8) पुनरुक्तियों की संगति बिठाना, जो बातें एक से अधिक बार कही गई हैं उनके बारे में यह निश्चित करना कि वे एक से अधिक बार क्यों कही गई हैं (9) समाधानों की भीड़ जुटा देना, और (10) संग्रह अर्थात् संक्षेप में सारांश देना। इन दस बातों को मिलाकर व्याख्या या भाष्य का प्रपंच बनता है।×××(इस प्रकार) भारतीय आलोचना-विद्या के ये तीन अभिगृहीत है :

(i) अनेक-पाठिता (मल्टिप्लिसिटि ऑफ़ टैक्सट)

(ii) अनेकाख्यता (मल्टिप्लिसिटि ऑफ़ इण्टरप्रेटेशन)

(iii) प्रमापाठिता (इन्फैलॉबिलिटि ऑफ टैक्स्ट)

स्पष्ट है कि यह कृति की श्रेष्ठता, अनिन्द्यता, अन्तिमता, प्रभुत्व के समक्ष आलोचक के पूर्ण आत्म-समर्पण, बल्कि आत्मोसर्ग का आग्रह है। कृति का अचूक और अन्तर्विरोध-रहित होना प्रदत्त है। वह अभेद्य है। आलोचक का काम इस प्रदत्त का, इस अभेद्यता का साक्षी होना भर है। आलोचना या व्याख्या महज़ एक साक्ष्य है। वह न अपने में कोई घटना है और न कृति के घटित होने में उसका कोई योग है। हमारा आधुनिक मानस शायद ही इसे स्वीकार कर सके। लेकिन हमें इस ओर ध्यान देना चाहिए कि अगर कृति 'अनेकाख्य' है तो वह एक तरह से अन्तहीन भी है। वह अपनी अन्तिमता के लिए अपनी अन्तहीनता (अनेकाख्यता/श्लिष्टार्थता) की पूर्वापेक्षा करती है। और उसकी यह अन्तहीनता आलोचना में ही चरितार्थ होती है। जिसका अर्थ हुआ कि आलोचक कृति की अन्तिमता के समक्ष आत्मसमर्पण करने की प्रक्रिया के अंग के रूप में, इस अन्तिमता को एक साथ गढ़ती और निलम्बित करती उसकी अन्तहीनता को क्रियाशील रखने में अपने आत्मसमर्पण को ही निलम्बित करता है, अपने स्वत्व, अपनी स्वतन्त्रता को उपलब्ध करता है। वागीश शुक्ल अभिनवगुप्त के उक्त उद्धरण की व्याख्या के ही सिलसिले में इसका अनूठा द्रष्टान्त पेश करते हैं। 'पाठ', या जिसे हम 'कृति' कह रहे हैं, इस प्रयोग में स्वयं अभिनवगुप्त के उपर्युक्त उद्धरण का एक पद है : 'समाधान-समाकुलम्'। अभिनवगुप्त के ही निर्देश 'श्लिष्ट-वाक्यांश-विवेचनम्' का अनुसरण करते हुए वे 'समाधान-समाकुलम्' की व्याख्या करते हैं :

'समाधान' का अर्थ है पूर्व-पक्ष का उत्तर देना, 'समाकुल' का अर्थ है इन (समाधानों) की बहुतायत। पग-पग पर पूर्वपक्ष को उत्तर देनेवाले समाधानों से

व्याख्या को भरपूर होना चाहिए। किन्तु यह 'श्लिष्ट-वक्तव्यांश' है, इससे एक और दिशा में दिमाग जाता है और मैं उधर ही मुड़ता हूँ। 'समाधान' का अर्थ 'जलती हुई आग में और लकड़ियाँ डालना' भी है और 'समाकुल' का अर्थ है 'परेशान', जैसे धुआँ लगने से परेशान। इसलिए मैं यह कहता हूँ कि व्याख्या का काम है भाषा-चिन्तन की सुलगायी हुई आग में और लकड़ियाँ डालते जाना क्योंकि उस आग से उठता हुआ धुआँ जब नेवले से डरी हुई नागिन की तरह नाक में घुसने लगेगा तभी आलोचक की लाश रचना के संकल्प का अमृत चख सकेगी।

पर हम आलोचक की मृत्यु की बात कर रहे थे, यह मृत्यु कुछ इस तरह घटित होती है :

जब आप दरवाज़े की ओर बढ़ते हैं तो सबसे पहले ड्योढ़ी में आपकी भेंट दो पहरेदारों से होती है, इनके नाम हैं कृतान्त और काल। ये दोनों कहते हैं : अब आपकी आयु समाप्त हो चली है, सिर उतारकर यहाँ जमीन पर रख दीजिए तब भीतर घुसिए। किवाड़ों पर दो विषधर नाग बैठे हुए हैं। इनसे डसवाकर, पूरे शरीर में जहर को फैलता हुआ महसूस करते हुए आप आगे बढ़ते हैं। चौखट पर यमराज का दण्ड रखा हुआ है जिसके ऊपर सर्वान्तकारी शंकर का त्रिशूल विराजमान है। इस त्रिशूल में बिंधे धँसे जब आप आगे बढ़ते हैं तो दो द्वारपाल मिलते हैं जिनके नाम हैं नियति और मृत्यु। इनके पंजों में जकड़े हुए जब आप भीतर की ओर धकेले जाते हैं तब आपको मुख्य कक्ष के दर्शन होते हैं। पहले एक बरामदा पड़ता है जिसके खम्भों पर भूत, पिशाच और गुह्यक सवार हैं। वे आपकी पीठ पर लद लेते हैं। बरामदे में बिजली कड़क रही है, वह आपको चूर-चूर कर देती है। फिर दिखाई देता है एक तख्त जिसके बीच में कवि बैठा हुआ है।

इस तरह 'पढ़ना' या 'देखना' (आलोचन) अगर आलोचक की मृत्यु की प्रक्रिया है तो, जाहिर है, लेखन में इसकी चरितार्थता, यानी वह चीज जिसे हम आलोचना कहना चाहेंगे, आलोचक की इयत्ता, अस्मिता का उद्घोष करने वाली, उसकी उपस्थिति का विश्वास दिलाने वाली चीज़ नहीं होगी; वह 'आलोचक की मृत्यु' नामक वारदात के बाद पीछे छूट गये अवशेषों का एक विन्यास, उन अवशेषों से रचित एक पाठ होगा जिसका पीछा करते हुए हम हर बार आलोचक तक नहीं, बल्कि उक्त वारदात तक ही पहुँचेंगे। इन अवशेषों का विशिष्ट रूपाकार हमें मृत्यु की उस प्रक्रिया को, यानी उस 'पढ़ने' या 'देखने' को समझने में मदद करेगा जिसने उन अवशेषों का विशिष्ट रूपाकार प्रदान किया है। यह विन्यास आलोचक की

अनुपस्थिति का और इस अनुपस्थिति में रूपायित होते उस पाठ का विन्यास होगा जिसे पढ़ा या देखा गया है; वह 'तख़्त जिसके बीच में कवि बैठा हुआ है'। वागीश शुक्ल के लेखन में अपने होने की चेतना का रूप यही है। सिर्फ 'होने की चेतना' का नहीं बल्कि 'होने' का भी : वह एक तख्त है, आलोचक के अवशेषों से निर्मित तख्त, "जिसके बीच में कवि बैठा हुआ है"। जिस पर 'कवि' अवतरित या उद्धरित है।

एक खास अर्थ में वागीश शुक्ल 'लिखते' नहीं हैं। वे 'उद्धरित' करते हैं, उन 'उद्धरणों' के साधारण अर्थ में नहीं जो पाठ के बीच अवतरण-चिह्नों के साथ दर्ज होते हैं, और जिनका उपयोग किसी घटना के साक्ष्य, किसी तर्क के प्रमाण या सहारे की तरह, किसी निदर्श की तरह या चीरफाड़ के लिए प्रस्तुत वस्तु की तरह होता है। 'उद्धरण' से अभिप्राय यहाँ समूचे पाठ की उद्धरण होने की वह चेतना है जो अवतरण-चिह्नों को ग़ैरज़रूरी बना देती है; या जिसमें पाठ की आलेखीय (graphic) सामग्री ही मानो अवतरण-चिह्नों की भूमिका निभाती है। वह अपने आप में लेखन या लेखन की एक विधि है। वागीश शुक्ल के यहाँ लेखन का रूप, एक ओर यही है। लिखने का अर्थ यहाँ उद्धरित करना, उतारना है। कलम की भूमिका यहाँ कागज को भरने की नहीं, उसे रिक्त करते हुए एक ऐसे अवकाश में बदलने की है, जिस पर अन्य के लेखन का अवतरण हो सके; एक ऐसी आतिथेय या परपोषक भाषा-देह की रचना जिसमें अन्य (के) लेखन से पूरी तरह से आविष्ट होने की सहज गुंजाइश, सहज सम्भावना हो, जिसकी जुबान में वह लेखन खुद को उच्चरित कर सके। हम हर बार एक के बाद एक अभूतपूर्व बोधात्मक प्रत्ययों, विचार-सूत्रों, निष्पतियों, प्रतिपादनों, पर्यवेक्षणों से गुजरते हैं, अद्वितीय अभिव्यक्तियों, रूपकों, विवरणों, वृत्तान्तों से, और हर बार सहसा, उतने ही सहज ढंग से, पाठ के भीतर से एक सूचना उभरती है जो हमें यह संकेत देती है कि जो कुछ भी हम पढ़ रहे हैं वह उस व्यक्ति, यानी वागीश शुक्ल का लिखा हुआ नहीं है, जिसके औपचारिक हस्ताक्षर के अधीन हम उसे पढ़ रहे हैं, बल्कि वह किसी और का लिखा हुआ है, अक्सर सदियों पहले के किसी लेखक का, जिसका अर्थ साथ ही साथ, यह भी है कि वह उस 'आधुनिक' समय में लिखा हुआ नहीं है जिसके हस्ताक्षर उस पर दिखाई दे रहे हैं। उदाहरण के लिए हम उपर्युक्त उद्धरण को ही ले सकते हैं जिसमें 'प्रेक्षक की मृत्यु' के एक लोमहर्षक वृत्तान्त के बाद हमें सूचित किया जाता है कि वह वृत्तान्त दरअसल भरतमुनि का लिखा हुआ है, वह भरतमुनि का रूपक, उसकी परिकल्पना, उनका लेखन है। यानी यहाँ तो वह केवल एक अतिथि है, महज़ एक उद्धरण।

लेकिन दूसरी ओर वह 'विशुद्ध' या 'निर्दोष' उद्धरण भी नहीं है, अवतरण की प्रक्रिया में उसका स्वरूप बदलता है। जिस मेज़बान जुबान में वह बोलता है, वह अगर इस प्रक्रिया में वि-कृत या रूपान्तरित होती है, तो यह वि-कृति स्वयं उस उच्चारण में भी गुण-धर्म के रूप में प्रगट होती है जिसे वह जुबान उपलब्ध करायी

गयी है। तब फिर वह भी किसी निरपेक्ष अर्थ में, विशुद्ध, अन्य का लेखन नहीं रह जाता, वह स्वयं भी उस जुबान से आविष्ट हो जाता है, जिसे उसने आविष्ट किया था। वह एक संकर जुबान, संकर लेखन, संकर अस्मिता में बदल जाता है। उस 'अपभ्रंश' में जिसे स्वयं वागीश शुक्ल ने अन्यत्र कहीं लेखक का जुबान कहा है। मसलन हम अगर एक बार फिर उपर्युक्त उद्धरण पर ध्यान दें, जिसे वागीश शुक्ल *नाट्यशास्त्र* के 'उद्धरण' के रूप में प्रस्तुत करते हुए उसे 'पाठक/प्रेक्षक की मृत्यु' का आख्यान कहते हैं, और उसकी तुलना *नाट्यशास्त्र* के सम्बन्धित अंश (प्रथम अध्याय की 83 से 98 तक की कारिकाओं) से करें तो हम आसानी से देख पाएँगे कि वे शब्द अगर वागीश शुक्ल के नहीं है तो केवल उसी हद तक जिस हद तक वे भरतमुनि के भी नहीं है। वागीश शुक्ल ने 'मूल' संस्कृत पाठ का हिन्दी में अनुवाद भर नहीं कर दिया है, बल्कि यह उन शब्दों को उस दोहरे संकल्प में आयत्त करने का कर्म है जो उनमें पहले से ही निहित है : एक, "जो बोला जाना है", यानी 'कवि' (भरतमुनि) का संकल्प, और दूसरा 'जो बुलवाया जाना है', यानी आलोचक (वागीश शुक्ल) का संकल्प। और इस प्रकार यह *भाष्य* है :

> *भाष्य का अर्थ है 'जो बोला जाना है' और भाष्य का अर्थ है 'जो बुलवाया जाना है'। [---] इस प्रकार भाष्य एक साथ कवि के संकल्प और आलोचक के संकल्प को समेटता है, सूत्रकार और भाष्यकार की संयुक्त रचना बनता है।*

एक कर्म के रूप में भाष्य उक्त दोनों संकल्पों का वैसा ही सहज, एकल अधिष्ठान है जैसा वह एक शब्द के रूप में अपने उक्त दोनों अर्थों का अधिष्ठान है। इसी मानी में वागीश शुक्ल का लेखन या उसकी अवतरणपरकता 'मूल' और 'अपभ्रंश' का एकल अधिष्ठान है। यह 'मूल' उस 'अपभ्रंश' से ही पहचाना जाता है जो आलोचक के कंठ से प्रगट होती अन्य (कवि/आलोच्य) की वाणी से भिन्न और कुछ नहीं है, और जो केवल तभी सम्भव होता है जब अन्य के परकाया-प्रवेश के लिए आलोचक अपना शव उपलब्ध कराता है। जैसा कि वागीश शुक्ल उपलब्ध कराते हैं—उस विराट कृती और विमर्श-परम्परा के जिसे हम 'भारतीय' कहते हैं और जब-तब इन्हीं सबकी उस परम्परा के लिए भी जिसे हम 'पश्चिमी' कहते हैं।

लेकिन 'मूल' और 'अपभ्रंश' का यह खेल तब तक अधूरा है जब तक हम इस ओर ध्यान नहीं देते कि 'भाष्य' का भाष्य करते हुए, उसे एक साथ कवि और आलोचक के उभयनिष्ठ अधिष्ठान के रूप में परिभाष्ज्ञित करते हुए, वागीश शुक्ल 'मूल' और 'भाष्य' के द्वित्व का, उनके बीच आरोपित विरोध-भाव का, परिहार भी कर रहे हैं, और इसी के साथ 'आधुनिक' आलोचना या आधुनिक दृष्टि में व्याप्त 'मौलिकता' के उस प्रमाद का वि-सर्जन भी जिसके चलते वह अधिकांश भारतीय चिन्तकों में 'मौलिकता' का अभाव देखती है क्योंकि ये चिन्तक टीकाएँ लिखते हैं।

क्योंकि अगर 'मूल' पहले से ही 'भाष्य' में समाहित, बल्कि उसमें अंगभूत है, तो परमार्थतः न तो मूल जैसी कोई चीज है और इसीलिए न 'अपभ्रंश' जैसी कोई चीज है ("कोई भी शब्दावली मूल नहीं है। मूल कुछ नहीं है, एक रिक्ति है जिस पर सत्य के छिलके हैं, हम सत्य का एक छिल्का उतार कर फेंकते हैं और दूसरा छिलका दिखाई देता है।")। दूसरे शब्दों में 'जो बोला जाना है' और 'जो बुलवाया जाना है' का भेद एक आपातिक व्याप्ति है; जो एक पाठ में 'मूल' प्रतीत होता है, वही किसी दूसरे पाठ में 'अपभ्रंश' है; कोई भी काया किसी की स्वकाया नहीं है और इसलिए हर प्रवेश एक परकाया-प्रवेश है; समूची काव्य-परम्परा, समूची विमर्श-परम्परा, वस्तुतः पाठों का अन्तहीन कायान्तरण है जो इन परम्पराओं को असमाप्य रूप से अन्तरपाठीय बनाता है।

तब यह केवल 'वागीश शुक्ल का लेखन' नामक पद की अर्थहीनता का प्रश्न नहीं रह जाता *बल्कि का लेखन* जैसे पद मात्र की अर्थहीनता भी इससे जाहिर होती है; तब हम पाते हैं कि यह दरअसल उस मृत्यु का एक विशिष्ट, वैयक्तिक पाठ-देह के माध्यम से किया गया नाट्य है जो हमारी पाठ-परम्परा में कर्तृत्व-मात्र के प्रत्यय को अर्थहीन बनाती वहाँ पहले से मौजूद है। 'वागीश शुक्ल का लेखन' इस मृत्यु के लिए अपने कर्तृत्व की देह उपलब्ध कराते हुए, उसे इस मृत्यु से आविष्ट होने देते हुए, इस मृत्यु के कर्तृत्व को प्रगट होने की गुंजाइश प्रदान करता है जिसे मानवीय कर्तृत्व की, उत्तरोत्तर प्रगाढ़ और अपारदर्शी होती गयी आधुनिक अवधारणाओं ने पूरी तरह से ढँक रखा है। कर्तृत्व दरअसल पाठ में है; एक पाठ दूसरे पाठ को जन्म देता है; एक पाठ दूसरे पाठ को लिखता है, और कभी-कभी एक पाठ दूसरे पाठ पर लिखता है—दूसरे पाठ की व्याख्या या विश्लेषण के अर्थ में नहीं बल्कि एक पाठ द्वारा दूसरे पाठ को व्याप्त करने और दूसरे से व्याप्त हो जाने के अर्थ में; श्लिष्ट पाठ-रचना के अर्थ में।

यह अन्तर्पाठीयता, जिसका जिक्र तो हिन्दी में पिछले कुछ समय से जब-जब सुनाई देने लगा है, लेकिन जिसका कोई साक्ष्य उसके निरूपणों में शायद ही कभी दिखाई देता हो, वागीश शुक्ल के यहाँ एक विस्मयकारी तथ्य के रूप में उभरती है—मात्र उन प्रतीकों, अभिगृहीतों, अवधारणाओं, पदों, प्रत्ययों आदि के सन्दर्भ में नहीं जिनकी विविध पारम्परिक पाठों के बीच आवाजाही या साझेदारी को लक्ष्य करने के लिए एक पाण्डित्यपूर्ण, चौकन्नी निगाह ही शायद काफी हो, बल्कि इन पाठों की इनके सूक्ष्मतम आनुवंशिक लक्षणों में साझेदारी और अन्तर्ध्वनित पारम्परिक प्रतिश्रुतियों के भी सन्दर्भ में जो इन पाठों की अद्वितीयता को, इनकी विविधता और भेदों को, जरा भी क्षति पहुँचाए बिना, उनके पैगन स्वरूप प्रदत्त हैं, जैसा कि हम वागीश शुक्ल को पढ़ने के बाद कह सकते हैं, लेकिन यही बात महत्वपूर्ण है क्योंकि यह उनका लेखन है जहाँ हम इन तथ्यों को पहली बार इतने एकाग्र, और इस परम्परा

के अत्यन्त विशिष्ट लक्षण के रूप में पहचान पाते हैं। एक पाठ जो सवाल पूछता है, या एक पाठ के सन्दर्भ में जो सवाल उठता है, उसका जवाब, जरूरी नहीं कि वही पाठ दे, या वह जवाब वही हो जो उस पाठ ने दिया हो, वह जवाब कोई दूसरा, परवर्ती, यहाँ तक कि कोई पूर्ववर्ती पाठ भी दे सकता है; एक पाठ के सन्दर्भ में जो चीज समस्या प्रतीत हो, वही किसी दूसरे पाठ के सन्दर्भ में समाधान हो सकती है; एक पाठ को दूसरे पाठ के अनुपूरक, परिशिष्ट, पूर्वरंग, भूमिका, उपसंहार, विस्तार, संकोच, कायान्तरण की तरह पढ़ा जा सकता है; दूसरे पाठ के *प्रति*-बिम्ब की तरह भी; यह सम्भव है कि किसी पाठ में कोई शब्द किसी दूसरे पाठ में अपने अर्थ की प्रत्याशा में ही शब्द हो; और यह भी कि किसी पाठ के किसी शब्द में प्रगट होता अर्थ किसी दूसरे पाठ के किसी शब्द से आया हुआ एक अतिथि हो...। वागीश शुक्ल का पढ़ना पाठों को एकसाथ उनकी अद्वितीयता, पूर्वापरता, समक्रमिकता, अनुदर्शिता, परस्परव्याप्ति में पढ़ना है; एक नियम को दूसरे नियम के सहारे पहचानते, थामते, काटते, गढ़ते हुए पढ़ना। वह ऐसे पाठ-समय में होना है जिसमें, मसलन, भरतमुनि और मिशेल फूको, अभिनवगुप्त और ज्याँ फ्रांसुआ लियोतार, वाल्मीकि और बेदिल, कालिदास और शेक्सपियर, देरीदा और मिर्ज़ा ग़ालिब एक साथ मौजूद हैं। वह एक आदि-अन्त-हीन, अशान्त अन्तरजाल में, एक अलौकिक रूप से बीहड़ स्थल में संचरण करना है, जिसके विक्षेप पाठक की चेतना को तार-तार कर देते हैं।

अस्तु। क्या हिन्दी आलोचना इस 'अजनबी आगन्तुक' के लिए अपना दरवाजा खोलेगी? उसके आतिथ्य का इतिहास इस सवाल का सकारात्मक जवाब नहीं देता। लेकिन जैसा कि हमने आरम्भ में कहा था, हिन्दी आलोचना के पास, उसकी इच्छा-अनिच्छा के बावजूद, इस तरह का कोई विकल्प नहीं है कि वह इस आगन्तुक की दस्तक पर कान दे या न दे; वह इस आगन्तुक से भाग नहीं सकती :

> *उस सैनिक की कहानी पर ध्यान दें जिसका बाजार के एक चौराहे पर मौत से सामना होता है, और उसे लगता है कि मौत ने उसकी ओर धमकी-भरा इशारा किया है। वह राजमहल की ओर भागता है और राजा से उसका सबसे बड़ा तेज़ दौड़ने वाला घोड़ा माँगता है ताकि वह उसी रात मौत से ज़्यादा से ज़्यादा दूर, समरकन्द तक भाग सके। राजा मौत को राजमहल में तलब करता है और उसे फटकार लगाता है कि उसने उसके एक श्रेष्ठ सेवक को डराया है। लेकिन राजा की बात पर चकित मौत जवाब देती है : ''मेरा अभिप्राय उसे डराना नहीं था। मैं तो सिर्फ इस बात पर आश्चर्य कर रही थी कि यह सैनिक यहाँ कैसे है, जबकि इसके साथ मेरी भेंट कल समरकन्द में होना तय है।''*
>
> —ज़्याँ बॉद्रिला : *सिडॅक्शॅन*, 'डैथ इन समरकन्द'

—मदन सोनी

अनुक्रम

साहित्य क्या है?

'साहित्य क्या है?' इस प्रश्न का एक प्रथम उत्तर मेरे पास है : **साहित्य मृत्यु का सामना करने की विधि है।** इसमें साहित्य पढ़ना और रचना दोनों ही शामिल हैं। लेकिन यह उत्तर देने के साथ ही कई प्रश्न सामने आते हैं। मृत्यु का सामना करने से क्या तात्पर्य है? क्या ऐसी चीज़ से सामना हो सकता है जो एक ओर तो अजेय है और इस प्रकार सामना करने की युद्धार्थक व्यंजता को अपनी परिभाषा से ही कुण्ठित करती है और दूसरी ओर जिसके आगमन का देशकाल पूर्णतः अज्ञात है और इस प्रकार सामना करने के साधारण वर्णनात्मक अभिधात्मक अर्थ में भी जिसका सामना करने की कोई 'विधि' हमारे क़ब्ज़े में नहीं है? वीर रस, और स्वभावोक्ति अलंकार, इन दोनों की सम्भावना को सिरे से कुचलती हुई यह 'विधि' अगर साहित्य है तो इसे ऐसा स्वीकार्य होने के लिए कुछ और स्पष्टीकरण आवश्यक है।

मृत्यु का सामना करने की विधि, 'अमृत', का विचार प्रत्येक मानव समाज में मौजूद रहा है। प्राचीन भारतीय चिन्तन ने इसमें दो तरह से पलीता लगाया। एक ओर तो यह घोषित करके कि अमृत पिये हुए देवों की भी आयु सीमित है, ब्रह्मा के एक दिन के बराबर, और फिर ब्रह्मा, विष्णु, महेश सभी की आयु इसी प्रकार सीमित है, मृत्युंजय रुद्र भी मरते हैं। दूसरी ओर यह घोषित करके कि 'अमृत' और कुछ नहीं, बिना माँगे जो मिल जाए वही अमृत है—'अमृतं स्यादयाचितम्'। ऋषि-मुनि इस प्रकार 'अमृत-भोजन' करते थे, खेत-खलिहान जंगल में गिरे हुए दाने बटोरकर। जो कुछ सांसारिक उद्यम से, या उसके नाते, मिलता है वह अमृत नहीं, वह 'अयाचित' की परिभाषा में नहीं है। इस दुतरफ़ा मार से भारतीय चिन्तन ने यह प्रस्ताव सामने रखा कि एक ख़ास ढंग से ज़िन्दगी जीना, मौत का एक ख़ास ढंग से इन्तज़ार करना, मौत से सामना करना है। यह ख़ास ढंग ब्रह्म-चिन्तन से लेकर 'काव्य-शास्त्र-विनोद' तक, ब्रह्मानन्द से लेकर 'काव्यानन्द' तक हो सकता है। मैं इसी 'काव्यानन्द' की बात करूँगा लेकिन थोड़ी देर में।

2

'साहित्य' शब्द हमारे यहाँ बहुत पहले से चला आ रहा है। आधुनिक भारतीय विद्वत्ता की बुनियाद अंग्रेज़ी शब्दों के अनुवाद के रूप में अपनी पुरानी धरोहर के शब्दों का दुर्विनियोजन करने में अपने कर्तव्य की सीमा और अपने अधिकार की असीमता मानने में है। 'साहित्य', आधुनिक भारतीय विद्वच्चर्चा में 'लिटरेचर' का अनुवाद मात्र है और इसीलिए हमारे यहाँ कुछ दिनों से 'वाचिक परम्परा का साहित्य' की बात बड़ी धूमधाम से उठायी जाती है जो एक-दूसरे अंग्रेज़ी शब्द 'ओरेचर' की जगह रखा जाता है। यह 'लिटरेचर' बनाम 'ओरेचर' की द्वन्द्वात्मकता पश्चिमी साहित्य-चिन्तन में बा-मतलब है किन्तु भारत में बे-मतलब। 'साहित्य क्या है?' इस प्रश्न को 'व्हाट इज़ लिटरेचर?' का अनुवाद मानकर चलने पर सोचने का ढंग दूसरा होगा और तब, उदाहरण के लिए, मुझे ऐसी बातें उठानी चाहिए कि दरीदा प्राचीन ग्रीक साहित्य को साहित्य की श्रेणी में रखने के लिए क्यों तैयार नहीं, और साहित्य का इतिहास से क्या सम्बन्ध है और क्या ऐसे प्रश्न तथा इनके उत्तर तथा इनकी प्रश्नोत्तर-प्रक्रिया हमारे लिए प्रासंगिक है अथवा उनका वैकल्पिक रूपंकरण हमारे यहाँ क्या है? मैं इससे यहाँ गुरेज़ करता हूँ लेकिन इसका कारण केवल यह है कि मैं इस संक्षिप्त टिप्पणी में इस प्रश्न के केवल एक अवतार पर, केवल एक तकनीक से, कुछ बात करना चाहता हूँ, यह नहीं है, कि मैं पश्चिमी साहित्य-चिन्तन को भारतीय साहित्य-चिन्तन के लिए अनावश्यक मानता हूँ या मेरा मानना है कि बे-मतलब की बातें नहीं करनी चाहिए :

हूँ मैं भी, तमाशा-ई+ए+नैरंग+ए+तमन्ना
मत्लब नहीं कुछ इससे, कि मत्लब ही बर आवे ॥

–ग़ालिब

तो लिटरेचर को बिल्कुल छोड़ते हुए, साहित्य की बात करें तो 'साहित्य' शब्द 'सहित' से बनता है–जैसे 'सतत' से 'सातत्य' वैसे 'सहित' से 'साहित्य'। 'सतत' और 'सहित' ये दोनों शब्द व्याकरण-शास्त्र में एक ही नियम, या ठीक-ठीक कहें तो, नियम के अपवाद, के उदाहरण के रूप में एक ही जगह दिये जाते हैं। मैं पूरा सन्दर्भ सामने रखता हूँ।

पाणिनि का सूत्र है **अपरस्पराः क्रिया-सातत्ये**[1]–अर्थात जब क्रिया का सातत्य बताना होता है तो 'अपरस्पराः' (= एक के बाद एक लगातार बिना रुके) का प्रयोग करते हैं अन्यथा शब्द तो 'अपरपराः' (= एक, फिर उसके बाद एक और भी) ही है। इस सूत्र में एक शब्द आया है 'सातत्य', सतत होने का भाव। पूछा जा सकता है कि 'सतत' क्यों, शब्द तो 'सन्तत' है? इस प्रयोग की साधुता के समर्थन में

निम्नलिखित कारिका उद्धृत की जाती है :

लुम्पेदवश्यमः कृत्ये, तुकाममनसोरपि।
समो वा हित तयोर्मांसस्य पचियुड्घञोः॥

अर्थात् (1) जब कृत्य प्रत्यय लगे तो उसके पहले के 'अवश्यम्' का 'म्' हटाया जा सकता है। (इस प्रकार 'अवश्यम्-कर्तव्यम्' की जगह 'अवश्य-कर्तव्यम्' कह सकते हैं), (2) 'काम' और 'मनस्' शब्दों से पहले 'तुमुन' प्रत्यय से उपजने वाले 'तुम्' का 'म्' हटाया जा सकता है [इस प्रकार 'भोक्तुम्-कामः' की जगह 'भोक्तु-कामः' (= खाना चाहने वाला) और 'श्रोतुम्-मनः' की जगह 'श्रोतु-मनः' (= सुनने में मन लगाए) कह सकते हैं] (3) 'हित' और 'तत' के पहले आनेवाले 'सम्' का 'म्' हटाया जा सकता है (इस प्रकार 'सम्+तत=संहित' की जगह 'सहित' और 'सम्+तत=सन्तत' की जगह 'सतत' कह सकते हैं) और (4) 'पाक' और 'पचन' के पहले आनेवाले 'मांस' का अन्तिम 'अ' हटाया जा सकता है [इस प्रकार 'मांस-पाकः' की जगह 'मांस्पाकः' (= मांस की रसोई) और 'मांस-पचन' या 'मांस-पचनी' की जगह 'मांस्पचन' या 'मांस्पचनी' (= मांस पकाने का बर्तन) कह सकते हैं।]

'सहित' शब्द इस प्रकार 'संहित' की जगह विकल्प से, प्रयोग-रूढ़ि के बल पर आया हुआ शब्द है, शास्त्रीय नियम को ठेलकर दरकिनार करता हुआ, शब्द-नगरी में गेट-क्रैश करता हुआ घुसपैठिया। इस 'सहित' से ही 'साहित्य' बनता है। आचार्य भामह के समय से ही 'साहित्य क्या है?' का उत्तर रहा है 'शब्दार्थौ सहितौ काव्यम्', जब शब्द और अर्थ 'सहित' होते हैं तब काव्य बनता है, इसी कारण से 'काव्य' के अर्थ में 'साहित्य' रूढ़ है। सहित होने का भाव साहित्य है जैसे सतत होने का भाव सातत्य 'साहित्य', वस्तुतः 'सांहित्य' है, 'संहित' होने का भाव।

'संहित' की पड़ताल जब करते हैं तो पता लगता है कि यह 'सम्+धा' से बनता है, ठीक-ठीक, मेल-जोल-से, रखा जाना, संहित होना है। इसमें 'ठीक-ठीक' आया 'सम्' से और 'रखा जाना' आया 'धा' से। तीर को कमान पर ठीक-ठीक रखना हुआ 'शर-सन्धान'। अन्न के दाने को 'धान' इसलिए कहते हैं कि वह ज़मीन के भीतर रखा जाता है। गर्भ का और अग्नि का 'आधान' होता है। और जब किसी के नक़्श+ए+क़दम पर कोई क़दम रखता है (तत्पदव्यां पदम् दधाति) तो वह उसके बराबर हो जाता है।

शब्द और अर्थ एक-दूसरे में ठीक-ठीक रखे जाएँ, वे एक-दूसरे में 'संहित' हों, यही साहित्य है।

इसी संहित का स्त्री-लिंग है 'संहिता'। 'संहिता' अविच्छिन्न पाठ को कहते हैं, वेदों का पाठ जिस रूप में प्राप्त है वह संहिता-पाठ है, कण्टिन्युअॅस टेक्स्ट, उसके

शब्दों को अलग-अलग करते हैं तो 'पद-पाठ' बनता है। संहिता-पाठ 'अपौरुषेय' है, उसे किसी पुरुष ने नहीं रचा, मनुष्य ने नहीं, ईश्वर ने नहीं, वह ज्यों-का-त्यों इसी रूप में है। 'पद-पाठ' और घन-पाठ जैसे अन्य पाठ, जो वेदमन्त्रों के शब्दों को अलग करने और उन्हें घुमाने-फिराने से मिलते हैं, 'पौरुषेय' हैं, उन्हें ऋषियों ने 'बनाया' है। संहिता-पाठ में मन्त्र के भीतर 'आनुपूर्वी' होती है, जिस अविच्छिन्न क्रम में वह गुँथा हुआ है वही उसका मन्त्रत्व है, मन्त्र के संहित होने का भाव, उसका 'सांहित्य' या उसका 'साहित्य' ही उसका 'मन्त्र-त्व' है।

इस 'संहिता' को व्याकरण-शास्त्र परिभाषित करता है :

—परः सन्निकर्षः संहिता[2]

'संहिता' का अर्थ हुआ 'चरम निकटता'। 'चरम निकटता' का क्या अर्थ हुआ? जब दो अक्षरों के बीच 'आधी मात्रा' का, 'अर्ध-मात्रा' का अन्तर हो तो उनकी 'चरम निकटता' कही जाती है। सन्धि इसी अवस्था में होती है। यह अक्षरों में होती है, शब्दों में नहीं। इसके लिए उदाहरण देते हैं, 'तिष्ठतु कुमारीच्छत्रं हर देवदत्तात्' (= लड़की को रहने दो, देवदत्त से छाता ले लो)। यहाँ 'कुमारी' अलग है, 'छत्र' अलग, 'कुमारी-छत्र' एक शब्द नहीं, फिर भी अक्षरों की चरम निकटता के नाते सन्धि की गयी और 'कुमारीच्छत्रं' लिखा गया। दूसरी ओर 'अक्षेषु शौण्डः' (= पासे फेंकने में निपुण) में दो शब्दों को मिलाकर 'अक्ष-शौण्डः' बना लेते हैं किन्तु 'शक्तस्त्वमक्षेषु शौण्डः पिबति पानागारे' (= तुम पासे फेंकने में समर्थ हो, जुआड़ी शराबख़ाने में पी रहा है) को 'शक्तस्त्वमक्ष-शौण्डः पिबति पाना गारे' नहीं लिख सकते और यह तर्क नहीं दे सकते कि यहाँ 'अक्षेषु' और 'शौण्डः' की निकटता है इसलिए 'अक्ष-शौण्ड' लिखा जा सकता है।

यह 'चरम निकटता', या 'संहिता' जब अक्षरों और शब्दों के पार ले आयी जाती है और शब्द तथा अर्थ की 'संहिता' की बात करती है, उनके 'सन्धान' की बात करती है तो शब्द और अर्थ का यह 'संहित' होना, उनका यह 'सन्धान', 'सांहित्य' या 'साहित्य' कहलाता है।

'सन्धान' के बारे में कुछ ऊपर भी लिख चुका हूँ किन्तु 'सन्धान' का एक प्रमुख अर्थ 'शराब बनाना' होता है। 'सन्धित' (= शराब) तक की यात्रा 'सम्+धा' धातु एक दूसरी डगर से सम्पन्न करती है। (सम्+धा+अङ्+इतच्) और 'संहित' तक की यात्रा एक दूसरी डगर से (सम्+धा+क्त) किन्तु मंज़िल वही है, 'संहित' का भी अर्थ 'मिला-जुला', 'सन्धित' का भी अर्थ 'मिला-जुला'। संहित होने का भाव वही है जो सन्धित होने का भाव है।

साहित्य शब्द और अर्थ के शराब हो जाने का भाव है। यदि यह पढ़ने में बुरा लगता हो तो 'शराब' की जगह 'मधु' पढ़ लें, इससे वाक्य का तात्पर्य नहीं बदलेगा।

जिन चीज़ों से शराब बनती है, वे अलग-अलग शराब नहीं हैं, नशा उनमें नहीं, इसी सन्धान में है। शब्द और अर्थ में अलग-अलग साहित्य नहीं है, उनके मिलाप में है। अभिनवगुप्त के शब्दों में—रस का अलौकित्व इससे सिद्ध है कि गुड़ और मरिच आदि में अलग-अलग 'पानक' का स्वाद नहीं मिलता, उनसे बने हुए 'पानक' में पानक का स्वाद मिलता है।

शब्द और अर्थ को चुआ कर बनाई गई शराब ही साहित्य है—**शब्दार्थौ सहितौ काव्यम्**, जैसा कि आचार्य भामह ने अपने काव्य-लक्षण में कहा है। इसमें 'सहित' होने का क्या तात्पर्य है यह आचार्य कुन्तक ने अपने **वक्रोक्ति-जीवित** में यों समझाया है :

शब्दार्थौ सहितावेव प्रतीतौ स्फुरतः सदा
सहिताविति तावेव किमपूर्वं विधीयते?
साहित्यमनयोः शोभा शालितां प्रति काप्यसौ
अन्यूनातिरिक्तत्व-मनोहारिण्यवस्थितिः ॥

[शब्द और अर्थ तो प्रतीति में सदा 'सहित' ही हरकत में आते हैं फिर उन्हें 'सहित' कहकर आप नया क्या बता रहे हैं? (उत्तर दिया कि) इन शब्द और अर्थ का साहित्य दरअसल बिना किसी घटबढ़ के एक ऐसी मनोहारिणी अवस्थिति है जो शोभा-शालिता के प्रति हो।]

यही वह बात है जो अभिनवगुप्त ने 'पानक' के उदाहरण से बतायी।

यह मनोहारिणी अवस्थिति 'बिना किसी घट-बढ़ के' तभी शोभा शालिनी हो सकती है जब शब्द और अर्थ की चाल ऐसी हो कि एक क़दम में दूसरे का नक़्श+ए+क़दम ठीक-ठीक बैठ जाए, तभी वह साहित्य होगा, तभी जब दोनों एक-दूसरे की संगत करें।

एक के क़दम में दूसरे का नक़्श+ए+क़दम ठीक-ठीक बैठना, 'पदव्यां पदम्' का 'धान' दोनों की बराबरी, सन्तुलन सम-मात्रिकता।

कवि एक भट्ठी लगाता है शब्द को अर्थ की आग में, अर्थ को शब्द की आग में चुआते हुए कविता की मदिरा तैयार करने के लिए। शब्द और अर्थ दोनों को भाड़ में झोंकते हुए वह दोनों लुकाठियों से घर फूँकता हुआ उनके धुएँ में बदलने का तमाशा देखता है। मदिरा—जिसे 'आतश' भी कहते हैं—लोकोत्तर है, कहीं ऊपर :

तमाशा है, तह+ए+आतश धुआँ है।

शब्द और अर्थ को धुएँ में बदलने से कवि का सन्धान-कर्म पूरा होता है। और पाठक का सन्धान-कर्म शुरू। क्योंकि हम यह न भूलें कि 'सन्धान' का

एक अर्थ खोज भी है—पदचिह्नों से यह पता लगाना कि पदचिह्न किसका है।

यह कोई आसान काम नहीं :

सुराग़+ए+हेचकस, अज़ हेचकस, बेरूँ न. में—आयद।
जहाने में—रवद, दर नक़्श+ए+पा+ए+हम दिगर पिन्हाँ ॥

—बेदिल

[किसी का सुराग़ किसी से बाहर नहीं आता। पूरी दुनिया एक-दूसरे के पद-चिह्नों में छिपी चली जा रही है।]

सच बात है—क्या आप श्मशान से उठते धुएँ को देखकर यह बता सकते हैं कि एक पीढ़ी जल रही है या पूरी इक्कीस?

शब्द और अर्थ के इस सहित चितारोहण के धुएँ में सन्धान के लिए कुछ नहीं बचता। क्योंकि जिस 'आधी मात्रा' की दूरी से 'संहिता' की परिभाषा दी जाती है, शब्द और अर्थ के इस मेल, साहित्य, में जो आधी मात्रा की सेंध बची रह जाती है वह अप्रमेय, नाप जोख से परे की सेंध ही वह 'कुछ नहीं' है, जो शब्द और अर्थ के इस देह-त्याग के बाद बचता है—वे दोनों नहीं रहते, उनकी संहिता रहती हैं, उनका साहित्य रहता है। यह आधी मात्रा अनुच्चार्य है :

अर्धमात्रा स्थिता नित्या, यानुच्चार्या विशेषतः[3]

और इसीलिए यह संहिता छन्दस् है, हम न भूलें कि 'छन्दस्' का एक अर्थ धोखाधड़ी और छिपाव-दुराव है।

'छन्दस्', ब्रह्म की श्वास-प्रक्रिया का नाम है। यह एक माया-जाल है, दरअसल ब्रह्म की साँस नहीं चल रही है।

साहित्य सारे सुराग़ों के गुम होने का नाम है, एक अनुच्चार्य अर्धमात्रा में शब्दार्थ-युगल के गुम हो जाने का।

हम यह याद करें कि छन्द का एक अर्थ 'रक्षा' भी होता है। एक अक्सर मिलनेवाला संस्कृत वाक्य है—वरेणच्छन्दयामास—एक वरदान से उसे रक्षित किया। कोई विरोधाभास इस छल और रक्षा में नहीं क्योंकि रक्षा छल से ही होती है। प्रमीथिअस ने देवों से चुराकर जो वर मनुष्यों को दिए उनमें भविष्य के प्रति अज्ञान भी एक वर था।

3

लेकिन यदि हम 'सहित' को 'संहित' की वैकल्पिक वर्तनी न मानें, अगर हम 'सहित' को ज्यों-का-त्यों स्वीकार करें और यह जानना चाहें कि इसका क्या अर्थ

है तो हमें पता लगता है कि 'सहित' की निष्पत्ति 'सह्' से है और इसका अर्थ होता है 'बर्दाश्त किया गया'। तब 'साहित्य' शब्द और अर्थ में तालमेल का भाव नहीं रहेगा, एक-दूसरे को सहने का भाव होगा। यह एक ३६ का आँकड़ा है, शब्द और अर्थ एक-दूसरे से दुश्मनी साधे मुँह फेरे एक-दूसरे को सहते बैठे रहते हैं। शब्द और अर्थ का यह वैरानुबन्ध, जो 'सहित' के इस पाठ पर विचार करने से सामने आता है, शायद उनके उस 'भक्ति-योग' से जो 'सहित' को 'संहति' की वैकल्पिक वर्तनी मानकर पढ़ने से उभरता था, अधिक प्रगाढ़ 'साहित्य' को सिरजता होगा ऐसा लगता है क्योंकि भक्ति-सूत्रों के प्रणेता देवर्षि नारद का ही कहना है :

यथा वैरानुबन्धेन मर्त्यस्तन्मयतामियात्।
न तथा भक्ति-योगेन, इति मे निश्चिता मतिः[4] ॥

[जिस प्रकार वैरानुबन्ध से मनुष्य ब्रह्म में तन्मय हो सकता है वैसा वह भक्ति-योग से नहीं हो सकता, यह मेरा निश्चित मत है।]

इस सन्निकर्ष में शायद वह अर्ध-मात्रा का व्यवधान भी नहीं होगा जिसकी बात ऊपर आयी थी, उस अगोचर खाई को भी फलाँग लिया जाता होगा।

मुझे कभी-कभी लगता है कि भारतीय चिन्तन में शब्द और अर्थ के 'साहित्य' का यह दूसरा पाठ अधिक कार्य-रत रहा यद्यपि शास्त्र-चर्चा पहले पाठ पर अधिक ध्यान देती लगती है। यहाँ यह कहना ज़रूरी है कि मेरी जानकारी में किसी आचार्य ने यह स्पष्ट नहीं किया है कि साहित्य में जो 'सहित' है उसे 'संहित' की वैकल्पिक वर्तनी के रूप में पढ़ा जाना चाहिए या सीधे-सीधे 'सह' धातु से निकले 'सहित' के रूप में। इस प्रकार जब मैं यह कहता हूँ कि शास्त्र-चर्चा पहले पाठ (सहित = 'संहित' की वैकल्पिक वर्तनी) पर अधिक ध्यान देती लगती है तो इसका आधार केवल यह है कि हमारे मन में कुछ ऐसा आग्रह होता है कि पानक जैसे पदार्थों का विशिष्ट स्वाद उसके संघटक अवयवों के परस्पर 'मैत्री-भाव' की उपज है। किन्तु ऐसा मानने के रसायन-शास्त्रीय आधार क्या हैं? हो सकता है यह विशिष्ट स्वाद उसके संघटक अवयवों के परस्पर 'वैर-भाव' की उपज हो। इस ओर मुड़ने से मैं यहाँ रुकता हूँ।

4

'पानक' से हटकर एक दूसरे प्राचीन रूपक की ओर ध्यान दें। शब्द पार्वती है अर्थ शिव, और उनकी सम्पृक्ति ही साहित्य है। वाक् और अर्थ की यह सम्पृक्ति जिसे 'वागर्थ' कहते हैं, जिस रूपक में मूर्तिमान् की जाती है वह अर्धनारीश्वर का रूपक है। इस सम्पृक्ति का इस रूपंकरण में व्यवहार-पक्ष क्या है?

अच्छिन्नमेखलमलब्धदृढ़ोपगूढम-
प्राप्तचुम्बनमवीक्षितवक्त्रकान्ति।
कान्ताविमिश्रवपुषः कृतविप्रलम्भ-
संयोगसख्यमिव पातु वपुः पुरारेः ॥

[भगवान् शिव की वह काया सबकी रक्षा करे जिसमें भगवती पार्वती की देह मिली हुई है और इस कारण जिसमें वियोग और संयोग का सख्य-सा हो गया है। कैसे? इसलिए कि इस काया में शिव पार्वती की इतनी नज़दीकी है कि न तो करधनी खोली जा सकती है, न आलिंगन किया जा सकता है, न चुम्बन लिया जा सकता है और न ही मुख की शोभा निहारी जा सकती है।]

यह s/he की प्रैक्सिस ही ३६ का वह आँकड़ा है जिसकी बात मैंने ऊपर की है, शब्द और अर्थ इतने घुलमिल जाएँ कि वे एक-दूसरे से सटने की कौन कहे एक-दूसरे को निहारने से भी वंचित रहें क्योंकि एक आँख यह नहीं देख सकती कि दूसरी आँख कितनी सुन्दर है, तब उनका साहित्य सामने आता है। इसमें अर्धमात्रा की वह दूरी फलाँग ली गयी जो चुम्बन और आलिंगन को सम्भव बनाती थी।

5

यह सन्निकर्ष 'अर्धमात्रा' से ही क्यों जताया जाता है? ऐसा तो नहीं है कि 'अर्ध' से छोटी संख्या भारतीय मन में न हो, फिर 'अर्धार्ध मात्रा' जैसा कुछ क्यों नहीं कहते? इस पर सोचने से पता लगता है कि 'अर्ध' के दो अर्थ हैं, एक तो 'कोई भी टुकड़ा' और एक 'दो बराबर टुकड़ों में बँटने के बाद उनमें से एक टुकड़ा'। इसलिए भगवान् शिव के माथे पर जो अर्ध चन्द्र है वह द्वितीया का चन्द्रमा भी हो सकता है (कोई भी टुकड़ा), अष्टमी का भी (दो बराबर टुकड़ों में बँटने के बाद उनमें से एक टुकड़ा) दोनों ही उनके रूपंकरण में प्रयुक्त होते हैं। मेरा सोचना यह है कि जब सन्निकर्ष को अर्ध-मात्रा से बताते हैं तो अर्ध-मात्रा का अर्थ है 'मात्रा का एक टुकड़ा' न कि मात्रा को दो बराबर टुकड़ों में बाँटने के बाद उनमें से एक टुकड़ा। 'अर्ध' की व्युत्पत्ति 'ऋधु' धातु से है जिसका अर्थ है 'बढ़ना', जो शून्य से कुछ भी बढ़ा वह 'अर्ध'।

'मात्रा' उच्चारण की इकाई है इसलिए अर्ध-मात्रा अनुच्चार्य है, यह उच्चार्य वैखरी अगर मात्रा के एटॅम से नापी जाती है तो अर्ध-मात्रा सब-एटॅमिक है। इस अनुच्चार्यता की झलक स्वयं 'अर्ध' में देखी जा सकती है जिसे अ+र+द्+ध लिखना बोलना चाहिए किन्तु जो अ+र्+ध लिखा बोला जाता है।

इस 'अर्ध' का सम्बन्ध 'ऋधु' धातु के नाते 'ऋधक्' से है। 'ऋधक्' का प्रयोग लौकिक संस्कृत में छूट गया। ऋग्वेद 10/29/7 की व्याख्या में आचार्य सायण

'ऋधक्' का अर्थ बताते हैं 'पृथक्'। इससे भी इस विचार की पुष्टि होती है कि अनुच्चार्य अर्ध-मात्रा की उपस्थिति वाक् के वैखरी-स्तर पर अ-पार्थक्य किन्तु उससे भीतरी स्तरों—परा, मध्यमा और पश्यन्ती स्तरों—पर पार्थक्य को बताती है और शब्दार्थ की सम्पृक्ति जब वैखरी-स्तर को भेदती हुई भीतर तक पहुँचती है तो यह पार्थक्य हट जाता है :

गिरा-अरथ जल-बीचि सम, कहिअत भिन्न न भिन्न

—गोस्वामी तुलसीदास

अथर्ववेद 5/1/1 में 'ऋधङ्-मन्त्रः' शब्द आता है। इस पर सायण की टीका मेरे देखने में नहीं आयी, सम्भवतः वह मौजूद नहीं है। मोनियर-विलियम्स का शब्द-कोष इसका अर्थ 'वाणी से रहित व्यक्ति' करता है। इस ऋधङ्-मन्त्र (= ऋधक्+मन्त्र) को तोड़ (और थोड़ा मोड़) कर मैं 'अर्ध-(मात्रा) से युक्त मन्त्र' और 'मन्त्र से रहित व्यक्ति', दोनों समझ सकता हूँ। शब्द और अर्थ के बीच की फाँक (अर्ध-मात्रा) को एक ऐसे वैकुअम की तरह इस्तेमाल किया जाता है जो उन्हें यों मुहर-बन्द करता है कि वे अलग किये ही न जा सकें। और यह वैकुअम पाया कैसे जाता है? यह वैकुअम लेखक (या पाठक) को वाणी से रहित करके, उसके भीतर की हवा निकाल कर पाया जाता है।

मैं कल्पना करता हूँ कि शब्द और अर्थ दो अर्ध-गोल हैं जिनके बीच लेखक/पाठक एक मात्रिक विभाजक के रूप में उपस्थित है। वे निकट आते हैं और लेखक/पाठक उनके दबाव से पिचकता जाता है, उसकी साँस निकलने लगती है और वह मात्रा से अर्ध-मात्रा में बदलने लगता है। जैसे ही वह साँस पूरी-की-पूरी निकल जाती है और लेखक/पाठक के स्थूल, सूक्ष्म तथा कारण शरीरों का विलय हो जाता है, वैसे ही ये आपस में चिपक जाते हैं। शब्द और अर्थ के परम सन्निकर्ष को सम्भव बनाता हुआ, ग़ाइब लेखक/पाठक ही साहित्य का स्रष्टा/भोक्ता है :

आते हैं ग़ैब से, य. मज़ामीं, ख़याल में

—ग़ालिब

(ग़ैब=लोप, मज़ामीं=साहित्यिक रचनाएँ)

इस प्रक्रिया को कुछ गरिमामयी शब्दावली में भी ढाल सकते हैं और कह सकते हैं कि 'हवा निकलने' का मतलब 'अहन्ता' का, 'मैं-पन' का, स्रष्टा/भोक्ता होने के अभिमान और बोध का, लुप्त होना है। यह गरिमा शब्दावली में मौजूद है, प्रक्रिया में नहीं। मरने में कोई गरिमा नहीं। मरने में कोई सौन्दर्य नहीं। मरने में कोई लघिमा और कुरूपता भी नहीं है। ये सब ज़िन्दा लोगों के खेल हैं।

गिरा-अरथ, जल-बीचि, सम, कहिअत भिन्न, न भिन्न।
*बंदउँ सीता-राम-पद, **जिन्हहिं परम-प्रिय खिन्न** ॥*[5]
(खिन्न=बोझ तले दबा)

वागर्थ का खेल खिन्न लोगों का है, बोझ तले पिसते हुए लोगों को मोहरा बनाकर खेला जा रहा खेल, शब्द और अर्थ के सन्निकर्ष की चक्की में, इन दो पाटों के बीच पीसे जा रहे लेखक/पाठक के उड़ते हुए पुर्जों का तमाशा।

वागर्थ, साहित्य का अधः-पाठ (हाइपोटेक्स्ट) है। साहित्य में 'सन्निकर्ष' शब्द और अर्थ के बीच अर्ध-मात्रा की उपस्थिति से परिभाषित है, वागर्थ में सम्पृक्ति शब्द और अर्थ के बीच किसी भी अन्य तत्त्व की अनुपस्थिति से। सन्निकर्ष इस सम्पृक्ति के ही वैखरी-अवतरण का नाम है।

एक टिप्पणी के लिहाज़ से शायद इस टिप्पणी का आकार कुछ बड़ा हो गया। फिर भी, 'सम्पृक्ति' पर कुछ कहना आवश्यक जान पड़ता है। 'शब्द' की व्युत्पत्ति 'शप्' (= चीखना, शाप देना) से है, यह मैं अनेकत्र उद्धृत कर चुका हूँ। 'अर्थ' याचना के लिए प्रयुक्त होता है। शाप और याचना की इस सम्पृक्ति में, जो उनके सन्निकर्ष अर्थात् साहित्य का अधः-पाठ है, पहला आविर्भाव किसका है इस बारे में विशेष मतभेद भारतीय चिन्तन में नहीं रहा है। किन्तु सम्पृक्ति के रूपंकरणों में थोड़ी ऊपरी टकराहट रही है। एक ओर तो यह है कि चूँकि शब्द पार्वती है और अर्थ शिव इसलिए यदि हम पार्वती के घूमावती स्वरूप की ओर ध्यान दें जिसमें बेहद भूख लगने के नाते उन्होंने शिव को चबा लिया था तो हम इस परिणाम पर पहुँचेंगे कि अर्थ की सत्ता शब्द की भूख मिटाने के लिए है, सृष्टि की सत्ता इसलिए है कि प्रलय में झोंके जाने के लिए कुछ हो और जिन्दगी इसलिए है कि मौत का होना साबित किया जा सके—यदि कोई ज़िन्दा नहीं होगा तो मरेगा कौन? इसी का एक रूपंकरण दक्षिण-कालिंका का है, श्मशान में शिव के शव के ऊपर महाकाल से विपरीत-रतासक्त महाकाली का, अर्थ के शव के ऊपर अर्थ से युग्मित शब्द का। बुभुक्षा और रिरंसा की बुनियादी ज़रूरतों के तहत शब्द अर्थ से सम्पृक्त होकर वागर्थ के रूप में अवतरित होता है। इस अवतरण के इर्द-गिर्द श्मशान फैला हुआ है। दूसरी ओर भर्तृहरि का **वाक्यपदीय** है जो शब्द ब्रह्म से उद्‌भूत जागतिक प्रक्रिया को उसके अर्थ व्योजन के परिणाम या विवर्त के रूप में देखता है। ('प्रवर्ततेऽर्थ भावेन प्रक्रिया जगतो यतः')। दोनों रूपंकरणों को मिला दें तो जागतिक प्रक्रिया और श्मशान के स्पेस अलग-अलग नहीं रह जाते और साहित्य की सर्जना शब्द की बुभुक्षा और रिरंसा के लिए अर्थ की कुर्बानी के रूप में प्रत्यक्ष होती है :

काश, संजीदे! कि. बह्र+ए+क़त्ल+ए+मअ़नी, यक-क़लम,
जल्व+ए+किल्क+ओ+रक़म, दार+ओ+रसन ख़्वाहद शुदन ॥

—ग़ालिब

[काश तुम इसे समझते कि लेखनी और लेख पंक्तियों का प्रत्यक्षीकरण अर्थ के वध के लिए पूरी तौर पर टिकटी और रस्सी हो जाएगा।]

भारतीय काव्य-चिन्तन की एक बहुत लम्बी, लगभग अनादि, परम्परा रही है। इस दुनिया को ही एक कविता के रूप में हमारे ऋषियों ने देखा है ('पश्य देवस्य काव्यम्') और वे जब दुनिया के बारे में सोचते हैं तो कविता के बारे में ही सोचते हैं। वे संसार को वाग्-ब्रह्म का विवर्त और परिणाम मानते रहे हैं, लिपि को कुण्डलिनी के रूप में निरखते बखानते रहे हैं। वे लिटरेचर बनाम ओरेचर को शायद माया बनाम ब्रह्म का एक सीमित रूपान्तर क़ुबूल करते किन्तु मैं इस ओर यहाँ न मुड़ूँगा।

जिसे एक 'डिसिप्लिन' के रूप में भारतीय साहित्यशास्त्र कहा जाता है उसकी पढ़ाई में थोड़ी सावधानी की ज़रूरत है। मैं एक काल्पनिक प्रश्न उठाकर उसका उत्तर देने की चेष्टा करता हूँ और इस टिप्पणी का समापन करता हूँ।

कहा जा सकता है कि शब्दार्थ तो काव्य का शरीर है, आत्मा की बात रह जाती है। इस कथन का आधार इसमें है कि आनन्दवर्धन ने कहा है कि काव्य का शरीर शब्दार्थ है ('शब्दार्थ-शरीरं तावत्काव्यम्') और उसकी आत्मा 'ध्वनि' है। राजशेखर ने भी काव्य-पुरुष का रूपक ढालते समय शब्दार्थ को शरीर और आत्मा को रस बताया। बाद के लोग भी (मसलन् एकावली-कार विद्याधर) इस तरह की बातें करते रहे हैं। ऐसी स्थिति में क्या यह कहा जाएगा कि 'शब्दार्थ का सहित होना साहित्य है' एक अधूरी बात है क्योंकि इसमें केवल 'शरीर' आया, 'आत्मा' छूट गयी? क्या यह कहा जाएगा कि भामह या दण्डी से काव्य-तत्त्व छूट गया था जिसको चर्चा के क्षेत्र में बाद में आनन्दवर्धन और अभिनवगुप्त ले आये? (इसमें कुछ और पेंच भी तब पड़ते दिखाई देते हैं जब हम यह देखते हैं कि मम्मट के द्वारा शब्दार्थ को काव्य कहने पर विश्वनाथ को एतराज है और वे वाक्य को काव्य कहना चाहते हैं और पण्डितराज जगन्नाथ शब्दार्थ में से केवल शब्द में काव्य मानते हैं। किन्तु मैं ये बातें यहाँ न उठाऊँगा यद्यपि इतना कहना आवश्यक है कि यह काव्य-लक्षण के परिष्कार की और कसाव की बहस है, काव्य के लोकेशन की नहीं।)

'आत्मा' और 'शरीर' परस्पर विनिमेय शब्द रहे हैं इसके कुछ प्रमाण मैंने अपने एक निबन्ध[6] में दिये हैं किन्तु मैं इस बात का उपयोग यहाँ न करूँगा और यह मानकर चलूँगा कि उपर्युक्त रूपक में 'शरीर' और 'आत्मा' का प्रयोग प्रचलित अर्थ में ही किया गया है। तब यह देखने की बात है कि जिस 'रस' को राजशेखर ने 'आत्मा' कहा है उसे अभिनवगुप्त ने शब्दार्थ के 'साहित्य' में पाया है (उनका 'पानक' वाला उदाहरण याद कीजिए) और इस प्रकार यह आत्मा वाली बात इसमें अन्तर्भुक्त है। यहाँ सवाल, जिस हद तक सवाल है, यह है कि क्या शब्दार्थ के

'साहित्य' की जो समझ मैंने ऊपर लिखी है उसमें कोई अन्तर पड़ेगा यदि 'रस' और 'ध्वनि' शब्दों पर विचार किया जाय? मेरा कहना है कि नहीं। 'रस', 'रसा', और 'रसातल' का एक घनिष्ठ सम्बन्ध है जिसकी ओर मैं यहाँ इंगित मात्र करता हूँ। 'रस्' धातु जिससे 'रस' शब्द व्युत्पन्न होता है दो अर्थों में प्रयुक्त होती है, (रवाज़ यह कहने का है कि ये दो अलग-अलग धातुएँ हैं) एक शोर मचाने, चीखने-चिल्लाने के अर्थ में, एक स्वाद लेने या आर्द्र होने के अर्थ में। इसलिए 'रस' का अर्थ 'शब्द' भी होता है। इस तरह से देखने पर यह 'शब्द' में अन्तर्भुक्त हो जाता है, फ़र्क यह है कि शब्द का चीखना-चिल्लाना कोसने से सम्बन्धित है और रस का चीखना-चिल्लाना हाय-तोबा मचाने विलाप करने से। इसी से 'रसा' और 'रसातल' भी है। अब बचा 'ध्वनि'। 'ध्वन' धातु जिससे 'ध्वनि' शब्द निकला है, दो अर्थों में प्रयुक्त होती है। एक 'बुझ जाने' के अर्थ में जिसका प्रयोग वैदिक साहित्य तक सीमित रहा और दूसरा 'आवाज़ करने' के अर्थ में जिसका प्रयोग लौकिक-साहित्य में भी है। 'ध्वान्त' जिसका अर्थ 'घोर अंधकार' होता है, और 'ध्वनित' एक ही शब्द के दो रूप हैं, अगर बीच में 'इट्' आती है तो 'ध्वनित' बनेगा अन्यथा 'ध्वान्त'। 'बीच में इट्' पर मैं लिख चुका हूँ[7] उसे यहाँ न दुहराऊँगा। ब-हर-हाल, 'रस' और 'ध्वनि' दोनों ही घोर अंधकार से, रसातल से, ज़मीदोज़ होने से, जुड़े हुए हैं।

साहित्य एक ऐसी अर्धनारीदेह है जो बुभुक्षा और रिरंसा की मजबूरियों के तहत चिपके हुए शब्द और अर्थ नाम के दो खोखलों के बीच घोर अंधकार (ध्वनित ↔ ध्वान्त) को मुहरबन्द किये हुए है।

फिर यह नितान्त स्वाभाविक और नितान्त विश्वसनीय है कि काव्यानन्द को ब्रह्मानन्द का सहोदर कहा गया क्योंकि ब्रह्मानन्द भी ऐसे ही घोर अंधकार का नाम है :

–ततो भूय इव ते तमो य उ विद्यायां रताः।[8]

[(जो लोग अविद्या में रत हैं वे घोर अंधकार में पड़ते हैं और) उससे भी अधिक अंधकार में वे पड़ते हैं जो विद्या में रत हैं।]

साहित्य का 'आनन्द', यही है :
आनन्द के द्वारा छले गये लोगों की चेतना आनन्द में समाविष्ट रहती है।
यह वाक्य मैंने निम्नलिखित पंक्ति के अनुवाद के रूप में प्रस्तुत किया :

आनन्दविप्रलब्धानामानन्दोपहिता चितिः

जो शैव दर्शन के महत्त्वपूर्ण ग्रन्थ **रत्नत्रय परीक्षा** के चौदहवें श्लोक से ली गयी है। यह ग्रन्थ आचार्य श्रीकण्ठ सूरि का है। इस पर अघोर-शिवाचार्य की टीका है जिसके

अनुसार उद्धृत श्लोक का तात्पर्य यह है कि वेदान्त आदि दर्शनों में जो 'आनन्द' का सुखपरक अर्थ लिया गया है वह भ्रान्त है और 'आनन्द' का वास्तविक अर्थ 'परिपूर्णता' है। अनुवाद की ज़िम्मेदारी मेरी है।

काव्यानन्द इस रिक्त घर को पूर्ण करता है, देह (= घर) का घड़ा भरने की क्षमता काव्यानन्द में है।

मैं कल्पना करता हूँ कि देह एक घड़ा है जिसमें प्राण-वायु भरी हुई है। ऊपर, कहीं सहस्रार के पड़ोस से, काव्यानन्द की एक बूँद टपकती है। उस बूँद को जगह देने के लिए एक साँस भर प्राण-वायु बाहर कर दी जाती है। धीरे-धीरे काव्यानन्द से देह भर जाती है और सारी-की-सारी प्राण-वायु बाहर हो जाती है। वहीं बग़ल में यमदूत और विष्णुदूत अपनी-अपनी बही लिये बैठे हुए हैं। यमदूत कहते हैं, 'अब इसकी साँसें पूरी हो गयीं।' विष्णुदूत कहते हैं, 'अब यह आनन्द से परिपूर्ण हो गया।' दोनों अपनी बही बन्द करके चल देते हैं। घड़ा वहीं पड़ा रहता है। वे उसकी कोई परवाह नहीं करते क्योंकि वे जानते हैं कि जलाने दफ़नाने कोई-न-कोई आ जाएगा या फिर चील कौवे खा जाएँगे। वे यमलोक या विष्णुलोक तक उसे नहीं ढोते, वहाँ जाकर एक रिपोर्ट दर्ज कर देते हैं और बस।

यही काव्यशास्त्र का विनोद है।

विनोद=दूर ले जाना, दूर करना, हटाना। देखिए **शिशुपालवध** का प्रथम सर्ग, अड़तालीसवाँ श्लोक।

सन्दर्भ

1. **अष्टाध्यायी**
2. वही, I / IV / 109
3. **दुर्गासप्तशती,** प्रथम अध्याय
4. **श्रीमद्भागवत,** VII-I / 26
5. **रामचरितमानस,** बालकाण्ड, दोहा संख्या-18
6. द्रष्टव्य : इसी पुस्तक में शामिल निबन्ध 'कथा शृणोति इन्द्रः'
7. द्रष्टव्य : इसी पुस्तक में शामिल निबन्ध 'बीच में इट्...'
8. **ईशावास्योपनिषद्,** मन्त्र।

साहित्य-विचार और शास्त्र-विचार : संवाद और सहमूल्यन

काशी के विख्यात आचार्य गोस्वामी दामोदर लाल के बारे में कहा जाता है कि उनका यह कहना था कि उन्होंने सारे शास्त्र इसलिए पढ़े कि वे मम्मट का **काव्यप्रकाश** पढ़ सकें। प्रकारान्तर से यह उनकी राय मानी जा सकती है कि साहित्य-विचारों में शास्त्र-विचारों का उत्कर्ष और निचोड़ है। हमारा सोचना यहाँ से शुरू होना चाहिए कि यह इस कथन से किस हद तक अलग है कि साहित्य-विचार पर शास्त्र-विचार का प्रभाव है। कुछ और स्पष्ट रूप में बात को रखने के लिए मैं कुछ और उदाहरण देना चाहूँगा। ऐसे अनेक विद्वान हैं जो मानते हैं कि मार्क्सवाद वस्तुतः ईसाई धर्म की संघटनात्मक अवधारणाओं और लक्ष्यों का रूपान्तरण मात्र है। ऐसे अनेक विद्वान हैं जो यह मानते हैं कि ईसाई धर्म की संघटनात्मक अवधारणाएँ और लक्ष्य रोमन नगर-राज्यों की संघटना के रूपान्तरण हैं। ऐसे अनेक विद्वान हैं जो मानते हैं कि बौद्ध-धर्म की संघटनात्मकता और उसके प्रवर्तन के लिए भगवान बुद्ध के सामने चक्रवर्ती राजा की धारणा थी, धर्मचक्र प्रवर्तन वस्तुतः राज्यचक्र का एक रूपान्तरण है। आनन्दवर्धन और अभिनवगुप्त के साहित्य-चिन्तन पर कश्मीर शैवदर्शन की छाप, महाराज भोज के साहित्य-चिन्तन पर सांख्य दर्शन का प्रभाव, इन सबके बारे में बहुत कुछ कहा जा चुका है। आधुनिक भारतीय साहित्य-चिन्तन में, जो प्रायः सबका सब विदेश से लिया गया है, विविध प्रकार की शब्दावली विदेशी साहित्य-चिन्तन के अनुकरण का प्रयास करती नज़र आती है और वह विदेशी साहित्य विविध प्रकार के अनुशासनों, अर्थशास्त्र, समाजशास्त्र और कुछ हद तक भौतिक विज्ञानों के लोकप्रिय परिचय में होनेवाले परिवर्तनों से अपने को सजाता रहता है।

इस समूचे परिदृश्य में हमेशा यही बात उठती रहती है कि साहित्य के रचनात्मक और आलोचनात्मक कर्म पर किन-किन अनुशासनों और वैचारिकियों का 'प्रभाव' है। प्रायः रचनात्मक कर्म पर इस प्रभाव की वांछा या इस वांछा का विरोध

ही आलोचनात्मक कर्म की सीमा निर्धारित कर देता है। किन्तु हम यह कोशिश कर सकते हैं कि साहित्य का अपना विचार, अगर वह कहीं है तो, उसे खोजने की चेष्टा करें।

यह खोज फिलहाल हम दो छोरों से शुरू कर सकते हैं। एक छोर यह होगा कि साहित्य का विचार क्या हो सकता है? क्या संगीत का कोई विचार होता है? क्या नृत्य का कोई विचार है? क्या चित्रकर्म का कोई विचार होता है? क्या मूर्तिशिल्प का कोई विचार होता है? और अगर इन सबका नहीं होता तो क्या साहित्य का कोई विचार हो सकता है जबकि वह भी एक कला है? इस प्रश्न के पीछे के सोच को यदि हम स्वीकार करें, यानी यह मान लें कि संगीत, नृत्य, चित्रकर्म, मूर्तिकर्म का कोई विचार नहीं होता, वे किसी ऐसे खास अर्थ में 'कला' हैं, जिस अर्थ में कला का कोई विचार नहीं होता, तो दो सम्भावित उत्तर इसके ज्ञात हैं : पहला यह कि साहित्य का कोई विचार नहीं होता, और दूसरा यह कि साहित्य अन्य कलाओं से अलग है क्योंकि उसका माध्यम भाषा है और इसलिए इसका विचार हो सकता है जबकि अन्य का नहीं। मैं यह स्पष्ट कर दूँ कि मैं इस प्रश्न के पीछे की सोच को अस्वीकार करता हूँ और फलतः इस प्रश्न और इसके दोनों उत्तरों को भी। दूसरा छोर यह होगा कि साहित्य का विचार होता है, जिस तरह से मनुष्य अर्थशास्त्र, समाजशास्त्र, आदि रचता और उनका विचार स्वीकार या अस्वीकार करता है उसी अर्थ में मनुष्य साहित्य भी रचता है और उसका एक विचार स्वीकार या अस्वीकार करता है।

इस समझ को भी मैं अस्वीकार करता हूँ। शास्त्रों का निर्माण अलग उद्देश्यों से होता है। यहाँ मेरा शास्त्र से अभिप्राय उन विद्याओं से है जिनका विकास पश्चिमी पद्धति से होता है। यह आवश्यक नहीं है कि एक विषय से सम्बन्धित शास्त्र-निर्माण पश्चिम में जिस प्रक्रिया से हुआ है उसी प्रक्रिया से वह भारत में भी हुआ हो। अक्सर स्थिति इसके ठीक विपरीत रही है। यह एक दृष्टिगत अन्तर है जिस पर चर्चा कुछ देर में इसी आलेख में आगे है। फिलहाल मेरा कहना यह है कि अर्थशास्त्र, नागरिकशास्त्र, राजनीतिशास्त्र आदि की निर्मिति के पीछे उद्देश्य कितने भी प्रासंगिक और उदात्त क्यों न हों उनकी सीमा मानव समाज के कल्याण की उस समझ से निर्धारित होती है जो मनुष्य को अपने सारे फैसले खुद करने के अधिकार देता है। उदाहरण के लिए यदि मनुष्य को लगता है कि धरती का वर्तमान तेल-भण्डार इतना है कि उसके उपयोग की कोई सीमा निर्धारित करने की आवश्यकता नहीं है तो वह उसके उपयोग की कोई सीमा निर्धारित नहीं करेगा और अन्धाधुन्ध खपत में लगा रहेगा। दूसरी ओर यदि उसे ऐसा लगता है कि यह भण्डार जल्दी खत्म हो जाएगा तो वह उसके उपयोग की सीमा निर्धारित करेगा, उसके लिए नियम बनाएगा और एक आचार संहिता निर्धारित करेगा। इस सारी विकल्प प्रक्रिया

में बुनियादी बात एक रहेगी; यह सभी कुछ जो इस जगत् में है मनुष्य के उपयोग के लिए है, यह अधिकार उसने अपने बल पर हासिल किया है और उपयोग का चरित्र तथा औचित्य निर्धारित करने के लिए उसे किसी प्रकार की दैवी संकल्पना का आधार लेने की आवश्यकता नहीं है। यही उदाहरण सभी शास्त्रों की निर्मिति में भी पश्चिमी पद्धति के अनुसार स्वीकार्य है।

इस लिहाज से साहित्य का अपना कोई विचार नहीं हो सकता क्योंकि उसका कोई प्रयोजन नहीं हो सकता सिवाय इसके कि वह रचा जा रहा है। निश्चय ही जिस प्रकार नीतिशास्त्र या राजनीतिशास्त्र के निर्माता कुछ स्थापनाओं को समूचे मानव समाज के लिए उपयोगी मानकर अपने निष्कर्षों के अनुसार मानव समाज को चलाने पर होनेवाले लाभों के दावे कर सकते हैं उस प्रकार के दावे साहित्य नहीं कर सकता। कविता से मनुष्य को कविता के अलावा कुछ नहीं मिलता। यदि हम विचार और प्रयोजन में अन्तर नहीं करेंगे तो हमें तमाम तर्कहीनताओं का सामना करना पड़ेगा। जब राजनीतिशास्त्र का एक सिद्धान्त यह स्थापना कर देता है कि राज्य पर प्रजा का स्वत्व होना चाहिए तब वह यह भी मानकर चलता है कि इसको अपनाने से जो राजनीतिक व्यवस्था बनेगी वह मानव समाज के हित में होगी और इस हित की परिभाषा तथा उसका निर्धारण भी वह राजनीतिशास्त्र स्वयं ही करता है। इस अर्थ में साहित्य की रचना को कोई प्रत्यय न दिए जाते हैं न वह अपने प्रत्यय इस अर्थ में बनाता है। कुछ आगे बढ़कर मैं यह भी कह सकता हूँ कि पाश्चात्य जगत् में इस विषय पर विचार चाहे जितना भी हुआ हो अन्ततः वह कुछ ऐसे ही निष्कर्ष पर पहुँचता है कि मानव समाज के लिए साहित्य फलाँ-फलाँ कारणों से ज़रूरी है। जिस तरह बहुत से लोग यह मानते हैं कि तर्कशास्त्र या गणित पढ़ लेने से मनुष्य की तर्कशक्ति का विकास होता है और वह अधिक तर्कपूर्ण निर्णय अपने दिन-प्रतिदिन के जीवन में लेने लग जाता है उसी प्रकार कुछ लोग यह भी मानने लग जाते हैं कि साहित्य रचने या रचा हुआ साहित्य पढ़ने से मनुष्य की सर्जनात्मक प्रतिभा को करुणा या दया जैसे कुछ तत्त्वों की दिशा मिलती है और वह एक पूर्ण मनुष्य बनता है। इन मान्यताओं का अखण्डन अनेक साहित्यकारों के निजी जीवन से और अनेक साहित्यिक अभिरुचि वाले व्यक्तियों के निजी जीवन से किया जा सकता है। ऐसी स्थिति में हम साहित्य-विचार का क्या अर्थ निकाल सकते हैं? यदि प्रयोजन और विचार में अन्तर है तो मोटे तौर पर यह एक मार्ग हो सकता है कि हम यह कल्पना करना प्रारम्भ करें कि साहित्य यदि नहीं होता तो मनुष्य का क्या रूप होता। यदि हमारे पास **रामायण, महाभारत** आदि ग्रन्थ न होते, यदि हमारे पास **रामचरितमानस** न होता, यदि हम आधुनिक समय में कविता, कहानी, नाटक न लिख या पढ़ रहे होते तो क्या होता। मोटे तौर पर शायद यह अनुमान किया जा सकता है कि जहाँ तक हमारी प्रगति और अर्थव्यवस्था आदि का प्रश्न है वह शायद वैसी ही होती। हम

जब वह कथा साहित्य पढ़ते हैं जिसे विज्ञान-कथा कहा जाता है, उसमें जिन मनुष्येतर अन्यग्रहवासी प्राणियों का ज़िक्र होता है उनकी सभ्यताओं के बारे में तमाम तरह की कल्पनाएँ रची जाती हैं लेकिन हमें उन कल्पनाओं में यह नहीं मालूम होता कि क्या वहाँ उन सभ्यताओं में साहित्य रचना का भी कोई स्थान है या नहीं। तमाम तरह की रोबोटिक्स जिसमें काल्पनिक और मूर्तिमती दोनों तरह की संरचनाएँ शामिल हैं साहित्य-रचना को उन सभ्यताओं में स्थान नहीं देतीं। मैं क्षेपक के रूप में यह बता दूँ कि मैं 'कम्प्यूटर कविता' जैसी चीज़ों को ध्यान में रखकर यह बात कर रहा हूँ। इस सिलसिले में यह ध्यान देने की बात है कि भोजन या योनेच्छा जैसी बातों की चर्चा इन कथाओं में रहती है। काम, क्रोध, मद, लोभ, मोह, मत्सर सभी का स्थान स्वीकार किया जाता है किन्तु साहित्य का नहीं। यही बात उन कथाओं के बारे में भी है जो गुलिवर की यात्राएँ जैसी हैं। संक्षेप में एक दूसरा समाज कैसा हो सकता है इसके बारे में जब हमारे लेखक सोचते हैं तो वे विज्ञान, तकनीकी प्रगति को उस समाज में मानते हैं, राज्य-व्यवस्था, दण्डनीति, अर्थव्यवस्था आदि को उस समाज में स्थान देते हैं किन्तु साहित्य को उस समाज में परिकल्पित नहीं करते। इस अर्थ में साहित्य को मनुष्यता का एक अभिलक्षण मान सकते हैं जो आवश्यक नहीं कि साहित्य-रचना के प्रति सचेष्ट सम्मान के नाते स्वीकार किया गया हो किन्तु जिसे इस अर्थ में अभिलक्षण के रूप में प्रस्तावित किया गया है कि हम और सब कुछ तो सोच सकते हैं कि मनुष्येतर समाजों में क्या-क्या हो सकता है लेकिन यह नहीं सोच सकते कि उनका साहित्य क्या हो सकता है।

दूसरी ओर हमारा पौराणिक और मिथकीय साहित्य है जिसमें देव, गन्धर्व, किन्नर, असुर, वानर, नाग सभी के बारे में ठीक वैसी ही परिकल्पना है जैसी कि मानवीय समाज के बारे में है : उसमें पिशाचों के बीच रहते हुए उनके लिए उनकी भाषा में **बृहत्कथा** रची जा सकती है, यक्ष का यक्षिणी को प्रेम-सन्देश **मेघदूत** के रूप में सामने आ सकता है, हंस राजा नल के प्रेम की कथा दमयन्ती को बता सकता है। जैसे ही हम यह विचार सामने लाते हैं कि देव, गन्धर्व, वानर, नाग वस्तुतः कोई अलग योनियाँ न होकर विभिन्न जाति चिह्न रखनेवाले मानवीय वर्ग थे वैसे ही हम साहित्य-विचार से अलग हो जाते हैं और शास्त्र-विचार करने लगते हैं। मैं यह नहीं कह रहा हूँ कि यह बात कोई पूर्व बनाम पश्चिम की है। एक उदाहरण सामने रखें : कथा है कि जब भगवान राम ने अश्वमेध यज्ञ किया तो उन्होंने भगवती सीता के वन में होने के नाते उनकी स्वर्ण-प्रतिमा को पत्नी की जगह यज्ञ कार्य में स्थान दिया क्योंकि यज्ञ की विधि के अन्तर्गत बिना पत्नी के यज्ञ करना निषिद्ध है। जब मीमांसा शास्त्र के आचार्य कुमारिल भट्ट इस पर विचार करते हैं तो उनका कहना यह होता है कि यह शास्त्र-विरुद्ध है और ऐसा यदि हुआ तो उसकी वैधता शास्त्र में नहीं है, भगवान राम ने ऐसा कर लिया तो कर लिया। किन्तु जिसे यज्ञ करना

हो वह इस तर्क पर पत्नी की जगह प्रतिमा रखकर यज्ञ नहीं करता। जब साहित्यिक कल्पना इस पर विचार करती है तो वह इसे यों रखती है कि स्वर्ण-प्रतिमा ने भगवान राम से पूछा कि यज्ञ में पत्नी का अधिकार आपने मुझे दिया सो तो ठीक है किन्तु दाम्पत्य का पूर्ण अधिकार तो मुझे मिला नहीं, इस विषय में आपका क्या कहना है और भगवान राम ने उत्तर दिया कि यह अवतार मेरा एक पत्नीव्रत का है अतः मैं कृष्णावतार में अपने इस कर्तव्य को यों निबाहूँगा कि तुम राधा बनोगी और मेरा तुमसे विवाह होगा, यह कहने में ही वह विचार है जो साहित्यिक विचार है जिसमें सर्जनात्मकता है।

साहित्य का सम्बन्ध रसनिष्पत्ति से है यह भी बराबर कही गयी बात है और रस को मापा नहीं जा सकता, उसे प्रमाणों से आँका नहीं जा सकता यह भी। जैसे ही हम अप्रमेयता और प्रमेयता के इस अन्तर को सामने रखेंगे हम साहित्य-विचार और शास्त्र-विचार के अन्तर को अपने सामने रख सकेंगे। ऐसी स्थिति में 'सहमूल्यन' जैसे शब्द में एक बुनियादी सवाल उठाने की गुंजाइश है। शास्त्र-विचार प्रमेय है तो उसका आकलन जिन विधियों से सम्भव है वे प्रमा की विधियाँ हैं, समझ की, बूझ की, तर्क की, आलोचना की विधियाँ हैं। साहित्य-विचार अप्रमेय है तो उसका आकलन जिन विधियों से सम्भव है वे नाप-जोख-तोल की विधियाँ नहीं हो सकतीं। फिर उसका आकलन किन विधियों से हो सकता है? आकलन की जो विधियाँ जो हमारे पास हैं वे ये ही नाप-जोख-तोल की विधियाँ हैं। यही कारण है कि इस अप्रमेय अनुभूति पर जिसे रस की अनुभूति कहते हैं शास्त्र-विचार करते समय अलंकार या ध्वनि के भेद-प्रभेद कल्पित किये जाते हैं, रस की भी एक प्रक्रिया की कल्पना की जाती है कि ये रस हैं, आठ या नौ, दस इनके ये स्थायी भाव हैं ये संचारी भाव हैं आदि आदि। लेकिन ये विधियाँ इस स्वीकारोक्ति के साथ गढ़ी जाती हैं कि रस का, साहित्य-विचार का आकलन इन विधियों की परिगणनात्मक शक्तियों के भीतर नहीं है। इसी समतुल्यता पर धार्मिक भावना का भी अनुभव है, ब्रह्मानन्द को अप्रमेय कहते हुए भी उसके आकलन की एक विधि **बृहदारण्यक उपनिषद** में दी गयी है जिसकी इकाई रत्यानन्द है और जिसको अनेक गुणित करने से ब्रह्मानन्द का अनुमान किया जा सकता है। अन्ततः एक प्रकार से यह चुनौती भी है कि यदि आप रत्यानन्द को माप सकने की क्षमता रखते हैं तो ब्रह्मानन्द को माप सकने की ओर कुछ बढ़ सकते हैं। इसी प्रकार की किसी अप्रमेयता की स्वीकृति में ही साहित्य का विचार सन्निहित है। जब अप्रमेयता का यह स्वीकार अस्वीकार्य न हो तो शास्त्र-विचार में तदनुरूप प्रौढ़ता आती है। उदाहरण के लिए व्याकरण शास्त्र की भारतीय परम्परा में शब्दों के अर्थ 'बौद्ध' कहलाते हैं, यानी वे किसी वास्तव जगत् में न रह कर बौद्धिक जगत् में विद्यमान होते हैं, उन्हीं पदार्थों को शब्द बताता है। उदाहरणों की एक लम्बी सूची है किन्तु मैं कहना चाहता हूँ वह यह है : साहित्य

विचार जिसे मैं भक्ति या धर्म-विचार से अभिन्न मानता हूँ मनुष्य को उस सम्पूर्णता से जोड़ता है जो मनुष्य अपनी मनुष्यता के घमण्ड को तजकर तथा अपनी सीमा को स्वीकार करके ही देख पाता है। शास्त्र-विचार मनुष्यता की शक्तियों को उभारता है किन्तु उन शक्तियों के स्रोत को ओझिल कर देता है। जो शास्त्र-विचार इस स्रोत को ओझिल नहीं करता वह साहित्य-विचार के समतुल्य ही है, अभिन्न है और इसी अर्थ में सहमूल्यन की प्रक्रिया का कोई अर्थ भी सम्भव है।

कथा शृणोति...इन्द्रः? (क्या इन्द्र सुनता है?)

भारतीय आख्यान-परम्परा

...the next subject to discuss after this would be : What one should aim at and beware of in plotting fables; that is to say, what will produce the tragic effect.

—Aristotle Poetics tr. L.J. Potts

चूँकि एक प्रकार से अनेक प्रख्यात कथा-परम्पराओं का सम्बन्ध भारतीय आख्यान-परम्परा से जोड़ा गया है, विशेषतः **पंचतन्त्र** से, यह कहना एक हद तक ठीक होगा कि जब हम भारतीय आख्यान-परम्परा की बात करते हैं, तब उसके माध्यम से हम उन तमाम आख्यान-परम्पराओं के बुनियादी ढाँचे की बात करते हैं जिन पर आख्यान की साहित्यिक विधा टिकी हुई है। जिस हद तक वह ढाँचा अपने ऊपर नाम-परिवर्तन, स्थान-परिवर्तन, क्रम-परिवर्तन और कथ्य-परिवर्तन को समावेशित करते हुए अपनी एक जातीय इयत्ता बनाए रखता है, जैसे विकलांग और सांग मनुष्य एक जातीय होते हैं, वैसे ही वह ढाँचा उस हद तक एक ही रहता है। किन्तु जैसे विकलांग मनुष्य आपस में श्रेष्ठता के लिए लड़ते हैं और जैसे विकलांग मनुष्य की दुनिया में सांग पुरुष विकलांग होता है वैसे ही, जैसे यह तै करना कठिन है कि गुलीवर की यात्राओं ने मनुष्य के लिए आदर्श आकार कौन-सा निश्चित किया—बहुत छोटा, या मध्यम, या बहुत बड़ा—वैसे ही यह तै करना भी सम्भव नहीं है कि भारतीय आख्यान-परम्परा में भारतीय विशेषण को कहाँ तक और किस समय तक लगाए चलना सम्भव होगा। **पंचतन्त्र** में ऐसा क्या है जो **अलिफ लैला** से अलग है?

इसलिए शायद बेहतर यही है कि हम कुछ प्रमुख और प्रसिद्ध आख्यान-ग्रन्थों तक अपने को सीमित रखें और देखें कि उनमें क्या है? **पंचतन्त्र** और **हितोपदेश** शिक्षा ग्रन्थ हैं, उनकी अपनी प्रतिज्ञा को ध्यान में रखें तो वे राजपुत्रों की शिक्षा के ग्रन्थ हैं। अभी हाल तक ये पुस्तकें कुछ पुराने ढंग के पाठ्यक्रमों के लिए स्वीकृत थीं यद्यपि इनमें एक पाठ्य-पुस्तक के कुछ वांछित गुणों का अभाव हो चला था और

इनके अश्लीलांश-विवर्जित संस्करण ही छात्रोपयोगी माने जाते थे। बहरहाल यदि हम यह ध्यान में रखें कि **पंचतन्त्र** का पहलवी अनुवाद ईरान के सम्राट नौशेरवाँ ने अपने प्रशासनिक अधिकारियों के प्रशिक्षण हेतु कराया था तो हम आख्यान का एक सर्वस्वीकृत उद्देश्य आसानी से अपने सामने रख सकते हैं—मानवीय समाज में रहने-सहने और उसे विचार तथा सुनीति से चलाने का ज्ञान देना। इस अर्थ में इसकी बग़ल में एक दूसरा प्रत्याशी रखा जा सकता है—गणित, जो प्लेटो के पाठ्यक्रम के अनुसार प्रशासन की शिक्षा के लिए आवश्यक और अनिवार्य था।

कहानी और गणित की यह एक टकराहट वस्तुतः दो विचार-सरणियों का प्रतिनिधित्व करती है। यह मानने में कोई संकोच नहीं होना चाहिए कि मनुष्य के पास केवल दो विचार पद्धतियाँ हैं—एक साहित्यिक और दूसरी वैज्ञानिक। सार्वजनिक प्रशासन के लिए जो दिमाग़ कहानियों की एक पोथी को अनिवार्य मानता है वह साहित्यिक विचार पद्धति को वैज्ञानिक विचार पद्धति के ऊपर वरीयता देता है और जो दिमाग़ गणित को अनिवार्य मानता है वह वैज्ञानिक पद्धति को साहित्यिक पद्धति के ऊपर वरीयता देता है। मैं यही कह दूँ कि मेरी समझ में साहित्यिक पद्धति भारतीय है और वैज्ञानिक पद्धति अ-भारतीय। आख्यान की साहित्यिकता ही उसकी भारतीयता है।

इस अर्थ में एक बहुत लम्बे अरसे से यह टकराव एक गम्भीर वैचारिक विरोध के रूप में विद्यमान रहा है यद्यपि उसके उग्र रूप भारत के बाहर अधिक दिखाई दिये हैं। उदाहरण के लिए साहित्य या संगीत की अपवर्जना किन लोगों ने की है? प्लेटो ने की है। फिर मौलाना जलालुद्दीन रूमी अपनी मसनवी में लिखते हैं कि इसमें क़िस्से कहानियाँ देखकर लोग इसकी हँसी उड़ाते हैं लेकिन उन्हें यह नहीं मालूम कि **कुर्आन** के बारे में भी विधर्मी यही कहते थे कि इसमें क्या है, क़िस्से कहानियाँ ही तो हैं। मौलाना रूमी ने अपनी मसनवी को पहलवी या फ़ारसी भाषा में **कुर्आन** कहा है। इस प्रकार कह सकते हैं कि मौलाना रूमी ने **कुर्आन** को साहित्य पक्ष में व्याख्यायित किया है किन्तु दूसरी ओर यह भी सर्वविदित है कि स्वयं **कुर्आन** में जगह-जगह यह स्पष्ट किया गया है कि वह कविता नहीं है। इसलिए यह भी कहा जा सकता है कि जिस हद तक मौलाना रूमी अपनी मसनवी को महत्त्वपूर्ण मानते हैं उस हद तक वे उसे क़िस्से कहानी से कुछ अधिक कुछ भिन्न मानते हैं।

क़िस्सा कहानी कविता से कुछ भिन्न और इतर लिखने का गौरव प्राप्त करने का लक्ष्य निर्धारित करने के पीछे कहीं-न-कहीं यह बात भी रही है कि श्रीमन्तों के यहाँ कहानी कहने के लिए बाक़ायदा नौकर रखे जाते थे जो रात को कहानी सुनाते थे और कहानी सुनते-सुनते श्रीमन्त को नींद आ जाती थी। ख़्वाब जिसका अर्थ नींद है और अफ़साना जिसका अर्थ कहानी है, फ़ारसी उर्दू कविता में उसी प्रकार का एक जोड़ा है जैसा गुल और बुलबुल का जोड़ा या शमअ़ और महफ़िल का जोड़ा। एक

शेर में अगर अफ़साना आता है तो प्रायः निश्चित है कि ख़्वाब भी आएगा। अफ़साना के इर्द-गिर्द के शब्द 'फुसूँ' से 'जादू मन्तर' का अर्थ भी निकलता है और ख़्वाब का अर्थ नींद के अतिरिक्त 'स्वप्न' भी है। इस प्रकार वास्तविक जगत् से दूर, तर्क और संघर्ष से परे, मन्त्रबल से एक स्वप्न-लोक में ले जानेवाली चीज़ है अफ़साना या कहानी या उपन्यास या साहित्य। इसके आसपास घूमते हुए कौन कितनी दूर तक इस रूपक को बढ़ा सकता है? सत्रहवीं सदी के एक भारतीय कवि अब्दुल क़ादिर बेदिल का एक शेर मैं यहाँ देता हूँ :

नौमीदियम सितम कश+ए+खुल्द+ओ+ज़हीम नीस्त।
आसूदः-अम ब-ख़्वाब+ए+अ़दम ज़ीँ फ़सानः-हा ॥

[मेरी निराशा ऐसी नहीं कि स्वर्ग और नरक का झंझट उठाये। मैं अनस्तित्व की महानिद्रा में इन कहानियों से निश्चिन्त सोया पड़ा हूँ।]

स्वर्ग और नरक की ये कहानियाँ, और अनस्तित्व या मोक्ष या निर्वाण का महास्वप्न या महानिन्द्रा, जिन तमाम वस्तुओं को जागरण का, चैतन्य का और तर्क समर्थित चेतावनियों का दर्जा प्राप्त है उनको कहानी और नींद के दर्जे पर पहुँचा देना सत्य और असत्य के बीच, सत्ता और असत्ता के बीच की दीवारों को समाप्त कर देना है। अस्तित्व तो पहले से ही भ्रम के रूप में, निद्रा के रूप में, कहानी के रूप में स्वीकृत है। इस प्रकार एक ऐसी सभा में हम पहुँच जाते हैं जहाँ कहानियों के अतिरिक्त कुछ है ही नहीं।

इन कहानियों से नीति की, जीवन शैली की और रोज़मर्रा की शिक्षा मिलती है। लेकिन रोज़मर्रा के अतिरिक्त जो कुछ मनुष्य की बेचैनी और आकांक्षा में शामिल है वह भी तो कहानी में शामिल है। लम्बे समय तक चलनेवाले, लोक और परलोक दोनों साध देनेवाले राजसूय और अश्वमेध जैसे यज्ञों में कहानी की एक अनिवार्य कर्मकाण्डीय भूमिका रही है। शुनःशेप का आख्यान और भरत तथा परीक्षित की कथाओं का कहना सुनना वैदिक कर्मकाण्ड में शामिल है। मौत के दरवाज़े पर खड़े परीक्षित को **श्रीमद्भागवत** की कथा सुनाई जाती है। हर व्रत की एक व्रत कथा है। ये कथाएँ क्या करती हैं? क्या ये एक आदर्श उपस्थित करती हैं जिसका अनुकरण करना वांछित है? कभी-कभी शायद ऐसा भी होता है। विदुलोपाख्यान है जो युद्ध के लिए जाते हुए पुत्र को माता सुनाती है। लड़ाई छिड़ने पर रेडियो से भी कुछ इस क़िस्म की कहानी प्रसारित हो सकती है। शौर्य की—युद्ध-शौर्य, दान-शौर्य, दया-शौर्य की कहानियाँ ऐसी ही होती हैं। लेकिन अधिकतर दूसरों के लिए। अपने लिए शायद, विपत्ति पड़ने पर, वैराग्य और संसार की निस्सारता से सम्बन्धित कहानियों की कुछ प्रासंगिकता देखी जा सकती है। किन्तु अधिकतर इन कहानियों का उद्देश्य है मौत से सामना करना।

यह सामना कई तरह से हो सकता है। **अलिफ लैला** की तरह से, जिसमें कहानी मौत को टालने का, फुसलाने का एक ज़रीआ है। बादशाह शादी करता है और रात बीतते ही मलिका को मौत के घाट उतारना पड़ेगा यह तै है। मलिका ऐसी कहानी सुनाती है कि बादशाह कहानी को और सुनने के लोभ में अपना हुक्म टाल देता है। एक रात और जी लो जब तक तुम्हारी यह कहानी पूरी नहीं होती। यह सिलसिला एक हज़ार रातों तक चलता है और फिर कहानी जीतती है, मौत हार जाती है, बादशाह मलिका को ज़िन्दा रखना चाहता है और अपना मृत्यु-दण्ड सम्बन्धी आदेश वापस ले लेता है। ज़ाहिर है कि कहानी इसी के साथ बन्द हो जाती है। कहानी मानों कहानीकार को जीवित रखने के लिए अपनी बलि दे रही हो।

एक और रास्ता **कथासरित्सागर** का है। कहानी शिव और पार्वती की केलि क्रीड़ा का एक अंग है। कहानी किनकी कही जाय? मनुष्यों की, जिनके पास दुःख के अलावा कुछ नहीं? ज़ाहिर है कि नहीं। देवताओं की, जिनके पास सुख के अलावा कुछ नहीं? ज़ाहिर है कि नहीं। फिर विद्याधरों की कहानी ही बचती है जिनके पास सुख भी है और दुःख भी। खैर इस कहानी के साथ एक शर्त है, इसे किसी और ने न सुन रखा हो। लेकिन ऐसा होता नहीं है, एक सेवक संयोग से उस एकान्त कक्ष में फँस जाता है। और सारी कहानी सुन लेता है। लेकिन सुनकर वह चुप नहीं रहता उसे अपनी पत्नी को सुनाता है। वह पत्नी पार्वती की सेविका है और दूसरे दिन पार्वती को सुनाती है। जो कहानी शिव ने पार्वती को यह बताकर सुनायी थी कि यह पहले कभी नहीं कही गयी, वह एक सेविका को मालूम है यह जानकर पार्वती शाप देती हैं। उस सेवक का अपराध यही था कि जैसे शिव ने अपनी पत्नी को रिझाने के लिए कहानी सुनायी थी वैसे ही उसने अपनी पत्नी को रिझाने के लिए कहानी सुनायी थी। शाप, ज़ाहिर है कि इन्हीं को मिलता है। वह कहानी मौत का ज़रीआ बनती है। फिर दूसरी योनि को छोड़ने का ज़रीआ भी वह कहानी ही है, दुबारा मरकर अपनी पूर्व योनि में शिवलोक तक वे तभी पहुँचेंगे जब वे वह कहानी सबको सुना देंगे। **कथासरित्सागर** कहानी के ज़रिये से मरने की राह बताता है।

और फिर **श्रीमद्भागवत** है। एक सुननेवाला है जिसके बारे में पता है कि वह **श्रीमद्भागवत** सुनते ही मर जाएगा या यों कहें कि उसके मरने में जितना बाक़ी है उसको वह अब जीवन न माने, **श्रीमद्भागवत** सुने, अपने ढंग से न जिए, मरने की तैयारी करने के लिए जिये। एक कहनेवाला है जिसकी स्थिति अस्पष्ट है कि वह मर चुका है या नहीं। शुकदेव से सम्बन्धित सारी कथाएँ एक अकाल मृत्यु, एक किशोर मृत्यु की कथाएँ हैं। मौत के इस खेल में, मरे हुए लोगों की इस सभा में कुछ ऐसे भी लोग हैं जो **श्रीमद्भागवत** सुनने के बाद अपने घर चले जाएँगे लेकिन **श्रीमद्भागवत** उनके लिए है नहीं। यह उस मरे हुए व्यक्ति के लिए है जो एक बाँस के सात पोरों में अपनी अमूर्त ज़िन्दगी जी रहा है। **श्रीमद्भागवत** का एक दिन

बीतता है और बाँस की एक पोर चिता की तरह चटकती है। ये सात दिन मौत के सात दिन हैं।

2

कहानी और मौत का यह रिश्ता ज़िन्दगी को अपने चारों तरफ़ बुन सकता है। जैसे रेशम का कीड़ा अपने चारों ओर एक क़ीमती चीज़ बुनता है और मौत को बुलावा देता है वैसे ही। मौत अपने चारों ओर कहानी बुनती है जिसका नाम ज़िन्दगी है। मौत अर्थात् अनस्तित्व जिसको बेदिल एक नींद कहता है, जो ब्रह्मा की रात है, जीवन की कथा रचते-रचते थके सृष्टिकर्ता को सुस्ताने के लिए एक मौक़ा है, एक अनुपस्थित सत्ता है। यह अकेली सत्ता है जिसकी उपस्थिति हममें से कोई नहीं जानता क्योंकि मृत्यु का अनुभव प्रत्यक्ष भी नहीं है और अनुमान पर भी आधारित नहीं है। अभी यही कहाँ तै हुआ कि मरने का मतलब क्या है–दिल काम करना बन्द कर देता है या दिमाग़। और यही कहाँ तै हुआ कि ज़िन्दा लोगों के पास दिल या दिमाग़ जैसा कुछ होता है। बेदिल और बेदिमाग़ लोगों की इस दुनिया में भाषा के पास जो दो रास्ते हैं–विज्ञान की भाषा बन जाना या साहित्य की भाषा बन जाना, यह उनमें साफ़ झलकता है कि एक-दूसरे के आईने में चीज़ें उलटी हो रही हैं–साहित्य मरे हुए आदमी को बेदिल या बेदिमाग़ नहीं कहता और विज्ञान ज़िन्दा आदमी को बेदिल या बेदिमाग़ नहीं कहता। मृत्यु, मैं पुनः दुहराऊँ, एक अनुपस्थित सत्ता है क्योंकि सत्ता की अनुपस्थिति ही मृत्यु की उपस्थिति है।

इसलिए कहानी में लेखक सर्वदा अनुपस्थित है। मृत्यु अनुपस्थित है और जीवन उपस्थित। यदि आप इस ओर ध्यान दें कि मनुष्य के जननांगों को संस्कृत में 'उपस्थ' कहते हैं तो इस 'उपस्थिति' का सारा स्वरूप सामने आ जाता है। यह ज़िन्दगी 'ख़ल्फ' है, एक बनी हुई चीज़ से दूसरी चीज़ का बनना। जितनी भी सृष्टि विद्याएँ हैं वे सत्ता को असत्ता से बनाती हैं। लेखक, अनुपस्थित है। लेखक, मरा हुआ है। मैं उत्तर-आधुनिक चिन्तन की खामियों से इनकार नहीं करता लेकिन हमारे अपने वक़्तों में उत्तर-आधुनिक ही ऐसे हैं जिन्होंने यह पहचाना कि लेखक का आविष्कार कहानी से बचने की, कहानी की ज़िम्मेदारी किसी दूसरे पर थोपने की, ज़रूरत के नाते किया गया था। जब रचना एक अपराध बन जाती है तो विधि का यह तकाज़ा है कि एक अपराधी भी खोजा जाए और वह अपराधी ही लेखक है। तो अब इस लेखकीय अनुपस्थिति को, इस उत्तर-आधुनिकीय स्थापना को भारतीय आख्यान परम्परा के सन्दर्भ में यदि देखें तो हमारे लेखक कहाँ हैं? वे अनुपस्थित हैं। हर एक किसी प्राचीन ग्रन्थ के सूत्रों की व्याख्या कर रहा है, हर एक कोई ऐसी कहानी कह रहा है जो पहले से चली आ रही है। **कथासरित्सागर** के शिव पार्वती को ऐसी कहानी सुनाने का वादा करते हैं जो पहले कभी नहीं कही गयी किन्तु वह

कहानी पार्वती को उनकी सेविका सुना देती है—नवीन रचना का वादा टूट जाता है, सृष्टि नयी नहीं है पहले की है—आलवेज़ आलरेडी ओल्ड—सृष्टि है। किसने किससे कहानी चुरायी? पार्वती का मानना था कि शिव ने उस सेविका से या कहीं और से चुरा ली। शिव की सफ़ाई थी कि कहानी को सेवक ने चुरा लिया। एक को सज़ा से बचना था एक को सज़ा पानी थी—वह सेवक को मिली और शिव बच गये। यह सिर्फ़ मुक़दमाबाज़ी और बहस का खेल है, गवाह, सबूत, और एक ऐसी अदालत का जो एक दूसरा फैसला भी सुना सकती थी। इससे सच्चाई कहाँ हासिल होती है—जिस चीज़ का विकल्प हो, जो झूठी भी हो सकती हो वह तो एक परीक्ष्यमाण कथन है, प्रिपॉजीशन है, या फिर जैसा कि उर्दू काव्य-शास्त्र कहता है—'ख़बर' है। रचना, साहित्य, 'इंशा' है जिसमें सच और झूठ की कोई जाँच नहीं है। लेखक, 'मुंशी' है, ख़बरवीस नहीं। राइटर में से ऑथर अनुपस्थित है।

भारतीय आख्यान में श्रोता वक्ता और पाठक लेखक के युग्मों को लेकर एक अजीब उलझाव है। **रामचरितमानस** किसने किसको सुनाया? गोस्वामी तुलसीदास ने रसखान को जैसा कि मूल गोसाईं चरित कहता है यह 'रघुनाथ-गाथा' जो 'स्वान्तः सुखाय' फैलायी गयी थी, क्योंकि गोस्वामी जी का कहना है—'स्वान्तः सुखाय तुलसी रघुनाथ गाथा भाषा निबद्धमति-मंजुल मातनोति'—अपनी रचना के तुरन्त बाद एक अदद पाठक/श्रोता की तलाश में निकलती है और एक कृष्ण भक्त पठान को इसके लिए चुनती है जिसको मन्दिर में नहीं घुसने दिया गया था और जिसके लिए भगवान् खुद बाहर आ गये थे। तो यह सिलसिला तीन बरस चला 'जमना तट पै त्रय वासर लौं रसखानहिं जाई सुनावत भौं'—जिसके बाद शायद दोनों में से कोई मर गया होगा लेकिन उनका क्या हुआ जो इसके कहने सुनने वाले थे और जिनकी बातचीत को गोस्वामी जी ने लिपिबद्ध किया है। शंकर-पार्वती का क्या हुआ, काक भुशुण्डी-गरुड़ का क्या हुआ और भरद्वाज-याज्ञवल्क्य का क्या हुआ? मृत्युंजयों, मृत्युजितों और मृतजीवियों की ये तीन महफ़िलें अगर एक ही क़िस्से को गा बजा रही हैं तो वह कथा इन महफ़िलों के बाहर कहीं होगी—जैसा कि सभी जानते हैं कल्प बीत जाता है, बदल जाता है लेकिन कथा वही रहती है। कथा एक सतत वर्तमान है, श्रोता और वक्ता वर्तमान हों या भूत या भविष्य। मिर्ज़ा बेदिल का कहना है :

चि. अफ़्सून स्त या रब चश्मबन्दी-हा+एं+उल्फ़त-रा।
कि. बुलबुल जुज़ चमन, पर्वानः जुज़ महफ़िल न मे-दानद॥

[यह क्या जादू है मेरे मालिक कि प्रेम ने एक मान्त्रिक मण्डल घेर दिया है और बुलबुल को चमन के अतिरिक्त कुछ नहीं मालूम, पर्वाने को महफ़िल के अतिरिक्त कुछ नहीं मालूम।]

यह तिलस्मी घेरा है जो श्रोता और वक्ता के लिए एक स्पेस-टाइम मुकर्रर करता है। इसको क़ैद कहिए, तैनाती कहिए, जीवन कहिए, घट कहिए, बॉडी कहिए, महफ़िल कहिए, ग़फ़लत खाना कहिए। नाम कोई भी दे दीजिए, कहानी इन्हें सिरजती है ताकि वह एक आकार में ढल सके। कहानी की सत्ता के लिए ये आवश्यक है लेकिन कहानी इनके नाते नहीं है। शौनक मुनि के सत्र में जुटे हुए चौरासी हज़ार महर्षि जब सूत रौमहर्षणि से कहानी सुनने का अनुरोध करते हैं तो वे जानते हैं कि यह कहानी पहले से मौजूद है।

3

लेकिन शायद कहानी किसी मौजूदगी का नाम नहीं है। कहानी का चरम प्रमाण सत्यनारायण व्रत कथा है जिसमें श्रोता वक्ता मौजूद है व्रतकथा ही नहीं है। आख्यान सुनने या न सुनने से क्या होता है यह सब बताया गया है लेकिन आख्यान कहीं नहीं है, वह एक अकथित अप्राप्य अतीन्द्रिय है।

भारतीय आख्यान परम्परा में आख्यान अनुपस्थित रह सकता है, जैसे सत्यनारायण व्रत कथा में। वक्ता तो अनुपस्थित रहता ही है। और श्रोता भी, जैसा कि **बृहत्कथा** में जिसका रचनेवाला गुणाढ्य अपनी कहानी सुनाता है, खुद ही एक पन्ना पढ़ता है और जला देता है। **बृहत्कथा** के सात खण्ड थे जिनमें छह इसी प्रकार जंगल में बिना किसी श्रोता के अकेले में पढ़े गए और जला दिए गए। आख्यान, वक्ता और श्रोता, तीनों को अस्वीकार करती हुई, यह परम्परा किस आधार पर आख्यान-परम्परा कही जा सकती है? मुझे लगता है कि भारतीय आख्यान को समझने के लिए उन शर्तों में बदलाव लाना ज़रूरी होगा जिनको हम कहानी की शर्तें मानने के आदी हो चुके हैं। सबसे पहले तो वह भरम तोड़ना ज़रूरी है जिसके अनुसार भारतीय दृष्टि जीवनोन्मुख है और पाश्चात्य दृष्टि मृत्यु से आक्रान्त। मृत्यु तो भारतीय चिन्तन में सर्वतो व्याप्त है। पश्चिमी चेतना एक अनन्त सुखमय जीवन के लिए, जिसे वह मरणोपरान्त जीवन कहती है, कार्यरत है। इसके ठीक उल्टे, भारतीय चेतना जीवन से छुटकारा पाने के लिए कार्यरत है। ज़िन्दगी में उतरना जहाँ अभिशाप हो, भगवान् के अवतार भी जहाँ शाप के नाते होते हों वहाँ मौत के अलावा सोचने लायक है ही क्या? **योगवासिष्ठ** का कहना है कि राम का अवतार एक शाप के नाते हुआ, और कुछ नहीं–

शापव्याजवशादेव राजवेष धरो हरिः।

मौत की इस महफ़िल में जीने का सही तरीक़ा 'जीवनमुक्त' हो जाना है हर्ष और शोक से परे, शत्रु और मित्र से परे, इच्छा और शरीर से परे–संक्षेप में जीवन से परे। ज़िन्दा होते हुए भी मरे हुए की तरह रहना ही जीवनमुक्त होना है।

इसी सिलसिले में एक बात प्रायः कही जाती है कि भारतीय आख्यान सुखान्त होते हैं और पाश्चात्य आख्यान दुःखान्त। मैं इसको भी स्वीकार नहीं कर पाता हूँ। हमारे आकर ग्रन्थ **रामायण, महाभारत, श्रीमद्भागवत** किस तर्क से सुखान्त कहे जा सकते हैं? वे सबकी सब भयानक अवसाद निराशा और असहायता से बुनी कती रचनाएँ हैं। मुझे नहीं मालूम कि मनुष्य के लिए दुःख की वह कौन-सी परिभाषा हो सकती है जिसके अन्तर्गत राम, सीता, कृष्ण, राधा, यशोदा, कौशल्या, अर्जुन या लक्ष्मण के जीवन को सुखी कहा जा सकता है? अहल्या, द्रौपदी, तारा, कुन्ती और मन्दोदरी, जिनके नाम प्रातःकाल लेकर भारतीय गृहस्थ अपने को पवित्र करते हैं, किन सुखी जीवन-कथाओं की नायिकाएँ हैं?

मेरी समझ में जिसे **पाश्चात्य** आख्यान परम्परा कहना चाहिए उसका अधिक स्पष्ट रूप प्लेटो के उस दृष्टिकोण में व्यक्त होता है जिसके अनुसार साहित्य को एक आदर्श नगर में रहना ही नहीं चाहिए क्योंकि साहित्य तर्क संगत नहीं है भाव संगत है। इसलिए प्लेटो, रूसो और उन तमाम लोगों ने जो उनके इर्द-गिर्द सोचते हैं ट्रैज़िडी का विरोध किया है। होमर के अनुसार तमाम देवता मनुष्य को जान-बूझकर ऐसे रास्ते पर चलाते हैं जिससे उसको विपत्ति और संकट का सामना करना पड़े। प्लेटो को यह स्वीकार नहीं था। बाद में प्लेटो हावी रहे और हम देखते हैं कि फ़ाउस्ट को बहकाने वाला शैतान है, भगवान नहीं। मेरी समझ में जिस हद तक आख्यान में होमर है उस हद तक आख्यान भारतीय है और जिस हद तक प्लेटो है उस हद तक आख्यान पाश्चात्य है। इसी बात को मैं साहित्यिक बनाम वैज्ञानिक शैली के रूप में पहले कह चुका हूँ। तो जिस हद तक फ़ाउस्ट को बरबाद करने की ज़िम्मेदारी शैतान पर थोपी जाती है उस हद तक वह प्लेटो या पाश्चात्य आख्यान है और जिस हद तक फ़ाउस्ट को बरबाद करने की जिम्मेदारी भगवान पर थोपी जाती है उस हद तक वह होमर या भारतीय आख्यान है।

यहीं यह याद कर लेना भी ज़रूरी है कि फ़ारसी काव्य-परम्परा ने बीच में एक तीसरी चीज़ शामिल की जिस पर मनुष्य की विपत्तियों की ज़िम्मेदारी डाली जा सके। वह है चर्ख़, आसमान या भाग्यचक्र। किन्तु कुछ ग़ौर के बाद यह स्पष्ट हो जाता है कि यह एक तकनीकी बचाव भर है, और वस्तुतः चर्ख़ को जब कोसा जा रहा होता है तो भगवान् को ही कोसा जा रहा होता है। इसकी स्वतन्त्र सत्ता कोई नहीं है और इसे भारतीय आख्यान-परम्परा में ही सम्मिलित करना चाहिए।

तो ये दो पक्ष उभरते हैं, भारत और पश्चिम या होमर और प्लेटो। ऐसा नहीं है कि साहित्य से जो एतराज़ प्लेटो को था उसकी कोई पहचान ही भारत में नहीं थी। कौटिल्य ने अपने **अर्थशास्त्र** में यह नियम दिया है कि राजा का यह **कर्तव्य** है कि नाच रंग की मण्डलियों को गाँव से दूर रखे क्योंकि गाँव वाले अगर नाटक देखने लगेंगे तो खेत में काम कौन करेगा? लेकिन **कौटिल्य** को साहित्य से उतनी दूर तक

ही आपत्ति थी जितनी दूर तक वह शासन व्यवस्था और अर्थव्यवस्था के लिए हानिप्रद हो सकता था। सैद्धान्तिक रूप से यह पहचान प्लेटो की पहचान से भिन्न है।

भारतीय आख्यान में जीवन से अरुचि और मृत्यु की केन्द्रीयता का यह अर्थ निश्चय ही नहीं है कि ऐन्द्रिक स्वाद और तृप्ति का उसमें निषेध रहा है। बात उससे ठीक उलटी ही है और शायद इसलिए भी यह भ्रम फैला है कि भारतीय साहित्य जीवनोन्मुख या आनन्दमय है। लेकिन इस ऐन्द्रिकता को दार्शनिक आधार केवल इतना ही प्राप्त है कि शरीर और कर ही क्या सकता है। हम कालिदास के दो प्रसिद्ध महाकाव्यों को देख सकते हैं। **रघुवंश** और **कुमारसम्भव**। दोनों का ही अन्त उद्दाम रतिवर्णन और काम-क्रीड़ा में होता है। इनमें से **रघुवंश** तो स्पष्ट रूप से एक ट्रैज़िडी है और कोई भी पूछ सकता है कि **रघुवंश** को अग्निवर्ण के विलास वर्णन और उसकी राजयक्ष्मा से मृत्यु तक ले जाने की क्या ज़रूरत थी। कोई भी देख सकता है कि **रघुवंश** में जिन रघुओं का वर्णन करने की प्रतिज्ञा कालिदास ने की है वे रघु महाकाव्य में से ग़ायब हो जाते हैं। धीरे-धीरे, जैसे तस्वीर में से रंग उड़ता है, जैसे देह में से जान निकलती है, वैसे ही। और **कुमारसम्भव**? कुमारसम्भव की व्याख्याएँ बहुत हैं, एक पर ग़ौर कीजिए। **कुमारसम्भव** में शिव-पार्वती का रतिवर्णन अश्लील है, पार्वती ने शाप दे दिया और कवि आगे नहीं लिख सका। क्या मतलब? आगे तो स्कन्द का जन्म होनेवाला था, उसको पार्वती ने क्यों रोक दिया? आगे तो तारकासुर का वध होने वाला था, उसको पार्वती ने क्यों रोक दिया? शाप किसको दिया गया? निश्चय ही उस कवि को नहीं जिसने पार्वती की रतिलीला का वर्णन किया बल्कि उस कवि को जो आगे कुमार का जन्म, तारकासुर का वध, देवों की विजय और असुरों की पराजय का वर्णन करनेवाला था।

कुमारसम्भव का अन्त है–

सम दिवस निशीथं संगिनस्तत्र शम्भोः
शतमगमहतूनां साग्रमेका निशेव
न तु सुरतसुखेभ्यश्छिन्न तृष्णो बभूव
ज्वलन इव समुद्रान्तर्गतस्तज्जलौधेः ॥

[सम्भोग में लिपटे हुए शम्भु की सैकड़ों ऋतुएँ एक रात की तरह बीत गईं जिनमें उन्हें रात और दिन का फ़र्क भी पता नहीं चलता था। वे रति सुख से उसी प्रकार अतृप्त रहे जैसे समुद्र के भीतर जलती हुई आग उसके सारे पानी से नहीं बुझायी जा सकती।]

मुझे नहीं लगता कि कालिदास को इससे आगे लिखना था। मुझे लगता है कि **कुमारसम्भव** में सम्भव का 'जन्म' अर्थ कालिदास को अभिप्रेत नहीं था। मैं इस ओर ध्यान दिलाना चाहता हूँ कि 'सम्भव' का एक अर्थ 'विनाश' भी है। क्या यह

काव्य जहाँ समाप्त होता है वहाँ यह नहीं कहता कि यह कुमार के जन्म की नहीं उसकी मृत्यु की सूचना है, कुमार का आना नहीं होगा? क्या **रघुवंश** के अन्त में अग्निवर्ण की विधवा रानी का राजसिंहासन पर बैठना, उसके गर्भ में पल रहे अज्ञात भविष्य की प्रतीक्षा में रघुवंश के इतिहास का समा जाना ही कवि का आनन्दवाद है?

रघुवंश जनश्रुति के अनुसार अपूर्ण है; इसे पचीस सर्गों तक लिखा जाना था। यह केवल इक्कीस सर्गों तक है। **कुमारसम्भव** भी अपूर्ण माना जाता है और इसमें नौ सर्ग बाद में लोगों ने जोड़ भी रखे हैं। यह 'अपूर्ण' भी भारतीय आख्यान के साथ जुड़ा हुआ है। श्री हर्ष का **नैषधीय चरित** बाइस सर्गों का है वह भी अपूर्ण कहा जाता है और साठ सर्गों तक उसका लिखा जाना सुनाई देता है। उसका भी समापन **कुमारसम्भव** की ही तरह है। **महाभारत** जैसा ग्रन्थ भी अपूर्ण घोषित हुआ और **हरिवंश** उसका परिशिष्ट माना जाता है। सब कुछ लिखने के बाद व्यास को पता लगा कि उनकी रचनाएँ अपूर्ण हैं। और **श्रीमद्भागवत** इसी अपूर्णता की अनुभूति के नाते लिखा गया है। **कादम्बरी** और **हर्षचरित** भी अपूर्ण हैं।

अपूर्ण का यह बोध क्या केवल आकस्मिक है? वेदों की शाखाएँ लुप्त हैं। यह एक ऐसा तत्त्व है जो एक ऐतिहासिक सूचना मात्र नहीं देता इसका भारतीय मनीषा ने बाक़ायदा इस्तेमाल किया है। तमाम तर्क ऐसे हैं जो अपनी पुष्टि उन शाखाओं में ढूँढ़ते हैं जो लुप्त हैं। भारतीय ग्रन्थों पर एक सरसरी नज़र डालते ही यह दिखाई देगा कि प्रत्येक रचना अपनी किसी पूर्ववर्ती रचना का संक्षेप है। पहले के ग्रन्थ करोड़ों श्लोकों में थे फिर वे लाखों में हुए, फिर हज़ारों में फिर सैकड़ों में। एक बहुत बड़ा हिस्सा है जो ग़ायब है।

और एक बहुत बड़ा हिस्सा है जो वंचना है। **सौन्दर्य लहरी** में कहा गया है कि चौंसठ तन्त्रों से भगवान शिव ने (या भगवती पार्वती ने) दुनिया को ठगा—'चतुःषष्टया तन्त्रैः सकलमभिसन्धाय भवुनम्...।' मैं इसे थोड़ा और विस्तार दूँ—चौंसठ योगिनियों से लेकर चौंसठ कलाओं तक सब कुछ वंचना है।

आख्यान में से बहुत कुछ ग़ायब है और जो ग़ायब नहीं है वह वंचना है। इस छिपाव दुराव को इस ठगी और धोखाधड़ी को जो ज्ञान के नाम से, अस्तित्व के नाम से चालू है मैं अवसत्य या हायपॉरियलिटि कहना पसन्द करूँगा। सत्य इसी अवसत्य के ऊपर लिपटा है एक बाहरी छिलके की तरह जिसे उतार कर फेंका जा सकता है। यह तिरस्करणीय सत्य, यह डिस्पोज़ेबल ट्रुथ ही आख्यान का कलेवर है। इस कलेवर में कथा क्रम है, पात्र हैं, संवाद है, शब्द है, रचना है। कभी-कभी इस बात को दूसरे ढंग से कहा जाता है। **ईशावास्योपनिषद्** का कहना है—'हिरण्मयेण पात्रेण सत्यस्यापिहितं मुखम्।' सत्य का मुँह सोने के बर्तन से ढँका हुआ है, बन्द है। ज्योति के इस बर्तन में जो बन्द है वह मैं हूँ। और उस 'मैं' को विद्या से पाया जाता है, अविद्या से नहीं। लेकिन जैसा कि इसके पहले इसी उपनिषद् में कहा गया है

जो लोग अविद्या की उपासना करते हैं वे अँधेरे में पड़ते हैं और जो विद्या की उपासना करते हैं वे और भी अँधेरे में पड़ते हैं। विद्या और अविद्या की उपासना एक साथ करनी चाहिए, अविद्या से मृत्यु को पार किया जाता है और विद्या से अमरता को भोगा जाता है।

ज्योति के बर्तन में बन्द अँधेरा, अविद्या की उपलब्धि अँधेरा, विद्या की उपलब्धि और भी गहरा अँधेरा। विद्या और अविद्या को एक साथ साधना? यह कुछ ऐसा ही है जैसे पार्टिकल और एण्टीपार्टिकल को एक साथ साधना, परिणाम एनिहिलेशन है।

भारतीय आख्यान इसी अर्थ में ट्रैज़िडी है। मृत्यु का अर्थ हमारे एक व्याख्याकार करते हैं 'स्वाभाविक कर्मज्ञान' (**शुक्ल यजुर्वेदी संहिता** 40/14, महीधर भाष्य) जब जिसको अपने कर्मों का ज्ञान हो गया, वह मर गया। यह ज्ञान अविद्या से होता है। इस अँधेरे में घुसने के बाद और गहरे अँधेरे का दरवाज़ा खुलता है जो विद्या से खोला जाता है।

ट्रैज़िडी का व्युत्पत्ति-मूलक अर्थ है 'बकरी का गीत'। इस नामकरण की कई व्याख्याएँ प्रस्तुत की गई हैं। दान्ते, जिन्होंने **डिवाइन कामेडी** लिखी है यह मानते थे कि ट्रैज़िडी की कहानी बकरी की गन्ध जैसी अप्रिय होती है इसलिए ट्रैज़िडी को बकरी का गीत कहते थे। मैं सोचता हूँ कि एक दूसरी व्याख्या की सम्भावनाओं पर विचार किया जाना चाहिए। मैं सोचता हूँ कि बकरी बलिदान के लिए सबसे पसन्दीदा जानवर शुरू से रही है। मुझे लगता है कि इसी नाते ट्रैज़िडी को बकरी का गीत कहते होंगे। मैं इस ओर ध्यान दिलाना चाहता हूँ कि क़स्[१]स[2] जिसका मतलब है मौत के दरवाज़े तक ले आना, क़िसा[१]स[2] जिसका मतलब है खून का बदला लेना और क़िस्सः जिसका मतलब है कहानी, एक ही मूल से व्युत्पन्न शब्द हैं। मैं यह कहना चाहता हूँ कि मौत का ख़्याल कहानी की जड़ में है और जिस संस्कृति में मृत्यु की जो समझ होती है उस संस्कृति में वैसी ही कथा का विकास होता है।

लेकिन जिस हद तक मृत्यु की एक सत्ता स्वीकार की जाएगी उस हद तक वह एक दहलीज की तरह रहेगी जिसके इधर और उधर शब्द और शाप मँडराते रहेंगे। भारतीय चेतना में यह दहलीज अँग्रेजी के थ्रिलर उपन्यासों की उस प्रकाश किरण की तरह है जिसको चोर देख नहीं पाता लेकिन जिसको पार करते ही तमाम सिक्योरिटी अलार्म्स बज उठते हैं और चोर पकड़ लिया जाता है। उसकी सत्ता को एक शून्य के रूप में भारतीय परम्परा ने स्वीकार किया है। यह शून्य ही जीवन-रथ के पहिये के बीच की वह खाली जगह है, वह रथ की नाभि है जिसमें ऋचाओं यजुषों और सामों की तीलियाँ प्रतिष्ठित हैं। (यस्मिन ऋचः साम यजूंषि यस्मिन प्रतिष्ठिताः रथनाभाविवाराः यजुर्वेदीः **शिवसक्लय सूक्त**)।

आलोचना : धर्म, कर्म और रीति-रिवाज़

अच्छिन्न मेखलमलब्ध दृढ़ोपगूढ़मप्राप्तचुम्बनमवीक्षितवक्त्रकान्ति
कान्ताविमिश्रवपुषः कृतविप्रलम्भसम्भोगसख्यमिव पातु वपुः पुरारेः

—महाराज भोज कृत **शृंगार प्रकाश** का मंगल श्लोक

[प्रिया से अपना शरीर इस तरह मेलनेवाले, कि करधनी न खोली जाए, कसकर बाँह में न भर लिया जाए, चूमा न जाय और न ही मुखड़ा निहारा जाय, भगवान् शंकर का वह शरीर (अर्थात् अर्धनारीश्वर रूप) सबकी रक्षा करे जिसने (इस तरह प्रिया शरीर में मेले जाने के नाते) मानो सम्भोग और वियोग को एक-दूसरे का मीत बना दिया है।]

रक्षा वहीं से है जहाँ शाखाओं का मूल है। शाखाओं में भटके रहना विलगाव है जो वैर की ओर ले जाता है, सख्य की ओर नहीं। शाखाओं का रस जहाँ से आता है उन्हें जहाँ से हरे-भरे बने रहने की शक्ति मिलती है, और जहाँ से सम्बन्ध टूट जाने पर वे सूख जाती हैं, वहीं पहुँचने पर एक ज़िन्दा पेड़ की ज़िन्दगी का मतलब समझा जा सकता है।

आलोचना का धर्म है जीवन्त कविता की जीवन्तता का स्रोत पहचानना, काव्य-गंगा की गंगोत्री से गंगा सागर तक की लहरों के पेंचोताव और उसकी धार के मोड़ों की कायिकी तथा गतिकी के नियमों का परिज्ञान प्राप्त करना, उस पर्वत को न भूलना जहाँ से वह फूटती है और उस सागर को न भूलना जिसमें वह समाना चाहती है।

आलोचना का कर्म है इन नियमों को प्रतिपादित करने में समर्थ शास्त्र का निर्माण।

आलोचना के रीति-रिवाज़ इस शास्त्र की अनुप्रयोगात्मक रूढ़ियाँ हैं जो इस शास्त्र के विपरीत व्यवहारों के प्रतिबन्ध हों और जिनमें मनमाने परिवर्तन करने का मतलब हो कविता से रिश्ता तोड़ना।

नीचे अंकित मन्त्र दैनिक सन्ध्योपासना करनेवालों के लिए सुपरिचित है :

चित्रं देवानामुदगादनीकं चक्षुमित्रस्य वरुणस्याग्नेः
आ प्रा द्यावापृथिवी अन्तरिक्षं सूर्य आत्मा जगतस्तस्थुषश्च।[1]

[देवों का विचित्र अनीक उदित हुआ है। यह मित्र का, वरुण का, अग्नि का, चक्षु है। इसने पृथ्वी, अन्तरिक्ष और द्यौः को व्याप्त कर लिया है। यह चलते हुए (जंगम) और स्थिर संसार की आत्मा है।]

इस मन्त्र में आये हुए 'अनीक' शब्द का अर्थ 'तेज' भी है और 'सेना' भी। **शतपथ ब्राह्मण** में देवासुर संग्राम का एक विवरण है जिसका भाव यह है कि देव और असुर दोनों ही वाक् को अपनी ओर बुलाना चाहते थे किन्तु वाणी ने देवों पर ही अनुग्रह किया। इसके आधार पर पतंजलि ने अपने **महाभाष्य** में लिखा है कि वाणी के अशुद्ध प्रयोग से ही, असुरों का पराभव हुआ है। इसके आशय के रूप में यह कहा जा सकता है कि देवों की सेना वाणी है।

इस अर्थ में वाक् दैवी शक्ति है, उसे भ्रष्ट करना आसुरी कर्म। रक्षा और विजय, वाक् के सदुपयोग में है, अरक्षा और पराभव, उसके दुरुपयोग में। 'यां वै दृप्तो वदति, यामुन्मत्तः सा वै राक्षसी वाक्'[2] (जो यह गरबीला होकर बोलता है, जो यह होशो-हवास खोकर बोलता है, वह राक्षसी वाणी है।)

'चित्रं देवानाम्...' पर **निरुक्त** में अपनी व्याख्यात्मक टिप्पणी के अन्तर्गत महर्षि यास्क ने चक्षु का अर्थ 'ख्यान' बताया है। 'ख्यान' शब्द का प्रयोग सूक्ष्मावलोकन या ज्ञान के अर्थ में होता है। इस प्रकार देवों की यह सेना या उनका यह तेज, जो वाक्तत्त्व है और जिसे सूर्य का अभिधान दिया जा सकता है, पृथ्वी, अन्तरिक्ष और द्यौः को व्याप्त करते हुए अग्नि, वरुण और मित्र की सूक्ष्मावलोकन शक्ति है। महर्षि यास्क समेत सभी प्राचीन भारतीय आचार्यों ने किसी-न-किसी रूप में श्रुतियों के आधार पर वाक् के स्तर निर्धारित किये हैं। वे स्तर सुविदित हैं—परा, पश्यन्ती मध्यमा और वैखरी। वैखरी का आयतन पृथ्वी है उसे इसलिए पृथिव्यायतना वाक् भी कहते हैं, पृथ्वी जिन देवों का आयतन है उनमें अग्नि भी है। यह पशुओं की वाणी है। पशु से मनुष्य यहाँ अलग नहीं है, जो भी पाशों से बँधा है वह पशु है। यही वह भाषा है जो सार्वजनिक सम्पत्ति है। यही वह ऊर्जा या अग्नि है जिसे जैव ऊर्जा कहा जा सकता है, यही काम और क्रोध जैसे मनोविकारों का या दूसरे शब्दों में रति और क्रोध जैसे 'स्थायी भावों' का क्षेत्र है। षट्चक्र भेद की भाषा में, मूलाधार चक्र में, जिसका तत्त्व पृथिवी है, ये स्थायी-भाव वर्तमान हैं और मूलाधार चक्र को पार कराके स्वाधिष्ठान चक्र तक पहुँचने में इन स्थायी भावों में अग्नि-तत्त्व का संचार होता है। इस संचार के बाद ही क्रोध एक 'मनोविकार' न रहकर एक 'स्थायी भाव' बनता है जो रौद्र 'रस' का उद्गम होता है। उद्गम वह इस अर्थ में है कि कुण्डलिनी की सुषुप्तावस्था से जाग्रतावस्था का प्रथम सोपान स्वाधिष्ठान है,

और सूक्ष्मतर स्तर प्राप्तियाँ इसी षट्चक्र भेद के अगले पड़ाव हैं। इस बात के आधार स्वरूप **सौन्दर्य लहरी** के ये दो श्लोक देखे जा सकते हैं।

तव स्वाधिष्ठाने हुतवहमधिष्ठाय निरतम्
तमीडे संवर्तं जननि महतीं तां च समयाम्।
यदालोके लोकन्दहति महति क्रोधकलिते
दयार्द्रा या दृष्टिः शिशिरमुपचारं रचयति ॥39॥

तवाधारे मूले सह समयया लास्यपरया
नवात्मानं मन्य नवसमहाताण्डवनटम्
उभाभ्यामेताभ्यामुदयविधिमुद्दिश्य दमया
सनाथाभ्यां' जज्ञे जनकजननीमज्जगदिदम् ॥41॥

इन श्लोकों का शब्दशः अनुवाद कुछ पारिभाषिक शब्द ज्ञान की अपेक्षा रखता है किन्तु प्रस्तुत प्रसंग में इनका तात्पर्य मोटे तौर पर यह है : स्वाधिष्ठान चक्र में दो देवताएँ हैं : पहली देवता है वह अग्नि जो सारे लोकों को जलाती है। यही संवर्ताग्नि या प्रलयाग्नि है, रुद्र का तृतीय नेत्र। और दूसरी देवता है समया देवता जो इस जली हुई दुनिया का अपनी दया दृष्टि से उपचार करती है। समया देवता या पार्वती जिस समय लास्यपरक होती हैं उस समय वे और उनके साथ नौ रसों में महाताण्डव नाचते हुए शंकर इस जगत् की सृष्टि करते हैं। यह सृष्टि मूलाधार चक्र में होती है जिसका तत्त्व पृथिवी है।

नौ रसों में महाताण्डव नाचते हुए और इस तरह नौ तरह के रूपों में प्रकट शंकर के लिए यह ताण्डव नाचना और सृष्टि कर सकना इसलिए सम्भव होता है कि समया देवता पार्वती लास्यपरक हैं। इस अर्थ में लास्य कारण है, ताण्डव कार्य, और फिर इन दोनों का युग्म, सृष्टि का कारण है।

लास्य और ताण्डव, ये दोनों शब्द बहुत अपरिचित नहीं हैं। नृत्य में लास्य शृंगार प्रधान है और स्त्रियों द्वारा किया जाता है, ताण्डव वीर-प्रधान है, और पुरुषों द्वारा किया जाता है।

यह जगत् (जिसमें स्थावर और जंगम दोनों सृष्टियाँ शामिल हैं) इसी लास्य ताण्डव गतिकी के नाते गतिमान् है, इसीलिए यह जगत् है—जगत् यानी गतिमान्।

यह वाक् का वह वैखरी स्वरूप है जिसकी गतिकी मध्यमा वाक् है। मध्यमा वाक् से सम्बन्ध टूटते ही यह वैखरी पशुओं की वैखरी रह जाती है, रसों के स्थायी भाव मनोविकार रह जाते हैं।

वैखरी की गतिकी को मध्यमा कहने का अभी-अभी जो विवरण दिया गया उसका आधार षट्चक्रों का वह क्रम है जो **सौन्दर्य लहरी** में दिया गया है। वह क्रम

यों है : मूलाधार, मणिपूर, स्वाधिष्ठान, अनाहत, विशुद्धि और आज्ञा। इन्हें भूः (मूलाधार, पृथिवी, मणिपूर, जल) भुवः (स्वाधिष्ठान, अग्नि, अनाहत, वायु) और स्वः (विशुद्धि, आकाश, आज्ञा, मन) इन तीन लोकों या महाव्याहुतियों में विभक्त माना जा सकता है। इस प्रकार यहाँ अग्नि मध्यस्थानीय देवता है, मध्यमा वाक्। अन्य सभी ग्रन्थों का क्रम भी यही है, सिवाय इसके कि मणिपूर और स्वाधिष्ठान के क्रम बदले हुए हैं। इस दूसरे क्रम से मध्यमा वाक् जल और वायु में है किन्तु इस क्रमभेद को अतिरंजित न करना चाहिए क्योंकि दोनों ही श्रुति-समर्थित है। उदाहरण के लिए महर्षि यास्क ने वरुण को मध्य स्थानीय देवता माना है, किन्तु नदियों को पृथिवी-स्थानीय और अग्नि को पृथिवी तथा द्यौः दोनों में स्थित माना है। वस्तुतः वैदिक वाङ्मय में शब्दों का 'पर्यायवाची' स्वरूप स्वीकृत नहीं है। उदाहरण के लिए इन्द्र और सुत्रामा लौकिक संस्कृत में समानार्थक शब्द हैं किन्तु वैदिक वाङ्मय में भिन्न देवता हैं। इसी प्रकार सूर्य और सविता भिन्न देवता हैं। वैदिक वाङ्मय शब्द से देवता को अलग करके नहीं देखता।

अस्तु मध्यमा वाक् की गतिकी से गतिशील वैखरी ही साहित्य है। ऊपर जिस अनाहत चक्र का उल्लेख किया गया है वही उस संगीत की गतिकी का प्राण है जिसे हम आहत संगीत के रूप में जानते हैं। संगीत के सन्दर्भ में इन सब बातों का विस्तृत विवेचन (किंचिद भिन्न रूप में) शाङ्गदेव के **संगीत रत्नाकर** में है।

जिस प्रकार देवों के ये तीन आयतन (पृथिवी, मध्य या अन्तरिक्ष और द्यौः) छः चक्रों में विभक्त किये गये हैं उसी प्रकार इन छह चक्रों की भी संख्या बढ़ाकर कहीं आठ या नौ कही गयी है। अन्तिम चक्र सहस्रार है जो षट्चक्र क्रम में सातवाँ, अष्टचक्र क्रम में नौवाँ और नवचक्र में दसवाँ होता है। **संगीत रत्नाकर** में दस चक्र दिये हुए हैं।

मूलाधार, स्वाधिष्ठान (**सौन्दर्य लहरी** के क्रम में मूलाधार, मणिपूर) वैखरी वाक् के आयतन हैं, अग्नि और पृथिवी तत्त्व। मणिपूर, अनाहत (**सौन्दर्य लहरी** के क्रम में स्वाधिष्ठान और अनाहत) मध्यमा वाक् के आयतन हैं, जल और वायु तत्त्व। विशुद्धि और आज्ञा, पश्यन्ती वाक् के आयतन हैं, आकाश और मन तत्त्व। सहस्रार चक्र परा वाक् का आयतन है।

पश्यन्ती वाक् योगियों की संप्रज्ञात समाधि का विषय है, परा वाक् योगियों की असंप्रज्ञात समाधि का। ये दोनों इस आलेख के क्षेत्र में नहीं आते यद्यपि इन्हें अप्रासंगिक कहना अनुपयुक्त है।

मध्यमा से अनुप्राणित वैखरी ही इस प्रपंच में साहित्य (या कला) है।

हमारे पश्चिमी शासकों द्वारा इस देश में चलायी गयी आधुनिक विद्वत्ता की नींव जिन ईंटों पर टिकी हुई है उनमें से एक है विनिगमना। विनिगमना का मतलब है दो विकल्पों में से केवल एक का चुनाव। भारतीय ज्ञान परम्परा में अर्थानुसन्धान

के लिए विनिगमना को नहीं, विनिगमना विरह को प्राधान्य है। यदि हम कीर्कगार्द के शब्दों का प्रयोग करें तो पश्चिमी या आधुनिक ज्ञान-परम्परा नैतिकता का संसार है 'यह या वह' की दुनिया है और भारतीय ज्ञान-परम्परा, सौन्दर्य का संसार है, 'यह और वह' की दुनिया है। कलाबोध की दृष्टि विनिगमना विरह की दृष्टि है। क्योंकि कला जगत सौन्दर्य का संसार है, 'यह और वह' की दुनिया है। यही तर्क है जो मोत्सार्ट के ऑपेरा 'डान गिओआनी' को कीर्कगार्द के लिए सुन्दर बनाता है और यही तर्क है जिसमें 'शार्ङ्गदेव के **संगीत रत्नाकर** में तानें अग्निष्टोम और वाजपेय जैसे नाम पाती हैं जो कि वैदिक यज्ञों के नाम हैं और जिस तर्क से शार्ङ्गदेव घोषणा करते हैं।

यद्यज्ञनामा यस्तानस्तस्य तत्फलभिष्यते।

[जिस यज्ञ के नाम पर जिस तान का नाम है उस तान से वही फल मिलता है जो उस यज्ञ के करने से मिलता है जिसके नाम पर उस तान का नाम है।]

जिस समय भारतीय कर्मकाण्ड में पुरोहित 'गणानां त्वा गणपतिंहवामहे...' मन्त्र से गणेशजी का पूजन करता है उस समय यह विनिगमना-चालित विद्वत्ता ही है जो कतिपय लोगों से यह आपत्ति उठवाती है कि यह मन्त्र तो अश्वमेध प्रकरण का है इसे पौराणिक देव गणेश जी से जोड़ देना 'ढोंग' है।

विनिगमना विरह और विनिगमना इन पर आधारित दृष्टियाँ क्या करती हैं इसके उदाहरण के रूप में हम एक मन्त्र को लेते हैं जिस पर किया गया विचार हमारे आलेख के लिए प्रासंगिक है :

चत्वरि शृंगा त्रयोअस्य पादा द्वे शीर्षे सप्त हस्तासो अस्य
त्रिधा बद्धो वृषभो रोरवीति महो देवो मर्त्यां आ विवेश।

यह **ऋग्वेद** के चतुर्थ मण्डल के अट्ठानवें सूक्त का तीसरा मन्त्र है। इसके ऋषि वामदेव हैं और यह सूक्त घृतसूक्त के नाम से जाना जाता है। इस सूक्त के अग्नि, सूर्य, जल, गो, घृत ये पाँच देवता हैं। शाब्दिक अर्थ यह है :

इसके चार सींग, तीन पैर, दो सिर, सात हाथ हैं। यह तीन तरह से बाँधा हुआ वृषभ गरजता है। यह महान देव मनुष्यों में प्रविष्ट हो गया।

महर्षि यास्क, और उनके अनुकरण पर सायण ने इसका यज्ञ-स्वरूप अग्नि के पक्ष में अर्थ किया है। चार सींग चारों वेद हैं। प्रातः सवन, माध्यन्दिन सवन, और तृतीय सवन, ये तीन सवन ही तीन पैर हैं। प्रायणीय और उदयनीय ये दो इष्टियाँ ही दो सिर हैं। (सायण के अनुसार ब्रह्मौदन और प्रवर्ग्य, ये दो याग दो सिर हैं)

गायत्री, उष्णिक, अनुष्टुप, त्रिस्टुप, वृहती, जगती और पंक्ति ये सात छन्द ही सात हाथ हैं। यह मन्त्र, ब्राह्मण और कल्प इन तीन तरह से बँधा है। यह यज्ञ रूपी अग्नि फलवर्षी होने के नाते वृषभ है। यह वृषभ यज्ञकर्मरत मनुष्यों द्वारा उच्चरित ऋचाओं यजुओं और सामों में गरजता है और इस प्रकार यह महान यज्ञ-देव मनुष्यों में प्रविष्ट होता है।

सायण ने जो आदित्यपरक अर्थ किया है उसके अनुसार चारों दिशाएँ ही चार सींग हैं, तीनों वेद (ऋग्वेद, यजुर्वेद, सामवेद) ही पैर हैं, दिन और रात दो सिर हैं, सातों रश्मियाँ ही सात हाथ हैं, और ग्रीष्म, वर्षा तथा हेमन्त से यह आदित्य बँधा हुआ है। सायण का कहना है कि जल आदि के पक्ष में भी इसी प्रकार अर्थ किया जाना चाहिए।

पतंजलि ने **महाभाष्य** में इस मन्त्र को वाणी विषयक माना है। उनके अनुसार नाम, आख्यात, उपसर्ग और निपात ये चार सींग हैं, भूत, वर्तमान और भविष्य ये तीनों काल तीन पैर हैं, शब्द के दो स्वरूप नित्य शब्द और कार्यशब्द दोनों सिर हैं और सात विभक्तियाँ सात हाथ हैं। शब्द ब्रह्म तीन तरह से बँधा है, उरः प्रदेश से, कण्ठप्रदेश से और शिरःप्रदेश से। यह वृषभ रूप वाणी मनुष्यों में प्रविष्ट होकर ध्वनि करती है। विनिगमना के अधीन श्री क्षितीशचन्द्र चटर्जी पतंजलि कृत अर्थ को अस्वीकार करते हैं।[3] उनके इस अस्वीकार का आधार मैकडानल का यह कथन है कि यह सूक्त सोम की स्तुति में है, मैकडानल के इस कथन का आधार मैकडानल है।

विनिगमना की इस दासता को हम अस्वीकार करते हैं और इसलिए हमें पतंजलि का अर्थ सर्वथा स्वीकृत है।

जिस चतुष्क का संग्रह पतंजलि ने नाम, आख्यात, उपसर्ग और निपात में किया है उसी चतुष्क का संग्रह भर्तृहरि ने **वाक्यपदीय** में परा, पश्यन्ती, मध्यमा और वैखरी में किया है। विनिगमना विरह से, **महाभाष्य** के टीकाकार नागेश भट्ट ने दोनों का संग्रह किया है।

पण्डित रामाज्ञा पाण्डेय ने **व्याकरण दर्शन** भूमिका में निम्नलिखित संचित्र दिया है[4] :

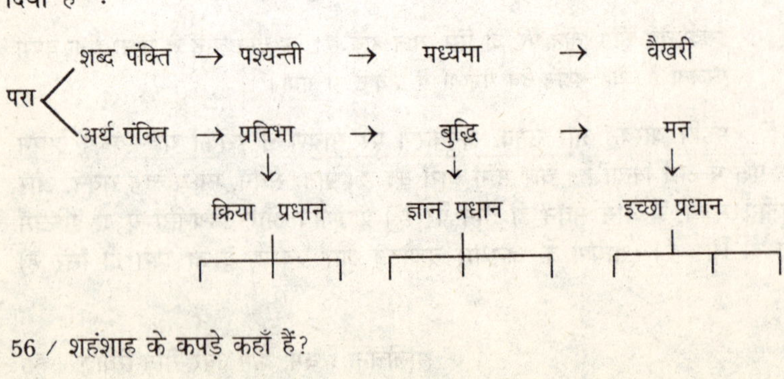

मित्रसदन द्युलोक सूर्य वरुणसदन अन्तरिक्ष विद्युत अग्निसदन पृथिवी तेज

विनिगमना विरह से मैं इस संचित्र को स्वीकार करता हूँ। इसमें आये क्रिया, ज्ञान और इच्छा इन तीन शब्दों की चर्चा मैं यहाँ विस्तार भय से नहीं करूँगा।

इस सम्पूर्ण प्रपंच को किसी कवि ने इस मंगल श्लोक में संक्षेप में अत्यन्त ललित ढंग से वर्णित किया है :

इन्दुर्मूर्ध्नि शिवस्य शैलदुहितुर्व क्रो नाखाङ्कः स्तने
देयाद वोअभ्युदयं द्वयं तदुपमामालम्बमानो मिथः
संवादः प्रणवेन यस्य दलता कायैकतायाँ तयो-
रूर्ध्वद्वार विचिन्तितेन च हृदि ध्यातः स्वरूपेण च ॥[5]

[भगवान् शंकर के माथे पर टेढ़ा चन्द्रमा है और भगवती पार्वती के उरोज पर टेढ़ा नखक्षत। शंकर-पार्वती की एक काया होने पर अर्थात् अर्धनारीश्वर स्वरूप में, इस अर्धचन्द्र और इस वक्र नखक्षत की एक साथ तुलना उस ओंकार से की जा सकती है जिसमें ध्यान एक साथ माथे में स्थित सहस्त्रार चक्र में उसके निराकार रूप में और हृदय स्थित अनाहत चक्र में उसके साकार रूप में किया जाता है।]

इस प्रकार मानो दो टुकड़ों में बँट गए एक ही ओंकार से तुलनीय यह अर्धचन्द्र और नखक्षत का युग्म, आपका कल्याण करे। यही दिव्य नखक्षत, जो ओंकार का साकार रूप है, जो मध्यमा वाक् है और परा से अलग नहीं है कलाओं का कारण है।

हम एक उदाहरण से प्रारम्भ करें जिसे महाराज भोज ने **सरस्वती कण्ठाभरण** में अपदत्व दोष के उदाहरण के रूप में लिया है :

आउज्जअ पिट्टिअए जह कुक्कुलि णाम मज्झ भत्ताले
पेक्खन्तह लाउलकण्णिआह हा कस्स कन्देमि ॥

[किसी मज़दूर की पत्नी रो रही है। मेरा आदमी कुत्ते की तरह सिर से पकड़ा हुआ सरे आम पीटा जा रहा है और राजा के कर्मचारी खड़े देख रहे हैं। मैं किसके आगे रोऊँ।]

इस पद्य पर रत्नेश्वर मिश्र की टीका **रत्न दर्पण** बहुत विस्तृत है। इसके पहले कि उस टीका पर आया जाए, इस ओर ध्यान दिलाना आवश्यक है कि कुत्ते को पीट-पीटकर मार डालने के लिए पीटा जाता है और यह क्रूर कर्म उसे मारने में खर्च होनेवाले ज़हर के पैसे बचाने के लिए या उस ज़हर के न मिलने के नाते होता है। लावारिस कुत्ते को मारने का राजनियम या लोकनियम भी चला आ रहा है और यह तरीका भी। इस सन्दर्भ में ही मज़दूर की दारुण पिटाई और इसे राजकीय कर्मचारियों द्वारा देखकर भी अनदेखा किये जाने से त्रस्त ग़रीब औरत की लाचारी और तकलीफ

को महसूस किया जाना चाहिए।

रत्नेश्वर की टीका में इस बात का कोई ज़िक्र नहीं है। वहाँ समस्या केवल इतनी है कि अपदत्व दोष इस पद्य में कैसे है। पहले उन्होंने शब्दों के अर्थ स्पष्ट किए हैं जैसे यह कि 'णाम' का मतलब यहाँ है 'सरेआम' या यह कि 'लाउलकण्णिआह' (राज कर्मचारियों के) में षष्ठी विभक्ति का प्रयोग अनादर के अर्थ में है। इसके बाद उन्होंने यह कहा है कि इसमें गँवारू और शहरी बोली मिला दी गयी है, कोमल और कठोर शब्द मिला दिये गये हैं और चूँकि यह सारा-का-सारा एक ही मज़दूर औरत ने कहा है इसलिए इसमें ऐसा नहीं होना चाहिए था, एक ही जुबान और एक ही सलीका होना चाहिए था। इस मानी में यहाँ अपदत्व दोष है।

न तो महाराज भोज ने ही और न ही महाराज रामसिंह की आज्ञा से **सरस्वती कण्ठाभरण** पर **रत्न दर्पण** टीका लिखनेवाले पं. रत्नेश्वर मिश्र ने, एक भी शब्द उस राजनीतिक-सामाजिक स्थिति के बारे में कहा है जिसमें एक मज़दूर को सरेआम कुत्ते की तरह पीटा जा रहा है और जिनको फ़रियाद सुनाने की उम्मीद की जा सकती है वे खुद खड़े-खड़े देख रहे हैं।

शायद तुरन्त यह कहा जा सकता है कि यह सामन्ती मूल्यों से उपजी हुई समीक्षा दृष्टि है जिसमें ज़ुबान की सफ़ाई पर ज़ोर है और उस ज़ुल्म को ओझल कर दिया गया है जो हो रहा है।

आज की हिन्दी समीक्षा में प्रायः निश्चित है कि इस पद्य पर विचार करते समय बातें ज़ुल्म की होंगी, ज़ुबान की सफ़ाई की नहीं।

प्राचीन 'समीक्षा-दृष्टि' और आधुनिक 'समीक्षा-दृष्टि' में यह एक बुनियादी फ़र्क है।

कविता कहाँ है—उस ज़ुल्म में या ज़ुबान में? आलोचना कहाँ है—उस ज़ुल्म के बयान और उसकी पड़ताल में या ज़ुबान के बयान और उसकी पड़ताल में?

इस सवाल तक आने के पहले 'सामन्ती मूल्य' के बारे में कुछ कहना ज़रूरी है। आचरण 'सामन्तों' के भी बुरे हो सकते हैं और 'क्रान्तिकारियों' के भी किन्तु यहाँ बात मूल्यों की हो रही है, यानी उन आदर्शों की जिनसे 'सामन्ती' व्यवस्था संचालित हुई मानी जाती है।

हमारे पास यह जानने का कोई साधन नहीं है कि जिस मज़दूर की बात इस पद्य में है वह कर्मकर था या दास। हम मान लेते हैं कि वह कर्मकर नहीं था, दास था।

सबसे अधिक सामन्ती कही जानेवाली स्मृति **मनुस्मृति** का दास की पिटाई के सम्बन्ध में नियम यह है :

भार्या पुत्रश्च दासश्च शिष्यो भ्राता च सोदरः
प्राप्तापराधास्ताड्याः स्युः रज्ज्वा वेणु दलेन वा।

पृष्ठतस्तु शरीरस्य नोत्तमांगे कथंचन
अतोअन्यथा तु प्रहरन्प्राप्तः स्याच्चारैकिल्विषम् ॥[6]

[पत्नी, पुत्र, दास, शिष्य और सगा भाई इनको उस हालत में कोड़े या बाँस की छड़ी से पीटा जा सकता है जब वे कोई अपराध करते हैं। इन्हें पीठ पर ही पीटना चाहिए, सिर पर नहीं मारना चाहिए। इस नियम का उल्लंघन करके पीटनेवाले की सज़ा वही है जो चोर की सज़ा है।]

आगे इसी स्मृति में 'चोर की सज़ा' बतायी गयी है और यह भी कहा गया है कि चोर को सज़ा न देनेवाले राजा को भी चोर की सज़ा भुगतनी पड़ती है यद्यपि यह सही है कि राजा को यह सज़ा परलोक में भुगतनी पड़ेगी। कौटिल्य के **अर्थशास्त्र** के अनुसार यह सज़ा राजा के लिए तीस गुनी होती है।

आपस्तम्ब का कहना है कि किसी अतिथि के अचानक आ पड़ने पर उसे भोजन कराने के लिए खुद या अपनी बीवी बच्चों को भूखा रखा जा सकता है लेकिन दास को नहीं।[7]

इस प्रसंग पर विस्तार की जगह यह निबन्ध नहीं है किन्तु सिर से गिराकर पीटने में और राज कर्मचारियों द्वारा इसे अनदेखा करने में जो अन्याय है वह सामन्ती मूल्य नहीं है बल्कि सामन्ती मूल्यों का विपर्यास है, इतना इन उद्धरणों से स्पष्ट हो जाना चाहिए। इतनी सूचना केवल विवरणात्मक है और उसमें कोई भलाई-बुराई खोजने का आग्रह नहीं है।

यह मानने का कोई कारण नहीं है कि महाराज भोज या पण्डित रत्नेश्वर मिश्र राजशास्त्र के इन नियमों से अपरिचित थे। फिर भी, **सरस्वती कण्ठाभरण** इसका ज़िक्र नहीं करता।

इसलिए कि यह राजशास्त्र का विषय है, काव्यशास्त्र का नहीं। यही पद्य यदि राजशास्त्र के किसी ग्रन्थ में आता है तो उसमें 'जुबान की सफाई' पर चर्चा न होगी, 'जुल्म' पर होगी। लेकिन **सरस्वती कण्ठाभरण** में नहीं।

जिन्हें यह लगता है कि यह विवेक 'बारीक़ कताई' के अलावा कुछ नहीं है उन्हें सही मुद्दा समझने में शायद इस उदाहरण से कुछ मदद मिले :

द्रौपदी चीरहरण प्रसंग में दुर्योधन और कर्ण के भी कुछ तर्क थे। दुर्योधन का कहना था कि जुए में हारी जाकर द्रौपदी दासी है और उसकी अपनी कोई सम्पत्ति नहीं रही है। दासी होने के नाते उसे कुलवधुओं का वह अधिकार प्राप्त नहीं था जिसके आधार पर वह भरी सभा में आने से इनकार करती और उस साड़ी को भी वह अपना नहीं कह सकती थी जो उसके शरीर पर एकमात्र वस्त्र थी। जुए में पत्नी और खुद को दाँव पर लगाया जा सकता है और हारने पर दासत्व अंगीकार करना होता है, ये नियम दुर्योधन की स्वेच्छाचारिता के नियम नहीं थे। तत्कालीन प्रचलित

राजशास्त्र के नियम थे। कर्ण का कहना था कि द्रौपदी से पाँच पुरुष सम्भोग कर चुके हैं इसलिए वह बन्धकी (जिसके लिए समकालीन शब्द शायद 'आफ्टरनून प्रास्टीट्यूट' है) है और फलतः उसे कुलवधुओं के वे पारम्परिक अधिकार नहीं प्राप्त थे जिनके आधार पर वह सभा में लजा सके। पाँच पुरुष जिससे सम्भोग कर चुके हों उस स्त्री को बन्धकी निर्धारित करने का नियम भी कर्ण का अपना बनाया नियम नहीं था, यह तमाम स्मृतियों का कहना है।

फिर भी द्रौपदी चीर-हरण अन्याय की पराकाष्ठा था। दुर्योधन और कर्ण को सिर्फ़ वे ही नियम याद रह गये जो द्रौपदी को अपने हरम में न डाल पाने के नाते उपजी हीनता को भर सकें, जो द्रौपदी का 'गुरूर' तोड़ने में उनकी मदद कर सकें, कौटलीय **अर्थशास्त्र**, जो किसी भी तर्क से धार्मिक या 'आदर्शवादी' ग्रन्थ नहीं है, स्पष्ट घोषणा करता है :

शास्त्रं विप्रतिपद्येत धर्मन्यायेन केनचित्
न्यायस्तत्र प्रमाणं स्यात् तत्र पाठोहि नश्यति।[8]

[जहाँ न्याय से धर्मशास्त्र का विरोध हो वहाँ न्याय प्रमाण है, वहाँ शास्त्र का पाठ नष्ट हो जाता है। (स्वयं शास्त्र नहीं नष्ट होता–वा.शु.)]

उदाहरण के लिए स्मृति का कहना है 'कुद्दाल पाणिर्विज्ञेयः सेतुभेत्ता समपीगः' यानी 'कटी हुई मेंड़ के पास कुदाल हाथ में लिये जो पकड़ा जाए, उसे मेंड़ काटनेवाला मानना चाहिए।' लेकिन अगर कोई छोटा बच्चा वहाँ पड़ी हुई कुदाल हाथ में पकड़ ले तो उसे ही मेंड़ काटनेवाला नहीं माना जा सकता यद्यपि शास्त्र का पाठ यही कहता है क्योंकि यह न्याय नहीं है। यह व्याख्या मेरी अपनी नहीं है, प्राचीन टीकाकारों की ही है।

दुर्योधन और कर्ण को राजशास्त्र के नियमों के अनुसार उस समय तक प्रतीक्षा करनी चाहिए थी जब तक यह तै नहीं हो जाता था कि जुए में द्रौपदी को दाँव पर लगाना युधिष्ठिर के लिए जायज़ था या नहीं। यह काम सभा में उपस्थित धर्मवेत्ताओं का था दुर्योधन का नहीं। लेकिन 'आतुर के हिय रहै न चेतू, प्रति प्रति कहै आपनो हेतू'–दुर्योधन और कर्ण कपट द्यूत से जीती गयी द्रौपदी को अपमानित करने के लिए ही उत्सुक थे, राजपद की गरिमा बनाए रखने के लिए नहीं।

'साहित्यिक दुर्योधनवाद'–की संज्ञा मैं उन विचार-सरणियों को देता हूँ जो एक इतर सन्दर्भ की बात को ज़बर्दस्ती साहित्यिक विमर्श पर इसलिए थोपते हैं कि उससे कोई अन्य उद्देश्य जैसे किसी विशिष्ट राजनीतिक दर्शन का सत्यापन सिद्ध हो सके।

सन्दर्भ

1. ऋग्वेद प्रथम मण्डल, सूक्त 115, मन्त्र 1
2. **ऐतरेय ब्राह्मण**
3. **टैक्निकल टर्म्स ऑफ् संस्कृत ग्रामर** (डॉ. रामदेव पाण्डेय कृत **भाषाविज्ञान की भारतीय परम्परा और पाणिनि** (बिहार राष्ट्रभाषा परिषद) में उद्धरित।
4. उद्धरित : डॉ. रामदेव पाण्डेय कृत **भाषाविज्ञान की भारतीय परम्परा और पाणिनि**
5. महाराज भोज कृत **सरस्वती कण्ठाभरण** के प्रथम परिच्छेद में 'सम्मितत्त्व अर्थगुण' का उदाहरण श्लोक
6. **मनुस्मृति** 8/299-300
7. **आपस्तम्ब** 2/4/9/11
8. कौटिल्य कृत **अर्थशास्त्र** तीसरा अधिकरण, प्रथम अध्याय।

शहंशाह के कपड़े कहाँ हैं?

[कटास्ट्रफ़ी थिअरी के गणित कर्मियों की] इस गणितीय अहंकेन्द्रिता के साथ-साथ इस विषय (कटास्ट्रफ़ी थिअरी) का एक तरह का रहस्यमयंकरण भी है जो टॉम और ज़ीमैन दोनों के द्वारा रचा जा रहा है। ज़ीमैन यही कहते हैं जब वे ऊपर (समीक्ष्य पुस्तक का एक अंश) और अन्यत्र अनुसन्धान-पत्रों में 'टॉम के गम्भीर वर्गीकरण प्रमेय' की बात करते हैं। जो गणितकर्मी नहीं हैं, उनके सामने, बल्कि जो (गणितकर्मी होते हुए भी) टॅपॉलजी (गणित की एक शाखा) में काम नहीं करते उनके सामने भी, इस तस्वीर को पेश करने का एक दहशतअंगेज़ असर होता है। टॉम इस काम को इस तरह करते हैं कि गणितकर्मियों के इतर वर्ग के लोगों को सम्बोधित करते हुए गणित की पारिभाषिक शब्दावली का बिना किसी व्याख्या के उपयोग करते हैं और प्रायः अस्पष्ट लिखते हैं। इसके बाद टॉम की अस्पष्टताओं को ज़ीमैन ऐसे समझाते हैं 'जब मैं उनके लेखन में कहीं अटकता हूँ और उनसे पूछता हूँ, तो अमूमन उनके उत्तर, विचारों की एक विशाल और बिल्कुल नयी सोने की खदान का पता दे देते हैं जिसका पहले इम्कान भी नहीं रहा होता' और इस तरह वे (ज़ीमैन) कटास्ट्रफ़ी थिअरी की रहस्यमयंकारी शक्ति को और गाम्भीर्य मण्डित करते हैं।[1]]

रेने टॉम, जिनका नाम इस उद्धरण में आया है, फील्ड्स पदक विजेता हैं। गणित के क्षेत्र में यह सर्वोच्च सम्मान है और विश्वस्तरीय सार्वजनिक प्रतिष्ठा की दृष्टि से नोबेल पुरस्कार के समकक्ष है, गणित में नोबेल पुरस्कार नहीं है। स्टिफेन स्मेल, जिनसे यह उद्धरण लिया गया है, भी फील्ड्स पदक विजेता हैं। रेने टॉम उन इक्के-दुक्के गणितकर्मियों में से हैं जिनका नाम पत्र-पत्रिकाओं और अखबारों में भी छपता रहता है। 1974 में एक फ्रांसीसी पत्रिका ने रेने टॉम पर लिखते हुए घोषित किया, 'नया न्यूटन फ्रांसीसी है।' रेने टॉम, और उनसे अधिक ज़ीमैन, ने इस विश्वास के साथ गणितकर्मियों के अतिरिक्त विविध सामाजिकीकर्मियों और जैविकीकर्मियों के समक्ष अपने अनुसन्धान प्रस्तुत किये कि इससे उन विज्ञानकर्मियों की समस्याओं को सुलझाने में मदद मिलेगी। यह विश्वास कुछ अतिरेक लिये हुए था। जिस 'गणितीय अहंकेन्द्रिता' की ओर स्मेल ने इशारा किया है वह यही विश्वास है, बिना उन विज्ञानों की स्वनिष्ठ समस्याओं की पड़ताल किये यह घोषणा कि गणित

का एक अकेला सिद्धान्त उन समस्याओं को सुलझा सकने में सक्षम है।

इसका विरोध 'दहशतज़दः' बुद्धिजीवी तो खैर क्या करते, लेकिन गणितकर्मियों को इससे चिन्ता हुई और पहले दबे छिपे फिर प्रकट रूप से इसका विरोध आरम्भ हुआ। मसाचुसेट्स इंस्टीट्यूट ऑफ टेक्नालॉजी के एक प्रमुख गणितकर्मी (जिन्होंने अपना नाम गुप्त रखना चाहा) कहा, 'शहंशाह बिना कपड़ों के हैं' इसी शीर्षक से ('द एम्परर हैज़ नो क्लोद्ज़') एक लेख **साईंस** पत्रिका के 15 अप्रैल 1977 वाले अंक में इस विषय पर प्रकाशित हुआ। सिंथीज़ पत्रिका में सुसमैन ने एक बहुत लम्बी और बहुत कटु समीक्षा इस विषय पर प्रकाशित की। इन सबके बाद स्मेल ने पहली बार अपना मुँह खोला और उनकी वह समीक्षा सामने आयी जिसका उद्धरण मैंने दिया है। इन सबका एक शुभ प्रभाव पड़ा और वर्तमान दशक में कटास्ट्रफ़ी थिअरी पर जो पुस्तकें आयी हैं उनका जोर इसके गणित पक्ष पर है, उन दावों पर नहीं कि यह सिद्धान्त क्या-क्या चमत्कार कर सकता है।

यह स्पष्ट कर देना आवश्यक है कि स्मेल या अन्य आलोचकों का कहना यह नहीं है कि तॉम के गणित में कोई कमी है, उस गणित का गणितीय महत्त्व सभी स्वीकार करते हैं। उनकी चिन्ता सामाजिक प्रासंगिकता के उन बड़े-बड़े दावों से है जो अतिरिक्त उत्साह में तॉम और ज़ीमैन द्वारा किये गये, जो तॉम तथा ज़ीमैन की श्रेष्ठ गणितकर्मियों के रूप में असन्दिग्ध और उचित ख्याति के नाते गणित के बाहर बुद्धिजीवी वर्ग में विश्वसनीय होते जाते थे, और जिनसे उद्विग्न होकर अन्ततः सुसमैन और स्मेल जैसों ने अपनी चुप्पी तोड़ी क्योंकि यदि वे ऐसा न करते तो गणित में जन सामान्य की उस आस्था पर अन्ततः ज़र्ब आ सकता था जिसके नाते 'दो और दो चार' जैसा मुहावरा बन सका है।

व्यक्तिगत रूप से मुझे एक ऐसी पाँत में बैठने का गर्व है जो अपने शास्त्र की सच्चाई के प्रति इतनी सतर्क है और जो अपने शलाका पुरुषों में से भी एक के बड़बोलेपन के ख़िलाफ़ देर सबेर उठ खड़ी होती है, लेकिन इस लेख में मैंने यह उद्धरण इसलिए नहीं दिया कि मैं भारतीय साहित्यालोचन-कर्मियों के समक्ष गणितकर्मियों की जातीय सच्चरित्रता का प्रमाण प्रस्तुत करना चाहता था, इस उद्धरण की आवश्यकता निम्नलिखित के नाते है :

> *"कटास्ट्रफ़ी मॉडल सभी कारक प्रक्रियाओं को एक अकेली प्रक्रिया में घटा लेता है जिसे सहजबोध से न्यायसंगत ठहराया जा सकता है : संघर्ष, जो कि हेराक्लिटस के अनुसार सब चीज़ों का जनक है" (यह तॉम का उद्धरण है,—वा.शु.)..., कटास्ट्रफ़ीय विरोध ही शब्दशः नियम है : शृंखला की सामान्य नियुद्ध विद्या के लिए नियम हैं जो खेल (नियुद्ध) में शामिल चरों की संख्या से निर्धारित होते हैं। जो परिणाम हम इस अनुसन्धान से निकाल सकते हैं वह यह है कि ज्ञान और प्रागुक्ति के निदर्शन के रूप में सन्तत अवकलनीय*

फलन अपनी प्रधानता खो रहा है। **उत्तर-आधुनिक विज्ञान** *(ज़ोरमेरा—वा.शु.) ...स्वयं अपने विकास को असन्तत, कटास्ट्रफ़ीय, असमंजनीय और विरोधाभासी के रूप में सिद्धान्तीकृत कर रहा है...यह ज्ञात को नहीं अज्ञात को प्रस्तुत कर रहा है। और यह वैधता का एक ऐसा मॉडल सुझा रहा है जिसे अधिकतमीकृत निष्पादन से कुछ लेना-देना नहीं है, बल्कि जिसका आधार है भेद को पैरॉलजी समझना।*[2]

लियोतार, जहाँ तक तॉम का सम्बन्ध है, 'दहशतज़दः' बुद्धिजीवी हैं। लेकिन उनका लेखन कम दहशतअंगेज़ नहीं। **द पोस्टमाडर्न कंडीशन** का कलाम 'आह' भी है और 'वाह' भी, और यहाँ तक कि 'कराह' भी। 'संगणकीकृत समाज' के विश्लेषण के क्रम में जितने शास्त्रों का समावेश किया गया है वह देखने पढ़ने और समझने की चीज़ है। भाषा बार-बार चिन्तन के कोड़ों से तड़पकर ऐसे-ऐसे झटके खाती है कि पढ़नेवाला हर शब्द पर रिकाब में पैर गड़ा लेने को मजबूर होता है। उदाहरण के लिए इसी उद्धरण में 'पैरॉलजी' के प्रचलित शब्द को लीजिए जिसका पर्यायवाची ढूँढ़ने का प्रयास मैंने जान-बूझकर नहीं किया। लियोतार पेरिस विश्वविद्यालय में दर्शनशास्त्र के प्राध्यापक हैं और यह उम्मीद बेकार है कि वे 'पैरॉलजी' के प्रचलित अर्थ से अपरिचित होंगे; प्रचलित अर्थ है 'तर्कछल' या 'कुतर्क' जिसके लिए एक तकनीकी शब्द 'वितण्डा' हो सकता है। लेकिन वे इस अर्थ को कुचलकर इस शब्द में तमाम सूचनाओं का एक समूह भरते हैं, और तब, जैसा कि उद्धरण से प्रकट है, 'वितण्डा' में ही उन्हें 'उत्तर-आधुनिक' विज्ञान की वैधता नज़र आती है।

तॉम का विज्ञान 'उत्तर-आधुनिक' नहीं है, वह 'आधुनिक' भी नहीं है, वह वैसा ही गणित है जैसा गणित होता है, जैसा ज़माने से चला आ रहा है, यूक्लिद के ज़माने से, यूक्लिद के ज़माने के पहले के ज़माने से। उसकी वैधता 'वितण्डा' में नहीं है, 'वाद' में है। 'वाद' का उद्देश्य सत्यनिर्णय होता है। गणित में यह 'सत्यनिर्णय' सर्वमेय है क्योंकि यह एक स्वायत्त/स्वतन्त्र शास्त्र है और इसमें 'सत्य' वही है जो इसके भीतर सिद्ध किया जाता है। अन्य विज्ञानों में तो कम-से-कम यह भी सम्भव है कि कल जो बात उस विज्ञान को स्वीकार्य रही हो वह उसे आज स्वीकार्य न हो (और फिर कल स्वीकार्य हो जाए, या 'स्वीकार' के अर्थ बदल जाएँ, उदाहरण के लिए कभी पृथ्वी ब्रह्माण्ड का 'केन्द्र' थी, फिर सूर्य 'केन्द्र' था, और आज 'केन्द्र' वहीं है जहाँ आप मान लें या यों कहिए कि 'केन्द्र' का प्रत्यय लुप्त हो गया) लेकिन गणित में तो जो सिद्ध हुआ सो हुआ।

उद्धरण के अनुवाद में मैंने 'नियुद्ध-विद्या' को 'एगनिस्टिक्स' की जगह रखा है। 'ऐगोन' अखाड़े को कहते हैं (और साहित्यिक रचना में नायक-प्रतिनायक के संघर्ष को भी)। यह ग्रीक तत्सम शब्द है और ऐसे मुक़ाबले के लिए इस्तेमाल होता

था जो दौड़ और घूँसेबाज़ी से लेकर काव्यपाठ तक का हो सकता था। नियुद्ध का मतलब है एकदम आमने-सामने दो के बीच युद्ध जैसा कि कुश्ती में होता है। प्राचीन सन्दर्भ में कुश्ती में हारने का मतलब अक्सर मौत होता था। लियोतार इसी प्राचीन अर्थ की ओर इशारा करते हैं। 'ऐगोन' से ही 'एगनी' (मर्मान्तक पीड़ा) शब्द का विकास हुआ है। लियोतार ने 'गेम' पर बहुत कुछ विचार किया है और इस विचार की वैधता गणित की 'गेम थिअरी' में ढूँढ़ी है। लियोतार का 'गेम' नियुद्ध ही है। 'गेम थिअरी' यद्यपि 'अनुप्रयुक्त' गणित है, उसे दरकार नहीं कि दुनिया में खेल होते हैं या नहीं, फिर भी चूँकि वह आमन्त्रित की गयी है, यह बतलाना अप्रासंगिक न होगा कि 'गेम थिअरी' इस सिद्धान्त पर आधारित है कि खेल के दौरान अन्ततः दोनों खिलाड़ियों के लिए यह स्वीकार ही खेल का फ़ैसला है कि वे ऐसे बिन्दु पर पहुँच चुके हैं जहाँ जीतनेवाला इससे अधिक ज़ीत नहीं सकता और हारनेवाला इससे कम हार नहीं सकता, उस बिन्दु की तलाश ही खेल है।

अस्तु, इस लेख का उद्देश्य न लियोतार के चिन्तन का समर्थन है, न विरोध, और न परिचयात्मक विवरण। इसकी आवश्यकता निम्नलिखित के नाते थी :

विभिन्न विवरणों से ऐसा लग रहा है कि हमारे यहाँ 'आधुनिकता' हो चुक गयी है और अब हम अगर अपनी उत्तर-आधुनिक स्थिति में पूरी तरह आसीन नहीं हैं तो उसमें प्रविष्ट होने की प्रक्रिया में हैं। यह स्थिति कैसी दीखती है इस बात ने पहले ही अनेक, और प्रायः अरुचिकर, वर्णनों को आकृष्ट किया है...लेकिन एक अत्यन्त शक्ति सम्पन्न विवरण वह है जो ज्याँ फ़ाँसुआ लियोतार प्रस्तावित करते हैं जब वे उत्तर-आधुनिक स्थिति की तुलना एक नियुद्ध-स्थल से करते हैं, नियुद्ध-स्थल, यानी ऐसी जगह जहाँ प्रवचनों...की मुलाक़ात एक बुनियादी दुश्मनी के रिश्ते में होती है।...लियोतार की पदबन्ध-नियुद्ध-विद्या से क्या निकलता है, यह एक ऐसा मामला है जिस पर मैं चाहूँगा कि (इस पुस्तक के) एक बाद के अध्याय में विचार करूँ। लेकिन साहित्यिक अध्ययन के सामान्य क्षेत्र के सिलसिले में...इस लड़ाई में जो चीज़ें खेत हुई हैं उनमें से एक है अनुकार का प्रत्यय।[3]

प्रेण्डेरगास्ट लियोतार के सिलसिले में दशहतज़दः हैं। संयोगवश कटास्ट्रफ़ी थिअरी ने बहिर्गणितीय वैधता ढूँढ़ने के प्रयास में टॉल्स्टॉय को भी याद किया है। साहित्य, विज्ञान, ज्ञान, आलोचना, साहित्य के इस 'कूप भ्रमन्त' का यह उदाहरण हिन्दी आलोचना के लिए मैं अत्यन्त प्रासंगिक मानता हूँ।

हिन्दी आलोचना, जिसकी दुनिया 'तीसरी' है और सवारी 'पाँचवीं', जो दोनों दुनियाओं और चारों सवारों से 'दहशतज़दः' है इस समय 'उत्तर-आधुनिकता' की ख़िल्अत बख़्शवाने की तैयारियों में लगी हुई है, ठीक वैसे ही जैसे (उसका ख़्याल है कि) उसने 'आधुनिकता' और 'प्रगतिशीलता' की ख़िल्अतें बख़्शवा ली थीं।

गंगा-जमनी संस्कृति की पीनस ढोने के बड़े-बड़े दावे करनेवाली हिन्दी

आलोचना चूँकि गंगोत्री और यमनोत्री दोनों से ही मुँह चुरा कर चलती है इसलिए शायद यह स्मरण कराना अनाघश्यक न सिद्ध होगा कि अरबी तत्सम शब्द 'ख़िल्अत' का अर्थ है शहंशाह की ओर से अपने किसी सेवक को मान-प्रतिष्ठा, स्वकृपावर्धन, सूचनार्थ वस्त्र देना, लेकिन मूल शाब्दिक अर्थ केवल इतना ही है, 'अपने शरीर से पहने हुए कपड़े उतारकर किसी दूसरे को देना'। मैं इस लेख में यह प्रश्न उठाना चाहता हूँ कि शहंशाह कहाँ हैं?

2

समस्त समसामयिक पश्चिमी चिन्तन की तरह उत्तर-आधुनिक आलोचना भी नीत्शे, मार्क्स और फ्रायड की 'वृहत्रयी' में अपनी उपस्थिति खोजती है। यह 'वृहत्रयी' अपनी उपस्थिति कहाँ खोजती है इसका विवरण यहाँ बहुत आवश्यक नहीं है फिर भी यह सर्वविदित तथ्य अप्रासंगिक नहीं कि प्लेटो और अरिस्टॉटिल ने मनुष्य को देव से विच्छिन्न करने का जो व्यवस्थित कार्यक्रम आरम्भ किया और मानवीय चिन्तन को मानवीय चिन्तनायत्त करने की प्रथा का जो सूत्रपात किया वहीं से यह विखण्डन प्रारम्भ होता है। अस्तु, एक ताज़ातरीन शब्दावली का उपयोग करें (प्रेण्डेरगास्ट) तो (1) अनुकार 'विष' है, वह वास्तव-जगत् के अनुशासन को भंग करता है, (2) अनुकार 'मतली' है, वह लगातार प्रतिकृति के आधार पर ही सच्चाई तैयार करता है, अनुकार 'आइडियॉलजी' है, 'बूर्ज्वा आइडियॉलजी' (3) अनुकार 'स्वास्थ्य' है, वह परिचित को दुहराने का आनन्द है।

अनुकार, अर्थात् कविता/आलोचना का 'वास्तव-जगत्' से सम्बन्ध इस समय पश्चिमी आलोचना में 'दुश्मन न.1' का दर्जा पा चुका है। सारा बयान (नैरेशन) 'पुलिसिया' है (देरिदा), उसमें संघटन और संयोजन का विधान होने के नाते वह 'ख़ानाबदोश संस्कृति' का विरोधी है (दल्यूजे और गुआत्तरी), और संस्कृति का स्थापन एक ऐसे नियुद्ध-स्थल में किया गया है जिसमें जीत और हार के कोई नियम नहीं हैं (लियोतार)।

विचारों का झंझावात आया हुआ है। कवि को 'मृत' घोषित किया जा चुका है, 'सहमति' को 'ध्वस्त' करने के आह्वान किये गये हैं। आलोचना इस समय 'प्रेम का घर' तो नहीं है लेकिन 'ख़ाला का घर' नहीं रह गयी।

मेरा प्रस्ताव है कि आलोचना की स्वतन्त्रता/स्वायत्तता उपरिलिखित वाक्य में से 'इस समय', 'नहीं', 'लेकिन' आदि को हटाकर यह पहचानने में है कि ख़ाला का घर प्रेम का ही घर है, या यों कहें कि आलोचना का घर प्रेम का घर है जो ख़ाला का घर है क्योंकि ख़ाला के घर में इसीलिए तो बेरोकटोक आ पाते हैं कि ख़ाला को भतीजों/भानजों से प्यार है।

3

इस निबन्ध के पहले दो अनुच्छेदों में दृष्टान्त को निचोड़ बाहर करें और यह स्मरण रखें कि मूल समस्या यह नहीं है कि कुछ विद्वान् किस प्रकार अपनी त्रुटियों (विचारों) के आधार पर बढ़ा रहे हैं, हम इस निष्फल युद्ध से अलग हो जाएँ जो एक ही कारखाने में ढले मार्क्सी और ग़ैर-मार्क्सी हथियारों से लड़ा जा रहा है, हम यह भुला दें कि इस समय हिन्दी आलोचना क्या कर रही है और यूरो-अमेरिकी आलोचना क्या कर रही है, तो हम प्रश्न के सार (क्विण्टेसन्स) तक पहुँच सकते हैं। और मेरा मानना है कि उत्तर भी क्विण्टेसन्स में ही है, 'अर्थ', 'फायर', 'वाटर' और 'एयर' के स्थूल-चतुष्क से परे 'पंचम तत्त्व' (क्विण्टेसन्स) में, भारतीय शब्दावली में पश्चिमी भाव भरकर कहें तो 'क्षिति', 'जल', 'पावक', 'समीर' में नहीं 'गगन' में, और यदि लोकायत दर्शन का ही किसी को विशेष आग्रह हो तो चैतन्य के इस स्वीकार में :

अत्र चत्वारिभूतानि भूमिवार्य्यनिलानलाः
चतुर्थ्यः खलु भूतेभ्यश्चैतन्यमुप जायते ॥[4]

4

आलोचना किस जगह कृत (मनुष्य के बनाये हुए पौरुषेय शास्त्रों) में आयत्त है और किस जगह वह अकृत (अपौरुषेय वाक्) में आयत्त है? उसे कृतायत्त करने के प्रयास की असहायता को इस उद्धरण में हम प्रखर रूप में रख सकते हैं :

> *अधिप्रामाण्य कोई ऐसी वस्तु नहीं जिसका निगमन (डिडक्शन) किया जा सके। अधिप्रामाण्य के वैधीकरण के प्रयास दुश्चक्र (विशस सर्कल) की ओर ले जाते हैं (मैं आपका अधिप्रमाण हूँ क्योंकि आपने मुझे ऐसा होने के लिए अधिप्रमाणित किया है), सवाल से भागते हैं (अधिप्रमाणीकरण अधिप्रमाण को अधिप्रमाणित करता है), अनन्त समाश्रयण की ओर ले जाते हैं (क को ख अधिप्रमाणित करता है और ख को ग), निजालाप (इडियोलेक्ट) के विरोधाभास की ओर ले जाते हैं (ईश्वर ने 'जीवन' ने इत्यादि ने मुझे चुन लिया है कि मैं अधिप्रमाण का उपयोग करूँ, केवल मैं ही इस इल्हाम का गवाह हूँ।)*[5]

'दुश्चक्र' का एक उदाहरण मैंने पहले अनुच्छेद में दिया है। 'समस्या से भागने' के उदाहरण उस घमासान में हैं जिसकी ओर मैंने दूसरे अनुच्छेद में इशारा किया है। इन दो का कोई इलाज़ नहीं लेकिन ये समस्याएँ नहीं हैं समस्याभास हैं।

मेरा मानना है कि कृतायत्ति की समस्या, जिसे लियोतार 'अनन्त समाश्रयण'

कहते हैं, का समाधान आर्षी वाक् में है, और अकृतायत्ति की समस्या जिसे लियोतार 'निजालाप का विरोधाभास' कहते हैं, का समाधान दैवीवाक् में।

'आर्षी' और 'दैवी' से जिन्हें अरुचि है, उनके लिए एक राह इस उद्धरण में से निकल सकती है :

> *एक कैशिनहुआ क़िस्सागो हमेशा अपना क़िस्सा एक बँधे हुए फार्मूले से शुरू करता है,'यह रहा फलाँ का क़िस्सा–,जैसा कि मैंने हमेशा से इसे कहा हुआ सुना है, मैं तुम्हें अपनी बारी पर इसे सुनाऊँगा। सुनो,' और वह क़िस्से को एक दूसरे फार्मूले से ख़त्म करता है, यह फार्मूला भी कभी नहीं बदलता, 'यह ख़त्म हुआ फलाँ का क़िस्सा। जिसने तुम्हें यह क़िस्सा सुनाया है उसका नाम फलाँ है (यह नाम कैशिनहुआ नाम होता है) या, गोरों को जिसने सुनाया है उसका नाम फलाँ है (यह नाम स्पेनी या पुर्तगाली नाम होता है)'।*
> *इस दोहरे व्यावहारिक शिक्षण का एक झटपट विश्लेषण निम्नलिखित को प्रकट करता है : वाचक की कथावाचन पात्रता का अकेला दावा यह तथ्य है कि उसने यह कहानी स्वयं सुनी है। समक्षणिक वाच्य (= नैरेटी, वह व्यक्ति जिसे कहानी सुनाई जा रही है) इसी अधिप्रमाण्य (= कथावाचनपात्रता) को सिर्फ़ इसीलिए प्राप्त कर सकने में समर्थ हो जाता है कि वह कहानी सुन रहा है।...*
> *(यह) वाचनात्मक संरूप (= नैरेटिव फॉर्म) एक लय का अनुसारी है...आप कह सकते हैं कि यह एक ज्ञान की अनूठी किस्म है जो अपने आपको उन किशोरों की भी समझ में नहीं ले जाती जिन्हें यह सम्बोन्धित की जाती है...*
> *(इस प्रकार के वाचन में) समय स्मृति का आधार नहीं रह जाता...हम यह परिकल्पना कर सकते हैं कि, सारी सम्भावनाओं के विपरीत, जो सामूहिकी अपनी पात्रता का सर्वप्रमुख संरूप (कथा) वाचन को अपनाती है उसे अपने अतीत को याद करने की कोई ज़रूरत नहीं रहती...(हमारे यहाँ इतिहासबोध नहीं है : वालों का ध्यान मैं इस ओर आकृष्ट करना चाहूँगा–वा.शु.)*
> *और अन्त में, एक संस्कृति, जो कथा वाचनात्मक संरूप को प्राधान्य देती है, उसे निस्सन्देह अपने वाचनों को अधिप्रमाणित करने की विशिष्ट कार्यविधियों की वैसे ही ज़रूरत नहीं रहती जैसे उसे अपने अतीत को याद करने की ज़रूरत नहीं रहती...अर्थात् सर्वगम्य वाचनात्मक व्यावहारिकी (पापुलर नैरेटिव प्रैग्मेटिक्स) जो कि सद्यः वैधता उपलब्ध कराती है और उस भाषिक नियुद्ध, जिसे पश्चिम में वैधता के प्रश्न के नाम से जाना जाता है, बल्कि पृच्छा के नियुद्ध में एक सन्दर्भक के रूप में वैधता के नाम से जाना जाता है, के बीच एक अतुलारोहणीयता (=इनकमेंसरेबिलिटी) है।[6]*

जैसा कि नितान्त अप्रत्याशित नहीं है, प्रो. लियोतार ने इस सर्वगम्य

वाचनात्मक व्यावहारिकी को 'मारक' कहा है क्योंकि वह 'समय' की हत्या करती है। यह निष्कर्ष हमें स्वीकार्य नहीं है, जिन्होंने (कथा) वाचन की पौराणिक परिपाटी में काल की संजीवनी को प्रवहमान देखा है और समय की हत्या इतिहास (= हिस्ट्री) द्वारा होते हुए देखी है, लेकिन यह विश्लेषण **मैंने** इसलिए अंशोद्धृत किया है कि उस छटपटाहट को सामने ले आ सकूँ जो (कथा) वाचन की एक पौराणिक परिपाटी के सामने आते ही उस जिज्ञासु मन में तड़पती है जिसे मानवकेन्द्रित चिन्तन के भाँय-भाँय करते सन्नाटे के बाहर की जिन्दा आवाज़ें सुनते ही अपने कान के पर्दों पर एक अपरिचित तालवाद्य का आघात महसूस होता है, इस तड़प को ही मैंने वह 'राह' कहा है जो इसमें से निकल सकती है।

अस्तु, मैं प्रस्ताव करता हूँ कि सनातन आलाप में कैशिनहुआ क़िस्सागो का निजस्थापन, 'अनन्त समाश्रयण' की समस्या और 'निजालाप के विरोधाभास' की समस्या दोनों का समाधान है।

जो संस्कृति अपनी पात्रता का अधिकरण सर्वगम्य वाचन में करती है वह वक्ता (= नैरेटर) और वाच्य (= नैरेटी) को अधिप्रमाणित करती है, यह सर्वगम्य वाचन, जो संस्कृति को अधिप्रमाणित करता है, वचन द्वारा अधिप्रमाणित होता है, आर्ष वचन से वह कृतायत्त होता है, दैव वचन से अकृतायत्त।

कृत और अकृत, शास्त्र और वेद, पौरुषेय और अपौरुषेय में आयत्त वाचन ही लोकवचन (= फोक लोर) के नाम से जाना जाता है। हम **आल्हा** गाने और गवाने वाले लोग हैं, **श्रीमद्भागवत** और **रामचरितमानस** की कथा बाँचने-बँचाने वाले लोग हैं। यही हमारा अधिप्रमाण्य है जो हमारी पोती को हक़ देता है कि वह हमारी दादी की कहानी को अपनी पोती को सुनाये, जो भरत को यह हक़ देता है कि वे ब्रह्मा के नाट्यवेद को प्रकट करें, जो अभिनवगुप्त को यह हक़ देता है कि वे भरत का भाष्य करें जो हमें यह हक़ देता है कि हम **अभिनवभारती** को पढ़ने समझने का प्रयास करें। 'टीका' लिखना जिसे आचार्य हजारीप्रसाद द्विवेदी ने भारतीय मेधा का ह्रास माना है, ह्रास नहीं है, स्वनिष्ठ स्वाभाविक व्यंजना है।

सनातन आलाप में निज की उपस्थिति ही आलोचना की स्वतन्त्रता/स्वायत्तता है।

यह उपस्थिति श्रुति और स्मृति आर्षी और दैवी, दोनों में आयत्त है क्योंकि यह उपस्थिति यह पहचानती है कि वह दो संसारों में नहीं, एक ही संसार में उपस्थित है, कृत और अकृत के पीछे का कर्म एक ही है :

ब्रह्मा येन कुलालवन्नियमितो ब्रह्माण्डभाण्डोदरे
विष्णुर्येन दशावतारगहने क्षिप्तो महासंकटे
रुद्रो येन कपालपाणिपुटके भिक्षाटनं कारितः
सूर्यो भ्राम्यति नित्यमेव गगने तस्मै नमः कर्मणे ॥[7]

[कर्म को नमस्कार जिसने ब्रह्मा को कुम्हार की तरह ब्रह्माण्ड की हँडिया में लगा रखा है, जिसने विष्णु को दसों अवतारों के महासंकट में डाल रखा है, भगवान् शंकर को जिसने खप्पर लेकर भीख माँगने में जोत रखा है और सूर्य को हमेशा घूमते रहते आकाश में डाला है।]

5

कृत और अकृत में सहायत्ति ही आलोचना की स्वायत्ति है। इस स्वायत्ति का व्यावहारिक रूप क्या है?

(1) कृतायत्ति का निदर्शन यह है :

इह प्रेक्षागृहं दृष्ट्वा धीमता विश्वकर्मणा।
त्रिविधः सन्निवेशश्च शास्त्रतः परिकल्पितः ॥[8]

[इस सिलसिले में प्रेक्षागृह को देखकर बुद्धिमान विश्वकर्मा ने तीन प्रकार के सन्निवेश की परिकल्पना की (ये तीन प्रकार के सन्निवेश आयत्त, वर्ग और त्रिभुज के आकारों तथा ज्येष्ठ, मध्यम और अवर परिणामों के अनुसार नौ (कुछ आचार्यों के अनुसार अट्ठारह) प्रकार के हो जाते हैं।) देखकर, यानी विचारकर।]

यह विचार कैसे किया? अपने मन से नहीं, शास्त्र से। शास्त्र कृत है, मनुष्य द्वारा रचा हुआ। शास्त्र का अधिप्रमाण क्या है? दूसरा शास्त्र। यह प्रवाह अनादि है। 'शास्त्रं कृतम्। तदप्यपरशास्त्रमूलमिति प्रवाहानादित्वमुक्तम्', यह है अभिनवगुप्त का कहना इस श्लोक की टीका में।

यह 'अनन्त समाश्रयण' है जो प्रो. लियोतार की समस्या है और अभिनवगुप्त का समाधान। जो एक चिन्तक के लिए समस्या है वही दूसरे चिन्तक के लिए समाधान कैसे है?

भगवान् पतंजलि ने अपने **महाभाष्य** में इस पर विचार किया है। उन्होंने कहा है कि भगवान् कात्यायन ने जो श्लोक लिखे हैं वे प्रमाण हैं (इन श्लोकों को 'भ्राज' कहते हैं) प्रतिपक्षी की आपत्ति है, यदि श्लोक प्रमाण हैं तो यह श्लोक भी प्रमाण है :

यदुदुम्बर वर्णानां घटीनां मण्डलं महत्
पीतं न गमयेत्स्वर्गं किं तत् ऋतुगतं नयेत ॥

[श्लोक का कहना है : अगर शराबख़ाने में घड़ों शराब पी जानेवाले स्वर्ग जाने के अयोग्य ठहराये जाते हैं तो यज्ञ के अन्तर्गत सौमायणी कर्म में थोड़ी-सी शराब पीने वाला ब्राह्मण कैसे स्वर्ग जाएगा? यानी, शराब पीनी है तो जमकर शराबख़ाने में पीजिए (क्योंकि आप कहते हैं कि शराब स्वर्ग ले जाती है।)]

पतंजलि का उत्तर है : 'प्रमत्तगीत एष तत्रभवतः। यस्त्वप्रमत्तगीतस्तत् प्रमाणम'—तत्रभवान् ने यह प्रमाद से कहा है, जो अप्रमाद से कहा है वही प्रमाण है।

'तत्रभवान्' पूज्यों के लिए प्रयुक्त होता है। व्यंग्य में पतंजलि ने इसका प्रयोग नहीं किया है, कम-से-कम उनके व्याख्याकारों कैयेट और नागेश भट्ट का मानना है कि यह इशारा किसी पूज्य की ओर ही है। तत्रभवान् और प्रमाद? प्रमाद क्या है? प्रमाद माने 'विप्रतिपन्नत्व' यहाँ 'मिथ्यात्व'। मिथ्या क्या है? और तत्रभवान् मिथ्या क्यों बोले? व्याख्याकारों का कहना है : विप्रतिपन्नत्व है वेदविषयक विप्रतिपत्ति (विप्रतिपत्ति=विरोध) का आश्रयत्व। यह विप्रतिपन्नत्व तत्रभवान् ने, स्वयं ईश्वर ने, अपने ऊपर आरोपित किया है ताकि दैत्यों का विनाश हो।

यह श्लोक तत्रभवान् ने एक विशेष उद्देश्य से, जान-बूझकर अपने में झुठाई आरोपित करते हुए पढ़ा है, प्रमाद में पढ़ा है, इसलिए यह प्रमाण नहीं है। आर्षी वाक् प्रमाण है, मनुष्य या मनुष्य का अवतार लिये हुए ईश्वर की वाणी तभी प्रमाण है, तभी आर्षी है, जब वह दैवी वाक् के अनुसार हो, जब वह अप्रमत्त हो।

प्रमत्त पठित और अप्रमत्त पठित वाक् का यह अन्तर पश्चिमी चिन्तन में नहीं है, वहाँ दैवी वाक् की अवधारणा नहीं है, ज़ेना फ़नीज़ और प्लेटो के बाद से पनपते हुए, 'मानववाद' से गुज़रते हुए, 'पुनर्जागरण' में उभरकर आते हुए, मार्क्स में अपने पूर्ण परिपाक तक पहुँचा हुआ दैवी वाक् का अस्वीकार है।

इसीलिए 'अनन्त समाश्रयण' लियोतार की समस्या है और अभिनवगुप्त का समाधान।

(2) अकृतायत्ति का निदर्शन यह है :

नाट्य (जिसका प्रेक्षागृह निर्माण कृतायत्त है) क्या है? अभिनवगुप्त का (**नाट्यशास्त्र** के 6/15 की व्याख्या में) कहना है 'रस एव नाट्यम्' रस को नाट्य कहते हैं। रस क्या है?

भारतीय साहित्य-शास्त्र के इस केन्द्रीय प्रश्न पर हुए विस्तृत विचार का परिचय यहाँ अभीष्ट नहीं। संक्षेप में, अभिनवगुप्त ने अपने पूर्वाचार्यों के सभी मतों का खण्डन किया है, तर्क को तर्क से काटा है, अनुमान, आगम और योगिप्रत्यक्ष इन सबसे विलक्षण माना है। यह सब करने के बाद उन्होंने यह प्रश्न उठाया कि अगर सभी से यह विलक्षण है, सभी तर्क काट दिये गये, तो यह है क्या? अभिनवगुप्त का उत्तर है :

आम्नायसिद्धे किमपूर्वमेतत् संविद्विकासेधिगतागमित्वम्
इत्थं स्वयंग्राह्यमहार्हहेतु द्वन्द्वेन किं दूषयिता न लोकः
ऊर्ध्वोर्ध्वमारूह्य यदर्थतत्त्वं धीः पश्यति श्रान्तिमवेदयन्ती
अलं तादाद्यैः परिकल्पितानां विवेक सोपान परम्पराणाम्

चित्रं निरालम्बनमेव मन्ये प्रमेयसिद्धौ प्रथमावतारम्
तन्मार्गलाभे सति सेतुबन्धुपुरप्रतिष्ठादि न विस्मयाय
तस्मात् सतामत्र न दूषितानि मतानि तान्येव तु शोधितानि
पूर्वप्रतिष्ठापितयोजनासु मूलप्रतिष्ठाफलयामनन्ति।
उक्तमेव मुनिना न तु अपूर्व किंचित्
...तत् काव्यार्थौ रसः

... ...

अधिकारी च अत्र विमल प्रतिभान शालिहृदयः

[यह रस तत्त्व तो वेद द्वारा सिद्ध है, इसमें अपूर्व क्या है, नया क्या कहना है? इसके अधिगम का आगमी होना संवित् के विकास से होता है। यह जो स्वयंग्राह्य (= स्वायत्त, स्वतन्त्र, 'संवित्' पराशक्ति को कहते हैं, वह स्वतन्त्र है, वह सहृदय में जब खिलती है तो रस तत्त्व स्वयं समझ में आता है, अन्यथा किसी अन्य तर्क प्रणाली से नहीं) और अत्यन्त मूल्यवान् हेतु (= कारण, अर्थात् कारण कोई तर्क प्रणाली नहीं, स्वयं वेद है, दैवी वाक् है, संवित् का सहृदय में प्रकाशित होना है) वाला रसबोध है उसे द्वन्द्व (= दो चीज़ों को आमने-सामने रखने) से क्या लोग (= विचारक, तर्क से इसे समझने-समझाने की कोशिश करनेवाले आचार्य) दूषित नहीं करते?
ऊपर-ऊपर चढ़ती हुई बिना थकान का अनुभव किए हुए (सहृदय की) प्रतिभा जिस अर्थ तत्त्व को देखती है वही तो असली चीज़ है, वही पर्याप्त है।
(लेकिन यह न समझा जाय कि मैं पूर्वाचार्यों का श्रम उपहास योग्य या तिरस्करणीय मानता हूँ क्योंकि मैंने उनका खण्डन किया है) पूर्वाचार्यों ने अपने प्रमेय की सिद्धि के लिए जो विवेक की सीढ़ियाँ बनायी हैं उनको बिना किसी आधार के ही उन्होंने बनाया था, इन पहली सीढ़ियों का बिना किसी अवलम्ब के बनाना ही चमत्कार है। वह राह मिल जाने पर तो चाहे कोई पुल बाँध ले चाहे नगर खड़ा कर ले, इसमें कुछ आश्चर्य नहीं (मेरा स्वयं का यह विवेचन, रस तत्त्व के निरूपण में विभिन्न दर्शनों का सहारा लेना, तर्क का यह जाल फैलाना, तर्क का यह जाल समेटना, विवेक के ये पुल और ये शहर खड़े करना, उन्हीं सीढ़ियों की बदौलत है, इसमें कोई कमाल नहीं।)
इसलिए यहाँ मैंने सत्पुरुषों के मतों को दूषित नहीं ठहराया है, (जो खण्डन किया है वह) सिर्फ़ उन मतों का शोधन किया। पहले से जो प्रतिष्ठापित है उसी की योजना करने में मूल की प्रतिष्ठा का फल मिलता है (जो विवेचन पहले हो चुका है उसकी छानबीन ही वह राह थी जिससे मूल तत्त्व की पहचान का फल मिल सकता था)।
और इसमें मुझे क्या कहना है, नया तो कुछ है नहीं, भरत मुनि ने कह ही रखा है काव्यार्थ ही रस है।
इसके कौन समझने का, पाने का अधिकारी है। जिसका हृदय विमल प्रतिभानवाला हो।]

प्रतिभान की जिस विमलता का, निर्विघ्नता का उल्लेख अभिनवगुप्त ने किया है उसमें विघ्नों की सूची भी एक उन्होंने दी है। उन विघ्नों में देशकाल का भी एक विघ्न है। यही बोध है जिसे हम समकालीन स्थूल शब्दावली में 'सामाजिक-ऐतिहासिक परिदृश्य' कहकर पुकारते हैं।

यह अकृतायत्ति, वेद से सिद्ध होना ही वह 'निजालाप' है जिसका 'विरोधाभास' लियोतार की समस्या है और अभिनवगुप्त का समाधान, लेकिन यह 'निजालाप' नहीं है, 'मुनि ने कह ही दिया है, हमें क्या कहना है' यह कैशिनहुआ क़िस्सागो का आलाप है यह सनातन आलाप में निज की उपस्थिति है। सर्वगम्य वाचनात्मक व्यावहारिकी, अभिनवगुप्त के शब्दों में 'सर्वसामाजिकानाम् एकघनतया एव प्रतिपत्तिः' और आलोचना की स्वेतरायत्ति, उसकी वैधता के प्रश्न के बीच अतुलारोहणीयता है।

इस अतुलारोहणीयता को ही मैं रेखांकित करना चाहता हूँ। आलोचना स्वायत्त के अतिरिक्त कुछ और भी हो सकती है, वह स्वेतरायत्त भी हो सकती है, यह पूर्वपक्ष नहीं है, यह पक्ष है ही नहीं, यह पक्ष का आभास है। इसको लेकर जितनी बहस होगी, हवाई होगी।

6

अभिनवगुप्त का कहना है कि अनुकार असम्भव है। 'मिमीसिस' जिसको लेकर वह उत्तर-आधुनिक घमासान मचा हुआ है जिसकी ओर मैंने अनुच्छेद 2 में इशारा किया है, के जितने भी अर्थ किये गये हैं वे सब इसी अनुकार में अन्तर्भुक्त हैं जिसे अभिनवगुप्त ने असम्भव बताया है।

'त्रैलोक्यस्यास्य सर्वस्य नाट्यं भावानुकीर्तनम्'[9] (इस समूचे त्रैलोक्य के 'होने' का अनुकीर्तन ही नाट्य है।) 'अनुकीर्तन' का अर्थ कुछ आचार्यों ने 'अनुकार' किया था जिनके मतों का खण्डन अभिनवगुप्त ने किया है। इस शब्द से उनका विशेष विरोध नहीं है, खण्डन कर देने के बाद उन्होंने यह भी कह दिया है कि 'चलिए,' 'अनुकार' भी हो ले।'

'अनुकीर्तन' क्या है? अभिनवगुप्त ने कोई व्याख्या नहीं दी है। शब्द उनका नहीं है, भरत का है, मुनि का कहा है। फिर भी, यह सर्वगम्य वाचनात्मक व्यावहारिकी है, शब्द सबकी पहुँच में आना चाहिए। 'ज्ञान' के अर्थ में नहीं, 'ज्ञान की यह एक अनूठी क़िस्म है जो उन किशोरों की भी समझ में अपने को नहीं ले जाती जिनको यह सम्बोधित की गयी है।'

'कीर्तन' हमारे लिए अपरिचित नहीं, भले ही हमारी कोशिश यह चल रही है कि हम उसके लिए अपरिचित हो जाएँ। नाट्य, त्रैलोक्य के भाव का, त्रैलोक्य के

होने का, अनुकीर्तन है। कीर्तन ही क्यों नहीं, अनुकीर्तन क्यों?

इसलिए कि त्रैलोक्य का होना ही कीर्तन है। इस दिव्य कीर्तन का अनुकीर्तन नाट्य है।

7

दल्यूज़े और गुआत्तरी ने अपनी पुस्तक (**मी प्लेतो,** 'सहस्र बहुताएँ', 1980), जिसे प्रेण्डेरगास्ट ने इधर की सबसे नापालतू (= वाइल्ड) पुस्तक कहा है, लियोतार की पुस्तक उनके अनुसार इधर की सबसे चीमड़ (= टफ) पुस्तक है] में राइज़ोम से अपनी प्रेरणा ग्रहण की है। राइज़ोम एक पौधा (= प्रजाति) है जिसमें जड़ नहीं होती, या यह कहना बेहतर है कि जो समूचा ही जड़ है, जो ज़मीन के भीतर फलते हुए एक भूल-भुलैया की शक्ल बना लेता है, जिसमें ऐसा कुछ नहीं होता जिसे आप पौधे की 'पलई' कह सकें, इस पौधे में कुछ ख़त्म नहीं होता और कुछ शुरू नहीं होता।

मैं इस रूपक को अपनाने का सुझाव देता हूँ (अगर किसी को 'कीर्तनियों में शामिल होने से परहेज हो)। आलोचना की स्वायत्तता राइज़ोमीय है, जैसे राइज़ोम में जड़ और तना एक ही हैं और वह स्वायत्त है, वैसे ही आलोचना में जड़ और तना एक ही हैं और वह स्वायत्त है। लेकिन मैं इस रूपक को आगे बढ़ाने का प्रस्ताव करता हूँ, और इस रूपक से आगे बढ़ने का भी।

राइज़ोम पौधों में एक का नाम 'सालोमन्स सील' है, सालोमन की मुहर, या, जैसा कि पूर्वी साहित्य परम्परा में कहा जाता है, 'ख़ातम सुलैमान', हज़रत सुलैमान की वह जादुई अँगूठी जिससे वे जिन्नात को घड़े में बन्द करने के बाद उस पर मुहर लगा देते थे और फिर जिन्नात बाहर नहीं निकल सकते थे।

राइज़ोमीय (रूपक में) आलोचना न केवल इस अर्थ में स्वायत्त होती है कि उसकी जड़ उसका तना ही होती है, अपितु इस अर्थ में यह ख़ातम सुलैमान का भी काम करती है कि चिन्तन के क्षेत्र में जो भी गुमराहकुन जिन्नात उसे दीखते हैं उन्हें वह विवेचन के पात्र में बन्द करके उन पर तर्क की मुहर लगाती है। लेकिन जो ज़रूरी है वह है इस रूपक से आगे बढ़ना। आलोचना को यह सवाल उठाना चाहिए कि राइज़ोम को वनस्पति के मानक संरूप से स्वतन्त्र कौन होने देता है, हज़रत सुलैमान की अँगूठी में वह ताक़त कहाँ से आयी है? शहंशाह के कपड़ों की खोज बेमानी है। कविता और आलोचना, कवि और आलोचक ही शहंशाह के कपड़े हैं।

आलोचना की स्वतन्त्रता/स्वायत्तता इसी में है कि वह सनातन अनुकीर्तन में अपना करताल लिये हुए हाज़िर हो :

'हसरत' की भी क़बूल हो मथरा में हाज़िरी
सुनते हैं आशिकों पे तुम्हारा करम है ख़ास।

सन्दर्भ

1. प्रो. ई.सी. ज़ीमैन की **कटास्ट्रफ़ी थिअरी : चुने हुए शोधपत्र** (1972-1977) की समीक्षा में प्रो. स्टिफेन स्मेल; **बुलेटिन ऑफ दि अमेरिकन मैथमेटिकल सोसायटी** खण्ड 84, संख्या-6, नवम्बर 1978, पृष्ठ 1360-68 में पृष्ठ 1366 पर।
2. **दि पोस्टमाडर्न कण्डीशन : ए रिपोर्ट ऑन नॉलेज**–ज़्याँ फ्रान्सुआ लियोतार मैनचेस्टर यूनिवर्सिटी प्रेस, 1984, पृष्ठ 59-60
3. **दि ऑर्डर ऑफ मिमीसिस**; क्रिस्टोफ़र प्रेण्डेरगास्ट, कैंब्रिज यूनिवर्सिटी प्रेस, 1986, पृष्ठ 1
4. चार्वाक के नाम से प्रसिद्ध श्लोक।
5. **ल डिफ़रेण्ड** (1983) में ज्याँ फ्रान्सुआ लियोतार; **द आर्डर ऑफ़ मिमीसिस** में पृष्ठ 274 पर उद्धरित।
6. **द पोस्टमाडर्न कण्डीशन,** पृ. 20-23
7. **उज्ज्वल नीलमणि** 1/18 की टीका में विश्वनाथ चक्रवर्ती द्वारा उद्धरित।
8. नाट्यशास्त्र 2/7
9. वही 1/107

विदूषक के बॉडीगार्ड का यूनीफॉर्म

(सन्दर्भ : काव्यशास्त्र की ज़रूरत)

'काव्यशास्त्र' के नाम से हम जिस विद्या को जानते हैं उसका एक नाम **काव्य-मीमांसा** है। राजशेखर ने अपना महानिबन्ध इसी नाम से लिखा है और पण्डितराज जगन्नाथ ने भी अपने **रसगंगाधर** को 'काव्य-मीमांसा' कहा है। 'मीमांसा' भारतीय चिन्तन-परम्परा का एक बीज-शब्द है। कर्म-मीमांसा या पूर्व-मीमांसा (जिसे साधारणतया 'मीमांसा' कहा जाता है), ज्ञान-मीमांसा, ब्रह्म-मीमांसा या उत्तर-मीमांसा (जिसे साधारणतया 'वेदान्त' कहा जाता है।) हमारे सुपरिचित नाम हैं। 'मीमांसा' का मूल है 'मन्' धातु जिससे यह शब्द निष्पन्न होता है। मनन करने की इच्छा का नाम ही 'मीमांसा' है।

इसी 'मन्' से 'मनुष्य' है। जो मनन करे वह 'मनु', उसकी सन्तान मनुष्य। मनुष्य जब मनु होने की इच्छा करता है तो वह 'मीमांसा' करता है। कह सकते हैं कि मनुष्य की रगों में मीमांसा दौड़ रही है।

'मीमांसा' मनुष्य द्वारा 'मनुष्य' नाम की सार्थकता प्रमाणित करने की दलील है। यदि मनुष्य की मनुष्यता एक ज़रूरत है तो मीमांसा उस ज़रूरत का एक नाम है। अपने इर्द-गिर्द की मीमांसा मनुष्य की ज़रूरत है। और यदि काव्य अपने इर्द-गिर्द है तो उसकी मीमांसा भी मनुष्य की ज़रूरत है।

जिस 'मन्' से 'मीमांसा' और 'मनुष्य' की निष्पत्ति होती है उसी 'मन्' से 'मत' की निष्पत्ति होती है। अपने मनन के परिणाम को मत कहते हैं। और इसी मत के अनुसार चलने वाले को 'मतंग' कहते हैं जिसका अर्थ है 'हाथी'। जिस तरह हाथी अपनी राह चला जाता है, बिना इसकी पर्वा किये हुए कि कितने कुत्ते किधर, क्यों, कहाँ और कैसे भूँक रहे हैं, उसी तरह, अपनी इच्छा से, अपने सोचे हुए के अनुसार, अपने मत के अनुसार चलना मतंग का धर्म है।

लेकिन इसी 'मतंग' से 'मातंग' की भी निष्पत्ति है। भारतीय जाति व्यवस्था में निम्नतम 'चाण्डाल' की। विराट् पुरुष मुख से ब्राह्मण, बाहुओं से राजन्य, ऊरुओं से वैश्य और चरणों से शूद्र को उत्पन्न करने के बाद अपनी सर्जना की झोली खाली

कर देता है। फिर अन्त्यज की, चाण्डाल की उत्पत्ति होती है, गिनती से बाहर, नाप तौल की बटखरों की पकड़ से बाहर, चातुर्वर्ण्य के बाहर। यह 'पंचम वर्ण' है, ठीक वैसे ही जैसे 'पंचम वेद'। पंचम वेद 'नाट्य-वेद' है, वैदिक चातुर्वर्ण्य से बाहर।

'मीमांसा' के अतिरिक्त 'जिज्ञासा' और 'अनुशासन' ये दो और शब्द भारतीय चिन्तन में बराबर आते हैं। 'धर्म-जिज्ञासा', 'ब्रह्म जिज्ञासा, 'शब्दानुशासन', 'काव्यानुशासन' जैसे शब्दों से हमारे महत्त्वपूर्ण चिन्तनग्रन्थ प्रारम्भ होते हैं। 'मीमांसा', 'जिज्ञासा' और 'अनुशासन'—मनन करने की इच्छा, जानने की इच्छा और नियमबद्ध करने का कर्म, ये ही उस विद्या को गढ़ते हैं जिसे हम शास्त्र कहते हैं और अंग्रेजी के शब्द 'थिअरी' की जगह रखते हैं जिसका उद्‌गम विचार और चिन्तन के वाचक ग्रीक शब्द से है।

किन्तु 'शास्त्र' और 'शस्त्र' में बहुत निकट का सम्बन्ध है। 'शब्द', 'शाप', 'शस्त्र', शास्त्र, 'शासन'—शब्दों का यह समूह 'शप्' और 'शंस्' इन दो धातुओं से निकला है जिनके अर्थ 'शाप देने' के इर्द-गिर्द चक्कर काटते हैं। निश्चय ही इनके और अर्थ भी हैं किन्तु 'चोट पहुँचाने' और 'दण्ड देने' के तत्त्व इनमें विद्यमान हैं। 'शप आक्रोशे' से 'शब्द' की निष्पत्ति है। शब्द ब्रह्म है ऐसा हम और हमारे पूर्वज मानते रहे हैं।

गुस्से में निकली एक चीख का नाम ब्रह्म है। 'गुस्सा' अपने मूल फ़ारसी अर्थ में—क्रोध, खीझ, निराशा और दुःख सबको बताता हुआ। ठीक 'आक्रोश' की तरह। एक झुँझलाहट से निकली हुई आवाज़ शब्द है। जब उसका अर्थ रमणीय होता है तो उसे काव्य कहते हैं।

2

जब आप दरवाज़े की ओर बढ़ते हैं तो सबसे पहले ड्योढ़ी में आपकी भेंट दो पहरेदारों से होती है, इनके नाम हैं कृतान्त और काल। ये दोनों कहते हैं : अब आपकी आयु समाप्त हो चली है, सिर उतारकर यहाँ ज़मीन पर रख दीजिए तब भीतर घुसिए। किवाड़ों पर दो विषधर नाग बैठे हुए हैं। इनसे डसवाकर, पूरे शरीर में ज़हर को फ़ैलता हुआ महसूस करते हुए आप आगे बढ़ते हैं। चौखट पर यमराज का दण्ड रखा हुआ है जिसके ऊपर सर्वान्तकारी शंकर का त्रिशूल विराजमान है। इस त्रिशूल में बिंधे धँसे जब आप आगे बढ़ते हैं तो दो द्वारपाल मिलते हैं जिनके नाम हैं नियति और मृत्यु। इनके पंजों में जकड़े हुए जब आप भीतर की ओर धकेले जाते हैं तब आपको मुख्य कक्ष के दर्शन होते हैं। पहले एक बरामदा पड़ता है जिसके खम्भों पर भूत, यक्ष, पिशाच और गुह्यक सवार हैं। ये आपकी पीठ पर लद लेते हैं। बरामदे में बिजली कड़क रही है, वह आपको चूर-चूर कर देती है। फिर दिखाई देता है एक

तख़्त जिसके बीच में कवि बैठा हुआ है। वहीं कहीं ओंकार घूम रहा है। आप उससे पूछते हैं, "हे समस्त वेदों के प्रतिपाद्य, आप यहाँ कैसे?" वह कहता है—"मैं यहाँ विदूषक की रक्षा के लिए तैनात हूँ।"

भरत मुनि ने **नाट्यशास्त्र** में प्रथम अध्याय की पन्द्रह कारिकाओं (83-98) में नाट्य की रक्षा व्यवस्था का यह रूपक खींचा है। यह रक्षा नाटक को 'विघ्न' से बचाने के लिए है। दैत्यों ने समझा कि नाटक उनका अपमान करने के लिए है। देवताओं की इच्छा के अनुसार (= सुरेच्छया) देवताओं के लिए (= सुरार्थम्) नाटक बनाया गया है, ऐसा विघ्नराज विरूपाक्ष का मानना था[1] ब्रह्मा ने कहा कि ऐसा नहीं है। दैत्य और देव दोनों में से कोई भी नाटक में यथार्थतः विराजमान नहीं हैं।

ये विघ्न कौन से हैं?

भरत मुनि ने **नाट्यशास्त्र** के छठे अध्याय की इकतीसवीं कारिका के बाद कहा है कि पहले 'रस' की व्याख्या करेंगे क्योंकि रस के बिना अर्थ प्रवृत्त नहीं होता। प्रवृत्त होने का तात्पर्य अभिनवगुप्त समझाते हैं—व्याख्येय रूप से बुद्धि में वर्तमान नहीं हो सकता। इसी के बाद भरतमुनि ने अपना प्रसिद्ध रससूत्र दिया है—विभाव, अनुभाव और व्यभिचारी भावों के संयोग से रस की निष्पत्ति होती है। अपनी व्याख्या में अभिनवगुप्त रसप्रतीति के सात विघ्न गिनाते हैं, इनमें से परम विघ्न है सहृदय का उस सुख या दुःख को स्व-गत या पर-गत देशकाल से जोड़ देना। जैसे ही काव्य के सुख या दुःख को किसी देश-काल की ज्यामिति में उकेरा जाता है सुख की प्राप्ति की इच्छा; उसकी रखवाली, दुःख को छोड़ने की इच्छा या उसे बताने या छिपाने की इच्छाएँ उभरने लगती हैं। काव्य के सुख या दुःख को हथियाने की यह चेष्टा विघ्न है। जैसे दैत्यों ने नाटक को अपना अपमान समझा, वह विघ्न था। इन्हीं विघ्नों से रक्षा के लिए ड्योढ़ी में कृतान्त और काल हैं, यमदण्ड और मृत्यु हैं। स्व-गत और पर-गत सुख और दुःख के अभाव में मनुष्य की वे सीमाएँ कहाँ रहेंगी जो उसको एक देश-काल के भीतर बाँधे समेटे रहती हैं?

उत्तर-आधुनिक उद्घोषणा 'लेखक की मृत्यु' के हज़ारों वर्ष पहले भरत मुनि ने 'पाठक/प्रेक्षक की मृत्यु' की यह अवधारणा प्रस्तुत की है। काव्य पढ़ने और नाटक देखने के दौरान, कवि और नाटककार तक पहुँचने की राह में, पाठक और प्रेक्षक को मृत्यु के कई साक्षात्कार होते हैं, उसकी वे सारी परिभाषाएँ मिट जाती हैं जिनके अधीन वह अपने को किसी कथा में देखता है। काव्य में प्रत्यक्ष उपस्थिति के उसके सारे दावे समाप्त हो जाते हैं।

काव्य में कभी कोई जीवित या वास्तविक व्यक्ति, समुदाय या समाज नहीं होता। कविता एक प्रेतलीला है, जीवन की शर्तें ही उसके विघ्न हैं। काव्य का आस्वादन प्रेक्षागृह के कपाटों पर लिपटे हुए सर्पों का चढ़ता हुआ ज़हर है, नसों में फैली हुई निजता और पर-ता की सत्ताओं को एकसार एक साथ मिटाता हुआ।

जैसा कि व्याकरण के विद्वान बताते हैं, 'नट्' धातु के तीन अर्थ हैं—'नृत्य करना', 'अभिनय करना', और 'चोट पहुँचाना'।

3

भरतमुनि के प्रेक्षागृह के वास्तुशिल्प का उद्देश्य है—मनुष्य की देशकाल से मुक्ति। आज से कोई दो सौ वर्ष पूर्व जेरेमी बेन्थाम ने एक भवन पैन-आप्टिकान का वास्तुशिल्प प्रस्तावित किया जिसका विवरण मिशेल फूको ने अपनी पुस्तक **निरीक्षण और दण्ड** (डिसिप्लिन एण्ड पनिश) में दिया है। 'निरीक्षण' शब्द मूल फ्रेंच शीर्षक (Surveiller et punir) के आधार पर चुना गया है। केन्द्र में एक टावर है जिसमें एक निरीक्षक बैठा हुआ है और इस टावर की खिड़कियाँ चारों ओर के कैदख़ानों की खिड़कियों के सामने खुलती हैं। इस तरह एक निरीक्षक सारे क़ैदियों पर नज़र रख सकता है।

क्या हम काव्यशास्त्र को ऐसे पैन-आप्टिकान के रूप में परिकल्पित कर सकते हैं? क्या उसके सिद्धान्त एक ऐसे टावर की खिड़कियाँ हैं जिनमें से अपने सामने की कविता की खिड़की में झाँका जा सकता है? क्या 'छन्दों की पायल' एक ऐसी बेड़ी है जिसके नाते कविता की कोई भी हरकत एक श्रव्य-सूचना-माध्यम से हम तक पहुँचती है और हम कविता की गतिविधि पर, उसके उतार-चढ़ाव पर नज़र रखने की एक यान्त्रिक क्षमता से लैस हो जाते हैं?

काव्यशास्त्र का एक नाम 'अलंकार' भी है। इसके दो अर्थ निकलते हैं 'रोक लगाने वाला' और 'सजानेवाला'। काव्यशास्त्रीय सन्दर्भ में दूसरा अर्थ प्रचलित है, 'अलंकार' वह है जो सुशोभित करे। 'भूषण बिनु न बिराजई, कविता बनिता मित्त'। लेकिन मान लीजिए कि हम 'रोक लगाने वाला' अर्थ लेते हैं। तब हम 'अलंकार' को एक कोठरी की तरह देख सकते हैं जिसमें कविता क़ैद है। हम जैसे ही पहचानते हैं कि यहाँ उपमा या उत्प्रेक्षा है, एक खिड़की की ओर नज़र जाती है। अगर हमने अपने 'सर्वीलियेंस टावर' की खिड़की उस खिड़की की ओर खोल रखी है तो हम देख सकते हैं कि एक धुँधली-सी आकृति कोठरी में टहल रही है। यह कविता है। हम उसकी गतिविधि पर, उसके आरोह-अवरोह पर नज़र रख सकते हैं।

इस तरह काव्यशास्त्र या काव्यानुशासन को एक पैन-आप्टिकान का रूप दिया जा सकता है। मिशेल फूको ने अपनी उस पुस्तक में, जिसका उल्लेख मैंने ऊपर किया, डोसाइल बॉडी की बात की है। फौज में, स्कूल में, अस्पताल में, जेल में, दफ्तर में, सभा में, शरीर पर कुछ नियम लागू होते हैं। ऐसे ही नियम शौचालय और भोजनालय में, शयनकक्ष और स्नानगृह में लागू होते हैं। पियानो बजाते समय एक ख़ास ढंग से बैठना पड़ता है, तबला बजाते समय एक दूसरे ख़ास ढंग से।

निश्चय ही कुछ सीमाएँ भी हैं। **कामसूत्र** में चुम्बनों और नखक्षतों का वर्गीकरण करते समय वात्स्यायन ने कहा है कि इन नियमबद्ध वर्गीकरणों की सीमा है क्योंकि रतिकर्म के समय कामोन्माद में क्या क्या होगा इसका शास्त्रीय निर्धारण सम्भव नहीं है। फिर भी मैं यहाँ मिशेल फूको की बात को आगे बढ़ाते हुए जो कह रहा हूँ उसका प्रतिवाद इससे नहीं होता। रतिकर्म में भी शरीर पर कुछ बन्धन होते हैं और उसे आज्ञाकारिता का धर्म निभाना पड़ता है। शायद मृत्यु को छोड़कर कोई भी मानवीय कर्म बिना एक सु-शिक्षणीय शरीर (डोसाइल बॉडी) के नहीं हो सकता। और मृत्यु मानवीय कर्म नहीं है।

मिशेल फूको जिस ओर इंगित कर रहे हैं उसके लिए हमारे यहाँ एक शब्द चला आता है अभ्यास। जैसा कि मम्मट ने बतलाया है, काव्यज्ञ की शिक्षा से किया गया अभ्यास, कविता का एक हेतु है उससे कविता उपजती है। राजशेखर ने सारस्वत कवि अर्थात् स्वभावतः प्रतिभा सम्पन्न कवि, के लिए भी अभ्यास की सलाह दी है।[2] सोने में सुहागा मिला देना अच्छा ही होता है और करेले को नीम पर चढ़ाए रखना ही ठीक है। सारस्वत कवि भी अपनी रचना दूसरों को दिखाते ही हैं और उनकी राय से फ़ायदा उठाते हैं। खुद भी जब वे कविता का दूसरा ड्राफ्ट लिख रहे होते हैं तो वे उसे काव्यशास्त्री के रूप में पढ़कर लिख रहे होते हैं कवि के रूप में नहीं। और सारस्वत कवि के लिए भी रहने की जगह पर लिखने के सामान पर और वक़्त पर पाबन्दियाँ राजशेखर ने वैसी ही लगायी हैं जैसे अन्य कवियों के लिए। ब-हर-हाल, कवि को कविता लिखने के लिए एक 'मूड' की आवश्यकता होती है, वह मूड भी डोसाइल बॉडी का उदाहरण है।

'अलंकार' का उल्लेख ऊपर हो चुका है। जो दो अर्थ ऊपर दिए गए उनके अतिरिक्त मेरा प्रस्ताव है कि 'अलंकार' को इस तरह पढ़ा जाए : 'अल' शब्द का अर्थ 'बिच्छू का डंक' होता है, 'अलंकार' वह जो कविता को बिच्छू के डंक की तरह बना दे। लेकिन यहाँ मैं इस प्रस्ताव को आगे बढ़ाने की बजाय प्रचलित अर्थ की ही खोजबीन करूँगा। 'अलम्' शब्द का वैदिक रूप 'अरम्' था जिससे 'अरंकरण' और बाद में 'अलंकरण' बने। 'अरंकरण' का अर्थ 'तैयारी करना' जैसे कि यज्ञ में पुरोडाश को पकाना आदि। नैवेद्य को सजाकर, व्यवस्थित कर के रखना 'अरंकरण' है। यहीं हम स्मरण कर लें कि यह बात बहुत दूर की कौड़ी नहीं है, जिस मूल धातु से 'काव्य' निष्पन्न होता है उसी से 'कव्य' भी निष्पन्न होता है। 'कव्य' का अर्थ श्राद्ध में पितरों को दिया जानेवाला अन्न। देवताओं को दिया जानेवाला अन्न 'हव्य' है, अग्नि में डाला जानेवाला अन्न क्योंकि अग्नि देवताओं का मुख है। पितरों को दिया जानेवाला अन्न 'कव्य' है, शब्द की अग्नि में डाला जाने वाला अन्न। यह 'कव्य', यह 'काव्य' जिस 'अरंकरण/अलंकरण' की अपेक्षा रखता है उसका इंस्पेक्शन 'समीक्षा' है। राजशेखर बतलाते हैं—'अन्तर्भाष्यं समीक्षा'।[3] समीक्षा कविता के भीतर

की बात बताती है।

यह पैन-आप्टिकान से आगे की बात है। पैन-आप्टिकान का यह दावा नहीं है कि वह मनुष्य के आन्तर कार्यकलाप का निरीक्षण कर सकेगा। यह देश और काल का नियमानुसारी आबंटन मात्र है, एक बाहरी इन्तिज़ाम। अलंकारों की सारी खिड़कियों से झाँक लेने के बावजूद आप 'अरंकरण' तक नहीं पहुँच सकते। केवल इसी अर्थ में हम यह समझ सकते हैं कि मम्मट ने यह क्यों स्वीकार किया कि बिना अलंकार के भी कविता हो सकती है।

मिशेल फूको की पुस्तक में (एन.एच. जूलियस के हवाले से) पैनाप्टिकान को आधुनिकता का जनक कहा गया है। प्रेक्षागृह में बहुत से लोग कुछ लोगों को देखते हैं, निरीक्षण गृह या पैनाप्टिकान में कुछ लोग बहुत से लोगों को देखते हैं। तमाशा (स्पेक्टॅकॅल) प्रेक्षागृह से जुड़ा हुआ है, निगरानी (सॅवेलॅन्स) निरीक्षण गृह से। यदि हम निगरानी के औज़ारों तक समाज की संरचना को सीमित कर लेंगे तो हम कविता से एक बिहेव्यॅरिस्ट सम्बन्ध स्थापित करेंगे। जैसे लक्षणों से रोग का निदान हो जाता है वैसे ही लक्षणों से कविता का निदान हो सकता है किन्तु जैसे रुग्णता और स्वास्थ्य का अन्तर बता सकने में लक्षण असमर्थ होते हैं वैसे ही कविता और अकविता का अन्तर बता सकने में भी लक्षण असमर्थ होते हैं।

पैनाप्टिकान में तमाशा नहीं हो सकता। कविता में एक आज़ादी होती है जिसे घूरने वालों से वितृष्णा है। जैसा कि मिर्ज़ा बेदिल ने कहा है :

नज़्ज़ारःज़ि जमऔयत + ए + मिझगान गिलः दारद

[दृश्य को पलकों के जमावड़े से शिकायत है]

4

इस आज़ादी को 'नमक' कहते हैं। आनन्दवर्धन कहते हैं : "**विभाति लावण्यमिवांगनासु**" काव्य का तत्त्व वैसे ही शोभित होता है जैसे स्त्रियों में लावण्य।

इसे शास्त्र से कैसे पकड़ा जा सकता है? (एक अन्य प्रसंग में) भरत के **नाट्यशास्त्र** की टीका लिखते समय अभिनवगुप्त ने (अध्याय दो, श्लोक सात की टीका करते हुए) कहा है–"**शास्त्रं कृतम्। तदप्यपर शास्त्रमूलम्**" शास्त्र बनाया हुआ होता है, अनित्य होता है, मनुष्य कृत होता है। उसकी जड़ें किसी दूसरे शास्त्र में होती हैं। फिर आगे कहते हैं : "**इति प्रवाहानादित्वम् उक्तम्**", इस प्रकार इस प्रवाह का अनादित्व बताया गया।

यह अनादि प्रवाह–इन्फिनिट रेग्रेशॅन शास्त्र के प्रति उस दृष्टिकोण का परिचायक है जिसे मैं 'पैगन' मानता हूँ। कोई भी शास्त्र 'अन्तिम शब्दावली' नहीं

है। कोई भी शब्दावली मूल नहीं है। मूल कुछ नहीं है, एक रिक्ति है जिस पर सत्य के छिलके हैं, हम सत्य का एक छिलका उतारकर फेंकते हैं और दूसरा छिलका दिखाई देता है। इसके विपरीत धारणा है 'इवैंजेलिज़्म' की, 'सु-समाचार' देने वालों की, 'अन्तिम शब्दावली' वालों की।

'अन्तिम शब्दावली' का प्रयोग मैंने रिचर्ड रॉर्टी की फायनल वॅकैब्यूलॅरि में थोड़ा परिष्कार करते हुए किया है। रॉर्टी ने अपनी पुस्तक **कॉण्टिन्जेन्सी आयरॅनी एण्ड सॉलिडेरिटि** (कैम्ब्रिज यूनि. प्रेस 1989) में जो विवरण दिया है उसके अनुसार दो प्रकार के लोग होते हैं। एक वे जिन्हें रॉर्टी मेटाफिज़िकल कहते हैं, ये एक अन्तिम शब्दावली में विश्वास करते हैं और सब कुछ को उसके भीतर पकड़ रखते हैं। दूसरे वे जिन्हें रॉर्टी ने आयरनिस्ट कहा है, ये अपनी अन्तिम शब्दावली को दूसरों की अन्तिम शब्दावली से विशिष्ट नहीं मानते और उसके बारे में सन्देह और अस्थिरता के दायरे में कहते हैं—सार्त्र से एक शब्द लेते हुए रॉर्टी इन्हें मेटा-स्टेबुल कहते हैं। मैं 'पेगन' का इस्तेमाल इसी 'आयरनिस्ट' के अर्थ में थोड़ा परिवर्तन करते हुए कर रहा हूँ। पेगन वैचारिकता अपनी अन्तिम शब्दावली को दूसरों की अन्तिम शब्दावली में आधारभूत मानती है। इसलिए वह सभी अन्तिम शब्दावलियों को एक छिलका मानती है और सत्य को अप्रमेय। 'पेगन', 'ईसा के सिपाही' के विरोध में है, जो सोल्जॅ ऑफ दि क्राइस्ट नहीं है वह पेगन है। 'पेगन' को पैनाप्टिकान में नहीं रखा जा सकता, वह प्रेक्षागृह का वासी है। उसकी समीक्षा की जा सकती है, निरीक्षण की पकड़ में वह नहीं समा सकता।

'आयरनिस्ट' शब्द 'आयरनी' से बना है, आयरनी जिस शब्द से बना उसका अर्थ है 'विघटन-कर्त्ता'। जमे जमाये को उखाड़ फेंकना आयरनिस्ट का काम है। नाटक में विदूषक का यही काम है, परिशुद्ध को अशुद्ध करना। विदूषक वही है जो दूष है। जैसे ही आप गम्भीर होते हैं वह उस गम्भीरता को चुटकियों में उड़ा देता है।

धीरोदात्त नायक के निकटतम रहनेवाला यह विदूषक उस नायक के निर्दोष शरीर और धीर गम्भीर स्वभाव के दूषण स्वरूप टेढ़ी-मेढ़ी देह और टेढ़ी-मेढ़ी समझ लिए हुए सदा हँसाता रहता है उस सारी घटना का विघटन करता हुआ जो नाटक में घट रही है। नाटक की अन्तिम शब्दावली को वह एक दूसरी शब्दावली में ढालते हुए उसकी अनन्तिमता को रेखांकित करता है—मिर्ज़ा बेदिल के शब्दों में :

तु हम बिख़न्द, जहान + ए + ख़राब मे - ख़न्दद

[तू भी हँस, क्योंकि यह बरबाद दुनिया हँस रही है]

विदूषक की तरह एक और चीज़ हमेशा हँसती रहती है—संस्कृत में उसका

नाम ही 'हसन्ती' है। वह है जलती हुई अँगीठी। विदूषक एक खप्पर की तरह है जिसमें आग जलती रहती है और जिसे महाकाली अपने हाथ में लिए इस बरबाद दुनिया को खुश होते देखकर हँसती रहती है, उसकी गम्भीरता को उस खप्पर में झोंकती हुई।

इसी विदूषक के बॉडीगार्ड के रूप में ओंकार नाटक में उपस्थित होता है। वह परम तत्त्व जो शब्द से अभिन्न है, मेटाफिज़िक्स को खण्ड-खण्ड करती हुई आयरनी की रक्षा में तैनात है।

5

काव्यशास्त्र की भारतीय अवधारणा मेटाफिज़िक्स से भिन्न और आयरनी से अभिन्न है। भारतीय काव्यशास्त्र एक अन्तिम शब्दावली नहीं, एक कृत शब्दावली के रूप में अपनी उपस्थिति को दर्ज करता है। इस कृत शब्दावली की वैधता अन्य कृत शब्दावलियों में है। यह परम्परा अनादि है। एक इन्फिनिट रेग्रेशॅन अनन्त समाश्रयण के रूप में जिससे आधुनिक पाश्चात्य चिन्तन को गुरेज़ है।

श्री हर्ष ने **खण्डन खण्ड खाद्य** में यही किया है—समस्त प्रमाणों का खण्डन। यही नागार्जुन ने **मध्यमक शास्त्र** में किया है। समस्त प्रमाणों के खण्डन के बाद शास्त्र क्या बचता है? बिना प्रमाण के शास्त्र क्या होता है?

मोटे तौर पर श्री हर्ष और नागार्जुन का कहना है—सब कुछ को काटते हुए, हर कदम के बाद अगला कदम रखते हुए, हम एक ओर बढ़ते हैं। वह मंज़िल कभी नहीं आती। मंज़िल राह से अलग नहीं है। उसी राह/मंज़िल को अद्वैत/शून्यता कहते हैं।

अभिनवगुप्त ने भी यही किया है—रस सिद्धान्त के बारे में जितने सम्भव प्रमाण थे उनका खण्डन। फिर वे पूछते हैं—"नन्वेवं, कथं रसतत्वमास्ताम्" यदि ऐसा है तो रस तत्त्व कहाँ रहेगा? उसकी जगह कहाँ होगी? फिर जवाब देते हैं—"किं कुर्यः?" हम क्या करें, रस तत्त्व कहीं रहे या न रहे, यदि प्रमाण के बल पर नहीं टिक सकता तो अप्रमेय ही रहेगा, किसी अन्तिम शब्दावली में न रह सके तो न सही।

चित्रं निरालम्बनमेव मन्ये प्रमेयसिद्धौ प्रथमाववतारम्
तन्मार्गलाभे सति सेतुबन्ध पुरप्रतिष्ठादि न विस्मयाय[4]

पदार्थों की रचना का प्रथम आधार निरालम्बन होता है, उसी निरालम्ब के ऊपर पुल भी बन जाते हैं और शहर भी बस जाते हैं। इसी निरालम्ब तत्त्व पर

साहित्यशास्त्र के पुल और शहर बसे हुए हैं। उनमें से कोई अन्तिम नहीं है, वक़्त की मार से, इंजीनियरों की लापरवाही या बेईमानी या ग़ैर-जानकारी से वे खण्डहर में बदल सकते हैं। लेकिन हर बार नया वास्तुविधान रचते हुए यही कहना होगा—उक्तमेव मुनिना, नत्वपूर्वं किंचित्।[5]

मुनि ने पहले ही कह दिया है, हमें कोई नई बात नहीं कहनी है।

काव्यशास्त्र केवल इसीलिए ज़रूरी है। हम कविता को पहचानने का, उसके आस्वाद का, एक तरीक़ा ईजाद करते हैं। उस तरीक़े को हम मेटाफिज़िक्स के तौर पर नहीं आयरनी के रूप में पहचानते हैं, विदूषक के बॉडीगार्ड के यूनीफार्म की तौर पर। तब और केवल तभी वह काव्यशास्त्र है। यूनीफार्म बदल सकते हैं और अलग-अलग 'कलर ब्लाइण्डनेस' के नाते वे अलग-अलग लग भी सकते हैं। लेकिन वे सब उसी निरालम्ब के कपड़े हैं। क्योंकि ठीक उसी तरह जैसे प्रमाणों के खण्डन की निरन्तरता ही उस अप्रेमय/अद्वैतःशून्यता/रस तत्त्व का नाम है जिसके खड़े होने की कोई जगह नहीं बचती क्योंकि सारी जगहें माइण्ड फ़ील्ड्स (mined fields) के रूप में (किन्तु मैं 'e' को ग़ायब करके mind fields भी पढ़ना चाहूँगा) परिकल्पित हैं, जो 'ला-मकाँ' (स्थान-हीन) हैं क्योंकि सारे मकान ढहा दिये गये हैं, उसी तरह और बिल्कुल उसी तरह इन कपड़ों को उतारते रहना ही निरालम्ब का नाम है।

वैदिक उपमा है कि वाणी अपने को सहृदय के सामने उसी तरह अनावृत करती है जैसे स्त्री अपने को प्रेमी पुरुष के सामने (जामेव पत्य उशती सुवासाः) अनावृत करती है। ये आवरण, ये आभूषण, अलंकार हैं। काव्यशास्त्र इन्हीं कपड़ों के उतारने की प्रक्रिया है जिसकी निरन्तरता रस तत्त्व के रूप में नाम पाती है। और यदि वाणी को अनावृत करना है तो सहृदय को उसके चीर-हरण की लीला के लिए पहल करनी ही होगी। यही काव्यशास्त्र की ज़रूरत है।

मैं एक दृष्टान्त से समापन करना चाहूँगा। आप संख्या 'एक' लीजिए फिर इसे आधा कर दीजिए $\frac{1}{2}$ मिलेगा फिर आधा करिए $\frac{1}{4}$ मिलेगा। इसे करते जाइए और जोड़ते जाइए। आपके सामने है—

$$1 + \frac{1}{2} + \frac{1}{2}^{2} + \frac{1}{2}^{3} + \ldots$$

गणित बतलाता है कि आप जो कर रहे हैं उसका

नाम $\frac{1}{1\frac{1}{2}} = 2$

संख्या 'दो' इसी प्रक्रिया की निरन्तरता का नाम है।

काव्यशास्त्र यही प्रक्रिया है—एक को आधा करते करते दुगुना कर देना। यदि

आप कविता के पाठ (टेक्स्ट) को 'एक' मानें, रसानुभूति को उसमें अनुपस्थित 'एक' जोड़कर पाया गया 'दो' तो काव्यशास्त्र उस (टेक्स्ट) को आधा करते जाना है, अलंकारों, छन्दों, ध्वनि के भेदों के प्रस्तार से उस (टेक्स्ट) की बॉडी को काटते जाना, निरावरण करते जाना। और इस कर्म की निरन्तरता ही रस तत्त्व है।

ठीक वैसे ही जैसे कर्म-मार्ग से ज्ञान की हद में पहुँचा जाता है।

सन्दर्भ

1. **नाट्यशास्त्र** 1/102-103
2. **काव्यमीमांसा**, चतुर्थ अध्याय
3. वही, द्वितीय अध्याय
4. **नाट्यशास्त्र** 6/31 पर **अभिनव भारती** में
5. वही

उद्धुर शक्ति के वैभव का ध्वंस

भारतीय भाषा चिन्तन, भाष्य, और आलोचना की भाषा

कसे ज़ि मअ़नी + ए + चाक + ए + जिगर चि. शई दिहद?
खुश-म कि. नामः + ए + अुश्शाक़ ता दरीदन रफ़्ता ॥[1]

–मिर्ज़ा बेदिल

मैं सोचता हूँ कि यह एक व्यावहारिक आरम्भ होगा यदि मैं संकल्प (या Intention ≅ Intension ≅ In-tension) के बारे में एक पारम्परिक विचार की ओर ध्यान आकृष्ट करूँ। कविता के लिए अरबी शब्द है 'क़[2]सीद' जिसे हम एक काव्य विधा 'क[2]सीदः' के रूप में आज पहचानते हैं। इसकी व्युत्पत्ति 'क़स्ट' से है जिसका अर्थ है 'संकल्प'। इस प्रकार अरबी और उससे निकले हुए काव्यचिन्तन में जिसके अन्तर्गत फ़ारसी और उर्दू का सारा काव्य चिन्तन शामिल है, कविता 'संकल्पित' के पर्यायवाची के रूप में है। इब्न ख़ाल्दून[2] ने इसको एक गतिमयता से जोड़ा है और कहा है कि रचनाकार एक उद्देश्य (मक़सू[2]द) से दूसरे उद्देश्य की ओर इस प्रकार बढ़ता है कि पहला उद्देश्य दूसरे उद्देश्य में एकसार हो जाए, इसी के नाते कविता का उद्भव होता है। यह विचार मुख्यतः इस कारण भी समर्थित हुआ कि कविता के रूपलक्षण–छन्द, तुक आदि–**कुर्आन** में भी देखे खोजे जा सकते हैं और चूँकि इस्लाम में कविता एक अधार्मिक कृत्य घोषित है इसलिए कविता को **कुर्आन** से भिन्न प्रमाणित करने के लिए किसी ऐसे तत्त्व की सत्ता को स्वीकार करना अनिवार्य है जो मनुष्य-रचित कविता में उपस्थित हो किन्तु ईश्वर-प्रोक्त **कुर्आन** में अनुपस्थित। यह तत्त्व इसी 'क़स्[2]द' अर्थात् संकल्प में पहचाना गया है। इस प्रकार इस काव्य-चिन्तन के अनुसार कवि के संकल्प का रूपंकरण है।

कवि के संकल्प का रूपंकरण यदि कविता है तो आलोचक के संकल्प का रूपंकरण आलोचना है। टी.एस. इलियट ने **हैमलेट** पर अपना प्रसिद्ध निबन्ध[3] लिखते समय इस संकल्प को एक अवगुण के रूप में वर्णित किया है। उनका कहना

है कि कालरिज जैसे समीक्षकों ने **हैमलेट** पढ़ते समय शेक्सपियर के हैमलेट की जगह अपना हैमलेट आरोपित कर दिया है। उनका यह भी कहना है कि शेक्सपियर ने **हैमलेट** लिखते समय हैमलेट का जो चरित्र विकसित करना चाहा है उसके लिए वे 'यथेष्ट'[4] बहिरंग नहीं रच सके हैं। इलियट यह भी कहते हैं कि ऐसा बहिरंग दे सकना शेक्सपियर के बस की बात नहीं थी। हैमलेट के मन में अपनी माँ के लिए जितनी जुगुप्सा है उसके लिए उसकी माँ के चरित्र में आवश्यक सामर्थ्य का अभाव है। एक अपर्याप्त आधार पर टिकी हुई जुगुप्सा की बीभत्स भयावहता का निर्वाह कर सकना शेक्सपियर की कलात्मक सीमाओं के परे था और इसलिए **हैमलेट** एक कलात्मक विफलता है।

क्या हम यह कह सकते हैं कि **हैमलेट** में शेक्सपियर ने अपना 'संकल्प' ग्राफ़्ट किया है, वे एक मक़्सूद से दूसरे मक़्सूद तक ऐसे नहीं जा सके कि पहला मक़्सूद दूसरे मक़्सूद में एकसार हो जाए, जो रूपंकरण में नहीं हो सका, निर्मिति में नहीं उतर सका, उसे एक अतिरिक्त अंग के रूप में प्रत्यारोपित कर दिया है? क्या संकल्प एक ग्राफ़िंटग है, कविता की पहचान नहीं? क्या लेखक और आलोचक को रचना में दर्ज नहीं होना चाहिए? क्या रचना और आलोचना का अज्ञात कर्तृक होना आवश्यक है? क्या लेखक और आलोचक को एक सचाई से एक फ़रेब में बदल जाना चाहिए, धुआँ बनकर यह बताने के बाद कि यहाँ रचना और आलोचना की आग है, उड़ जाना चाहिए?

2

अपने एक निबन्ध में इलियट ने कहा है :

> *तुलना और विश्लेषण को केवल मेज़ पर पड़ी*
> *लाशों की आवश्यकता है किन्तु भाष्य सर्वदा ही*
> *शरीर के अंग अपनी जेब से निकालता रहता है और*
> *उन्हें अपनी जगह पर प्रत्यारोपित करता रहता है।*[5]

मैं यहीं पर इस उत्तर-कालीन अवधारणा का स्मरण कर लेना चाहता हूँ कि आलोचना और रचना में कोई अन्तर नहीं है, आलोचक और रचयिता नहीं होते, व्याख्याता और कथा-वाचक होते हैं। ज़ाक देरिदा के 'ग्राम' में 'ग्राफ्टिंग' (= प्रत्यारोपण) और 'माइमेसिस' (= अनुकरण) दोनों मिले हुए हैं इसका भी उल्लेख यहीं कर देता हूँ और उस ख़ूनी चाकू[6] को भी सामने रख लेना चाहिए जो देरिदा के अनुसार पढ़ने और लिखने दोनों का ज़रीआ है।

ये बातें दूसरे ढंगों से भी कही गयी हैं। उदाहरण के लिए मिर्ज़ा बेदिल कहते

हैं :

दमाग़ + ए + नज़[3]मी नदारम अकनूँ
कि. रेज़म अज़ नोक + ए + ख़ामः बेरूँ
जि. नब्ज़[2] + ए + दिल जस्त मिस[2]रअ़ + ए + खूँ
ब. नेश + ए + फ़स्[2]स[2]द मे - निगारम ॥

[मेरे पास कवि का मस्तिष्क नहीं जिसे मैं कलम की नोक से कुरेद कर बाहर गिरा दूँ। मेरे दिल से खून की कविता-पंक्ति फूट पड़ती है, मैं तो उसका सिंगार एक शल्य-चिकित्सक की छुरी से करता हूँ।]

रचयिता भी आलोचक है, खून की कविता-पंक्ति को छुरी से सँवारता हुआ। उसकी लेखनी में से कविता बाहर नहीं टपकती, लेखनी का काम रक्त से रच उठे काव्य को सँवारना है।

'ग्राम' में 'ग्राफ़' है, 'ग्राफ़्टिंग' है, 'माइमेसिस' है। 'ग्राम' 'वाल्सुंग सागा'[7] के नायक सिगर्ड की तलवार है। 'ग्राम' संगीत का स्वर है, 'ग्राफ़्टिंग' और 'माइमेसिस' का शब्दादिपूर्वक वृन्द—

आहंग + ए + असद में नहीं जुज़ नग़्मः + ए + बेदिल[8]

[ग़ालिब के संगीत में बेदिल के गीत के अतिरिक्त कुछ भी नहीं है।]

3

प्रत्येक पाठ[9] एक अवपाठ[10] के ऊपर लिखा जाता है। प्रत्येक रचना 'ग्राम' है, ग्राफ़्टिंग और माइमेसिस का ग्राफ़। प्रत्येक लेखक एक ग्राम-लेखक है, विलेज कापीइस्ट, जो अरण्य के रोदन को गाँव की बही में उतारता है।

इसको सबसे मुखर रूप में भारतीय टीका-परम्परा ने स्वीकार किया है। आनन्दवर्धन और अभिनवगुप्त, पतंजलि और शंकराचार्य जैसे नाम मौलिक ग्रन्थ नहीं लिखते, टीका लिखते हैं। **ब्रह्मसूत्र** और **भगवद्गीता** पर द्वैतवादी, अद्वैतवादी और द्वैताद्वैतवादी भाष्य लिखकर उनको अपने-अपने सम्प्रदाय का प्रस्थान-ग्रन्थ सिद्ध करते हैं। पाणिनि के व्याकरण के माहेश्वर सूत्रों का तन्त्र शास्त्र के अनुसार भाष्य नन्दिकेश्वर ने लिखा है। **अमरुशतक** जैसे शृंगार-काव्य की शान्तरसपरक व्याख्या की गई है। पार्वती की स्तुति में लिखी गई **सौन्दर्यलहरी** को विष्णु का स्तवन सिद्ध किया गया है।

ये भाष्यकार क्या करते रहे हैं? क्या **ब्रह्मसूत्र** एक मेज़ पर बिछी हुई लाश है जिसके सामने खड़े शंकर और रामानुज अपनी-अपनी झोली से नए-नए अंग निकाल कर उस लाश में प्रत्यारोपित करते हैं?

क्या भाष्य और व्याख्या शव-साधन की एक विधि है? रचना की लाश पर सरसों फेंकते हुए मांत्रिक व्याख्याकार क्या यह जानते हैं कि जो बेताल वे उस शव में इस उम्मीद से जगा रहे हैं कि वह उनके बस में रहेगा और वे उसे जैसा चाहेंगे नचाएँगे वह उन पर ही नहीं चढ़ बैठेगा और वे उसे कन्धे पर लादे हुए उसके सवालों के जवाब ढूँढ़ते रहने पर विवश नहीं कर दिए जाएँगे?

और क्या 'मेज़ पर लाश' से एक और चित्र नहीं उभरता? इलियट और बेदिल दोनों के सामने आलोचक/लेखक की भूमिका कुछ चिकित्सकीय और कुछ प्रसाधकीय है। किन्तु क्या वह दस्तरख़्वान नहीं है, क्या रचना का शव एक भोज्य पदार्थ के रूप में नहीं प्रस्तुत किया जाता और क्या आलोचक देरिदा के चाकू से काट-काटकर उस शव को खा पचा नहीं रहा होता?

भरत और अभिनवगुप्त का कहना है कि हाँ यही होता है।

नाट्यशास्त्र के छठे अध्याय में भरतमुनि ने दो श्लोक उद्धृत किए हैं जो 'अनुवंश्य' हैं अर्थात् उनके पहले से चले आ रहे हैं और उन्हें आप्त प्रमाण के रूप में स्वीकृत किया गया है। वे श्लोक हैं :

यथा बहुद्रव्ययुतैर्व्यंजनैर्बहुभिर्युतम्
आस्वादयन्ति भुंजाना भक्तं भक्तविदो जनाः ॥
भावाभिनयसम्बद्धान् स्थायिभावांस्तथा बुधाः
आस्वादयन्ति मनसा तस्मान्नाट्यरसाः स्मृताः ॥

[जैसे भात का स्वाद जानने वाले लोग बहुत सारे द्रव्यों और व्यंजनों से युक्त भात को खाते हुए उसका स्वाद लेते हैं उसी प्रकार सहृदय पुरुष नाना भावों और अभिनयों से युक्त स्थायी-भावों का स्वाद लेते हैं। यही कारण है इन स्थायी-भावों को नाट्य के रस कहा जाता है।]

स्थायी भावों को पुलाव और बिर्यानी की शक्ल में रखते हुए यह स्मरण रखना होगा कि इसमें गोश्त को रचना की लाश से काट कर पाया गया है। यह सबके पकाने खाने की चीज़ नहीं, यह कोशर फूड[11] है। इसके कुछ मन्त्र होते हैं जिनसे रचना का वध, उसका रन्धन और फिर आस्वादन सम्भव हो पाता है। इन्हीं मन्त्रों को आलोचना कहते हैं। आलोचना की भाषा इन्हीं के स्वर, छन्द, आरोह, अवरोह, शब्द, वाक्य और अभिप्राय की व्याकरण-सम्मत व्यवस्था का नाम है।

4

भाष्य का अर्थ है 'जो बोला जाना है' और भाष्य का अर्थ है 'जो बुलवाया जाना है'। पठ्य और पाठ्य में जो अन्तर है, 'जो पढ़ा जाना चाहिए' और 'जो पढ़ाया जाना

चाहिए' के बीच जो सीमा-रेखा है, वह भाष्य में लुप्त है। इस प्रकार भाष्य एक साथ कवि के संकल्प और आलोचक के संकल्प को समेटता है, सूत्रकार और भाष्यकार की संयुक्त रचना बनता है। इस अन्तर को विलुप्त करने की क्या प्रक्रिया होती है? संस्कृत के ग्रन्थों के बारे में प्रायः यह प्रश्न उठता है कि कारिकाकार और वृत्तिकार एक ही हैं अथवा भिन्न। इस प्रश्न की क्या पृष्ठभूमि है?

हमारी समकालीन समझ में भाष्य और आलोचना में जो अन्तर है उसका स्वरूप कुछ यों है कि उदाहरण के लिए हमें यदि शेक्सपियर का **हैमलेट** पढ़ना है तो उसके तीन हिस्से हैं। पहला, टेक्स्चुअल स्कॉलरशिप, अर्थात् यह निर्धारित करें कि वास्तविक पाठ क्या है। दूसरा, एनोटेशन अर्थात् यह निर्धारित करें कि वास्तविक अर्थ क्या है। और तीसरा, क्रिटिसिज़्म, अर्थात् यह निर्धारित करें कि वास्तविक रसास्वाद क्या है। पद-पाठ, पद-भाव और पद-स्वाद की इन तीन धाराओं पर हम जितना ही अलग-अलग ज़ोर देंगे उतना ही यह प्रश्न हमें व्यथित करेगा कि भारतीय भाष्यकारों में आलोचक का माद्दा कितना है। मेरी समझ में यह कुछ ऐसी तकनीकों से भी सम्बन्धित प्रश्न है जिनका लेना-देना रचना-प्रक्रिया के भौतिक पक्ष से अधिक है। उदाहरण के लिए शेक्सपियर के लिए तीनों प्रकार का विचार करना पड़ेगा किन्तु जेम्स ज्वायस के लिए पद-पाठ का विचार करना आवश्यक नहीं केवल पद-भाव और पद-स्वाद का निर्धारण आवश्यक होगा क्योंकि जेम्स ज्वायस ने हमें अपना एक सुनिश्चित पाठ दिया है जिसके प्रमाणीकरण में किसी अन्य व्यक्ति को हस्तक्षेप की आज्ञा नहीं। टेक्स्ट निश्चित है, एनोटेशन और क्रिटिसिज़्म के अधिकार पाठक के पास हैं। अधिकतर कवियों के लिए एनोटेशन की आवश्यकता ही नहीं है। टी.एस. इलियट की कविता कठिन है क्योंकि उसको एनोटेशन की आवश्यकता है। दूसरी तरह से, टी.एस. इलियट की कविता कठिन है इसलिए उसको एनोटेशन की आवश्यकता है। टी.एस. इलियट पर एनोटेशन ज्वायस पर एनोटेशन से भिन्न है ऐसा भी हम शायद मानते ही हैं। कह सकते हैं कि टी.एस. इलियट पर एनोटेशन की पकड़ ज्वायस पर एनोटेशन की पकड़ से ढीली है। उसी अनुपात में टी.एस. इलियट पर क्रिटिसिज़्म की पकड़ ज्वायस पर क्रिटिसिज़्म की पकड़ से मज़बूत है।

जिस टेक्स्ट को हम निर्धारित मानकर चलते हैं और जिस पर पाठक का या आलोचक का कोई अधिकार हम नहीं स्वीकार करते उसकी स्थिरता और अपरिवर्तनीयता का आधार क्या है? टी.एस. इलियट की प्रकाशित रचनाओं में भी कुछ पाठ भेद हैं, उनका आलोचना के लिए क्या महत्त्व है? क्या वे सभी एक समान स्वीकार्य हैं? इसी से सम्बन्धित प्रश्न : क्या 'दि वेस्टलेण्ड' का पाठ टी.एस. इलियट का निर्धारित किया माना जाएगा या उसमें पाउण्ड की भी भूमिका मानी जाएगी या इससे भी आगे बढ़कर यह कहा जाएगा कि 'दि वेस्टलेण्ड' का पाठ पाउण्ड ने ही निर्धारित किया? क्या 'दि वेस्टलेण्ड' के सारे पाठ बराबर महत्त्व के हैं? क्या 1922

में छपा 'दि वेस्टलेण्ड' उतना ही प्रमाणिक है जितना 1971 में छपा उसका पूर्व पाठ? मिर्ज़ा ग़ालिब की उन ग़ज़लों का हम क्या करें जो हमीदिया नुस्ख़े में मौजूद हैं किन्तु जिन्हें उन्होंने अपने जीवन काल में छपने नहीं दिया और उन ग़ज़लों का क्या करें जिनमें उन्होंने विभिन्न प्रकाशित संस्करणों में परिवर्तन किए? इन प्रश्नों को हम ठीक-ठीक आलोचना के प्रश्न नहीं मानते क्योंकि हमें ज्ञात है कि टी.एस. इलियट ने या मिर्ज़ा ग़ालिब ने अपनी रचना का अन्ततः क्या पाठ स्वीकार किया। 'दि वेस्टलेण्ड' के 1971 वाले संस्करण को हम उसकी रचना प्रक्रिया के लिए पढ़ते हैं और हमीदिया नुस्ख़े को ग़ालिब के इब्तिदाई कलाम के लिए। किन्तु ये ही प्रश्न जब **हैमलेट** के बारे में उठते हैं और बहस इस पर केन्द्रित होती है कि उन्नीसवीं सदी के फोलियो-आधारित संस्करण अधिक प्रमाणिक हैं या बीसवीं सदी के क्वार्टो-आधारित संस्करण, तो इसे टेक्स्चुअल इन्स्टेबिलिटि के नाम से पुकारा जाता है। तब इसमें आलोचना के तत्त्वों का समावेश होने लगता है और हम यह पूछने लगते हैं कि कोई अंश यदि हटाया या जोड़ा गया है तो नाटक की दृष्टि से उसकी क्या भूमिका है, कोई शब्द यदि बदला गया है तो वह शेक्सपियरीय प्रयोगों के अनुरूप है या नहीं, dram of eale (I, 5) में क्या eale कोई अज्ञात शब्द है या evil की छपाई लिखाई की भूल? इन सारे उदाहरणों में तारीख़ी जानकारी की भूमिका केन्द्रीय है। और ये प्रश्न जब कालिदास के बारे में पूछे जाएँ, जब यह पूछा जाए कि 'तूलराशाविवाग्निः' रहा होगा या 'पुष्पराशाविवाग्निः' रहा होगा (**अभिज्ञान शाकुन्तल** प्रथम अंक) तब हमारे पास पद-स्वाद के अतिरिक्त कोई उपकरण नहीं होता। हम पूछते हैं : कालिदास ने क्या लिखा होगा? हम उत्तर देते हैं : कालिदास ने वह लिखा होगा जो अधिक सुन्दर है। इस तरह प्रश्न यह बन जाता है कि सुन्दर क्या है, 'तूल-राशाविवाग्निः' या 'पुष्पराशाविवाग्निः'। पद-भाव की समस्या में भी यही बात है, प्रायः शब्द व्यवहार के प्रचलित स्वरूप से काम चल जाता है किन्तु हम प्रायः इस प्रकार की टिप्पणियाँ देखते हैं कि शेक्सपियर इस शब्द का इस अर्थ में प्रयोग करता है और यह बात उसके ही प्रयोग तक सीमित है। इस निर्धारण में भी पद-स्वाद की केन्द्रीय भूमिका है। इसलिए यह मानने में बहुत कठिनाई नहीं होनी चाहिए कि जिसे हम टीका या भाष्य या अर्थनिर्धारण कहते हैं उसमें वही काम हो रहा होता है जिसे आलोचना के नाम से हम जानते हैं। इससे कहीं न कहीं यह भी साबित होता है कि तारीख़ी जानकारी आलोचना-कर्म को सीमित करती है। और इससे कहीं न कहीं यह भी साबित होता है कि समकालीनों के बारे में आलोचना-कर्म पूरी तरह किया ही नहीं जा सकता क्योंकि उनका पाठ-निर्धारण हमें करना नहीं होता और उनके भाषिक प्रयोगों से हम प्रायः सुपरिचित होते हैं।

आलोचना को खुली छूट मिलती है क्लासिकी साहित्य में जहाँ शब्द को भी तय करना पड़ सकता है और उसके अर्थ को भी, जहाँ हम एक-दूसरे आलोचक के

बारे में कह सकते हैं कि उसे एलिज़ाबेथन अंग्रेज़ी या तुलसीदास की अवधी का ज्ञान कम है। ऐतिहासिक और सामाजिक जानकारियाँ कवि के व्यक्तित्व और युग के बारे में ज्यों-ज्यों कम होती जाएँगी आलोचना की पहुँच बढ़ती जाएगी। इस लिहाज़ से समस्त भारतीय साहित्य आलोचना का स्वागत करता है क्योंकि उसमें कवि के बारे में नाम तक अटकल का विषय है। मेरा प्रस्ताव है कि अभिनवगुप्त के इस सुझाव पर गम्भीरतापूर्वक ध्यान दिया जाना चाहिए कि साहित्य रचना के लिए सदा ही मिथकीय पात्र और कथावस्तु का चुनाव वांछित है, ऐतिहासिक पात्र और कथावस्तु का चुनाव अवांछित। मैं इस प्रश्न का सामना यहाँ न करूँगा कि अरिस्टोफनीज़ की कामेडियों में कितने समकालीन पात्र हैं या शेक्सपियर के कुछ नाटकों की कथावस्तु ब्रिटिश इतिहास से क्यों ली गयी है।

दरअसल अगर कुछ ग़ौर से देखा जाय तो जिसे हम रचना कहते हैं वह स्वयं आलोचना ही होती है। व्याध द्वारा क्रौंच-वध की समीक्षा का नाम **रामायण** है। कवि की सर्जना ईश्वर की सर्जना की आलोचना है, करतार की करतूत पर कुम्हार की ग्राफ्टिंग।

आलोचना का काम है परकाय प्रवेश—रचना के शव में आलोचना का बेताल जब समाविष्ट होता है तभी उसके मुँह से वे चिनगारियाँ फूटती हैं जो इन्सान के इरादों और खुदा की कारसाज़ियों को जलाकर ख़ाक में मिलाती हुई उस महाश्मशान में घुसने की राह दिखाती हैं जिसका नाम साहित्य है। मैं इस ओर ध्यान दिलाना चाहता हूँ कि परकाय प्रवेश में सिर्फ़ एक मौत नहीं होती, दो मौतें होती हैं। एक साधन का शव है जिसमें साधक प्रवेश करता है, एक साधक का शव है जिसे छोड़कर वह साधन के शव में प्रवेश करता है। मैं प्रस्ताव करता हूँ कि साहित्यिक रसास्वाद में केवल लेखक की मृत्यु को ही नहीं स्वीकार किया जाना चाहिए, आलोचक की मृत्यु को भी स्वीकार किया जाना चाहिए।

5

इस महाश्मशान के डोम का नाम है भाषा-चिन्तन। मैं इस ओर ध्यान दिलाना चाहता हूँ कि जिसे हम आजकल काव्य-चिन्तन कहते हैं उसका प्राचीन नाम पश्चिम में व्याकरण था और जिसे हम लैटिन में 'लिटेराटूरा' (Litterātūra) कहते हैं उसे ग्रीक में 'ग्रमटिका' (Grammatica) कहते हैं। आज भी किसी को इस पर आश्चर्य नहीं होता कि कैथेरीन बेलसे यदि 'दि केस आफ हेमलेट्स कन्साइन्स' शीर्षक से लेख लिखती हैं तो वह उस पत्रिका में क्यों छपता है जिसका नाम स्टॅडीज़ इन फिलॉसॉफी है। भारत में साहित्यिक आलोचना का पहला नमूना जिस ग्रन्थ में मिलता है वह वेदार्थ प्रक्रिया का आधारभूत ग्रन्थ है, यास्क कृत **निरुक्त** जिसमें महर्षि यास्क उपमा

अलंकार की चर्चा करते हैं। भर्तृहरि का **वाक्य पदीय** व्याकरण-दर्शन का शीर्षस्थ ग्रन्थ है उसमें भी एक पूरा अध्याय 'उपमा-समुद्देश' के नाम से था ऐसा उसकी वृत्ति से पता चलता है यद्यपि वह अब अनुपलब्ध है और यह बता सकना सम्भव नहीं है कि उसमें साहित्यिक आलोचना कहाँ तक रही होगी। लेकिन इस तरह से खोजना ही, साहित्यिक आलोचना को शास्त्र-चर्चा से अलग पहचानने की कोशिश करना ही, भारतीय विद्या-परम्परा के अन्तर्गत एक ग़लत तलाश है।

भारतीय विद्या-परम्परा पूरी तरह वाक्-केन्द्रित है। व्याकरण क्यों पढ़ा जाना चाहिए? इसलिए कि दोषयुक्त स्वर के उच्चारण से अहित होता है। जब किसी का अहित करना होता है तो ईश्वर उसकी वाणी भ्रष्ट कर देते हैं जैसे कि 'इन्द्रशत्रुर्वर्धस्व' मन्त्र को दूसरी तरह से उच्चारण करने के नाते वृत्रासुर की वृद्धि की जगह उसके क्षय की कामना हो गई–दारोमदार इस पर था कि बहुब्रीही समास है या तत्पुरुष। इसलिए व्याकरण अपने बचाव का साधन है। आदमी धोखा वहाँ खाता है जहाँ वह ईश्वर की बात पर बिना व्याकरण का उज़्र किए, बिना सोचे समझे, विश्वास कर लेता है, जहाँ वह ईश्वर के भरोसे अपने को छोड़ देता है। जैसे हिरण्यकशिपु ने ब्रह्मा की इस बात पर विश्वास कर लिया कि किसी मनुष्य या पशु द्वारा वह नहीं मारा जा सकेगा तो विष्णु ने उसे नरसिंह का रूप धरकर मारा और जैसाकि भर्तृहरि अपने **वाक्यपदीय** में स्पष्ट करते हैं, 'नरसिंह' में नरत्व और सिंहत्व को अलग-अलग करके देखना ग़लत हैं, 'नरसिंहत्व' एक स्वतन्त्र सत्ता है जिसमें 'नरत्व' और 'सिंहत्व' दोनों ही नहीं हैं। यह ठीक वैसे ही हुआ जैसे मैकबेथ को बरबाद करना हुआ तो उसे डाकिनियों ने बताया कि स्त्री से जन्म पाए किसी व्यक्ति से उसका वध नहीं हो सकेगा। उसे मैकडफ़ ने मारा जो अपनी माँ के गर्भ से प्रसव के पूर्व ही निकाल लिया गया था। व्याकरण की बारीक़ियों से पिटता हुआ हिरण्यकशिपु तो सिर्फ़ इतना ही कहता है 'यह उरुमायी विष्णु मुझे मारने आ गया, इसके आने से क्या' (**श्रीमद्भागवत** सप्तम स्कन्ध आठवाँ अध्याय तेइसवाँ श्लोक) लेकिन मैकबेथ को भरोसा टूटने का मलाल ज़ियादा है, वह कहता है

> ... be these juggling fiends no more believed
> that palter with us in a double sense;
> That Keep the word of promise to our ear,
> And break it to our hope
>
> —Act V scene V

पतंजलि ने वाणी को 'वाग्वज्र' कहा है यदि उसे पटाया न जाए। यह पटाना, नाचने गाने से होता है। जैसा कि **शतपथ ब्राह्मण** कहता है, वाणी पहले असुरों के पास थी फिर देवताओं ने एक मूसीक़ी और रक़्स की महफ़िल की जिससे ललचाकर

वाणी देवताओं के पास चली गयी।

भारतीय विद्या-परम्परा में वाणी को पटाने के लिए किसिम किसिम के नाच नाचे गये हैं। भाषा-चिन्तन सभी ने किया है, वैयाकरणों ने, मीमांसकों ने, नैयायिकों ने, वेदान्तियों ने, साहित्यशास्त्रियों ने। मीमांसक को आप इस आधार पर पहचान सकते हैं कि वह वाक्य को शब्दों का समूह मानता है, वैयाकरण को इस आधार पर कि वह वाक्य को अखण्ड मानता है, शब्दों का समूह नहीं। साहित्य-शास्त्रियों ने इस सबसे कुछ न कुछ लिया है और ऐसी जगह पर पहुँचे हैं जहाँ इन सभी दर्शन-प्रणालियों का निचोड़ काव्य-चिन्तन के लिए अनिवार्य-सा हो गया है। यहाँ कोई संक्षिप्त, अपूर्ण और आंशिक विवरण भी देना सम्भव नहीं है किन्तु मैं एक इशारा करता हूँ। रूपक अलंकार का बीज क्या है? भारतीय साहित्यशास्त्र कहता है, ''सारोपा लक्षणा''। उत्प्रेक्षा अलंकार का बीज क्या है? ''साध्यवसाना लक्षणा''। सारोपा लक्षणा का उदाहरण क्या है? 'अश्वः श्वेतो धावति', 'सफ़ेद घोड़ा दौड़ रहा है'। साध्यवसाना लक्षणा का क्या उदाहरण है? 'श्वेतो धावति', 'सफ़ेद दौड़ रहा है'। आरोप तब होता है जब 'विषयी' जैसे 'श्वेत' को 'विषय' जैसे 'घोड़ा' पर ऊपर से आरोपित किया जाए और वह उसको पूरा का पूरा न ढके जैसे 'सफ़ेद घोड़ा' में 'घोड़ा' पूरी तरह 'सफ़ेद' में नहीं छिपा। अध्यवसान तब होता है जब विषय को विषयी पूरा का पूरा ढक ले जैसे 'श्वेतो धावति' में यह कहा गया कि 'सफ़ेद दौड़ रहा है' लेकिन मतलब हम यह लगाते हैं कि सफ़ेद रंगवाला घोड़ा दौड़ रहा है।

लेकिन एक बार ऐसा कह देने पर मतलब क्या निकाला जाता है यह तो सुननेवाले पर है। भर्तृहरि ने **वाक्यपदीय** में यही उदाहरण लिया है और कहा है कि 'श्वेतो धावति' के दो अर्थ हैं—सन्धिविच्छेद करके पढ़ें, 'श्वा इतो धावति', 'इधर से कुत्ता दौड़ रहा है', और सन्धि-विच्छेद किए बिना पढ़ें, 'श्वेतो धावति', 'सफेद (घोड़ा) दौड़ रहा है'।

ये दोनों अर्थ कैसे निकलते हैं? ये 'तन्त्र' से निकलते हैं, जैसे एक बार प्रयाज इष्टि कर लेने के बाद एक साथ ही वे सारे छह के छह यज्ञ किये जा सकते हैं जिनके अनुष्ठान के लिए प्रयाज का निर्देश है, प्रत्येक यज्ञ के लिए अलग-अलग प्रयाज इष्टि करना आवश्यक नहीं होगा, जैसे श्राद्ध-कर्म में एक ही बार सभी पितरों के श्राद्ध का संकल्प करके बैठा जा सकता है, अलग-अलग संकल्प आवश्यक नहीं होगा, जैसे एक ही दीये की रोशनी में बहुत से विद्यार्थी पढ़ाई कर सकते हैं, सबको अलग-अलग दीया जलाना आवश्यक नहीं होगा, जैसे पाणिनि ने (**अष्टाध्यायी,** सूत्र 1.1.70) 'तपर' शब्द का प्रयोग किया और दोनों मतलब निकाले—(i) जिसके आगे 'त' हो (बहुब्रीहि) और (ii) जो 'त' के बाद हो (तत्पुरुष), 'तपर' शब्द का अलग-अलग प्रयोग करना आवश्यक नहीं हुआ, वैसे ही 'श्वेतो धावति' से यह भी मतलब निकलता है कि 'इधर से कुत्ता दौड़ रहा है' और यह भी कि 'सफेद घोड़ा

दौड़ रहा है', 'श्वेतो धावति' को अलग-अलग कहना आवश्यक नहीं होगा। सभी पाठ पाठकाश्रित (= रीडरली) हैं।

यह बहुब्रीहि और तत्पुरुष की आँखमिचौनी से 'त' के आगे और पीछे खिसकता हुआ अक्षर, यह स्वराघात की तराजू के ऊपर नीचे होने से कुत्ते में बदलता घोड़ा, भर्तृहरि का कहना है कि वैसे ही हैं जैसे एक ही संगीत-ध्वनि बाँसुरी में अलग सुनाई देती है और सितार में अलग।

भारतीय आलोचना-विद्या का एक ऐक्सिअॅमेटिक है मल्टिप्लिसिटि ऑफ इण्टरप्रेटेशन।

बाँसुरी और सितार आलोचना हैं, संगीत की ध्वनि कविता है। आलोचना रचना को ठीक उसी तरह पटाना चाहती है जैसे देवों ने वाणी को पटा लिया था। इसलिए वह कभी बाँसुरी कभी सितार छेड़ती रहती है। वह ग्राम और मूर्च्छना का मायामय संसार रचती है, वह वाणी को रिझाने के लिए नग़मे की मूसीक़ी की, रक़्स की महफ़िल सजाती है।

लेकिन, जैसा कि मिर्ज़ा बेदिल का कहना है :

तरब कुजा स्त दरीं महफ़िल, ऐ ख़याल-परस्त
कि. नग़मःग़ल्ग़लः + ए + महशर स्त + ओ + तूफ़ाँ रक़्स॰ ॥

[ऐ भ्रमलिप्त पुरुष, इस महफ़िल में आनन्द कहाँ है? यहाँ गीत है प्रलय की गड़हड़ाहट और नृत्य है प्रलयकालीन झंझा।]

6

भारतीय आलोचना-विद्या की भाषा बहुत सारे अनुशासनों के कसाव से परखी निखरी भाषा है। उसमें मीमांसा, व्याकरण, शैव दर्शन, बौद्ध दर्शन, न्याय, वेदान्त सबसे छने हुए शब्द इस्तेमाल होते हैं। इन सारे हर्बों हथियारों से लैस होकर वह उस निर्मिति में प्रवेश का प्रयास करती है जो आचार्य मम्मट के अनुसार नियतिकृत नियम-रहित है। वह निर्मिति मम्मट के ही अनुसार 'ह्लादैकमई' है उसमें आह्लाद ही आह्लाद है।

इस 'आह्लाद' को प्रायः इस रूप में प्रस्तुत किया जाता रहा है कि भारतीय साहित्य-शास्त्र में 'हर्ष' का प्राधान्य है। कुछ लोग इसे पश्चिम के बर-अक्स भी रखते रहे हैं, यहाँ 'ट्रैजिडी' नहीं है, भारतीय नाटक 'सुखान्त' होता है, पश्चिमी नाटक में 'दुःखान्त' और 'सुखान्त' दोनों प्रकार उपलब्ध हैं। मैं समझता हूँ कि इस तरह की बातें करते हुए इस ओर कोई ध्यान नहीं दिया गया है कि यह 'आनन्द' या 'सुख' जिसकी चर्चा भारतीय साहित्य शास्त्र में केन्द्रीय है, 'लोकोत्तर' है, 'अलौकिक' है। हम जानते हैं कि भारतीय कविता वाल्मीकि की **रामायण** की उपज है और भारतीय

आलोचना-विद्या भरत के नाट्यशास्त्र की। हम जानते हैं कि **रामायण** एक क्रौंच-मिथुन के अप्रत्यावर्तनीय ढंग से टूट जाने के नाते उपजे हुए शोक से बनी हुई रचना है, 'शोकःश्लोकत्वमागतः', शोक ही श्लोक बन गया है। हम जानते हैं कि आलोचना-विद्या का मूल रस-विचार है, रसों का मूल 'शृंगार' है, शृंगार का स्थायी भाव 'रति' है और रति एक ऐसी अंगना है जिसका पति अनंग है, रति जिस लोक में है रतिपति उसके लोकोत्तर में है। इसी चिरविधवा, चिर-विरहिणी रति को स्थायी भाव मानकर वह साहित्य खड़ा है जिसे भारतीय साहित्य कहते हैं। इसलिए भरतमुनि ने व्यभिचारी भावों में 'निर्वेद' को, 'उदासी' को प्रथम गिना है जैसे उन्होंने शृंगार रस को रसों में प्रथम गिना है। इसी 'निर्वेद' को स्थायी भाव मानकर अभिनवगुप्त ने शान्त रस की सत्ता सिद्ध की है जिसमें सभी रसों का पर्यवसान है।

इसलिए 'आह्लाद' को समझने की कोशिश की जानी चाहिए। मैं **योगवासिष्ठ** की एक छोटी-सी कहानी के माध्यम से यह कोशिश करता हूँ।

यह कहानी **योगवासिष्ठ** के निर्वाण-प्रकरण के उत्तरार्ध में अध्याय 119 में दी गई है। एक अजीबोग़रीब देश-काल है, लेकिन उसे छोड़ें, बात यहाँ से उठाई जा सकती है कि एक दम्पति एक पहाड़ पर एक झुरमुट में बैठे शराब पी रहे हैं और पति अपने विरह-काल की कहानी सुना रहा है। इसे आप यों समझ लें कि कालिदास का यक्ष शाप की अवधि समाप्त होने के बाद अलकापुरी पहुँच गया है और यक्षिणी को रामगिरि में बिताये गये दिनों की बात बता रहा है। यह कहानी **मेघदूत** की समीक्षा भी है। अस्तु, पति कहता है :

> *मैं इस फेर में था कि तुम्हारे पास किसको दूत के रूप में भेजूँ कि अचानक मेरी दृष्टि मेघ पर पड़ी और मैंने सोचा कि मैं इसे भेज सकता हूँ। मैंने सन्देश कहना प्रारम्भ किया, "हे मेघ मेरी प्रिया थी मैंने अपने हृदय के फलक पर चित्त की तूलिका से उसका चित्र बनाकर आलिंगन किया लेकिन अब वह कहाँ चली गयी, मैं नहीं जानता।" इतना कहते ही मैं जड़ हो गया और लोग मुझे मरा हुआ समझकर श्मशान ले गये। मुझे उन्होंने चिता पर रख दिया। चिता में लगायी गयी आग का धुआँ मेरी नाक में ऐसे ही घुसने लगा जैसे नेवले से डरी हुई नागिन बिल में घुस रही हो। लेकिन मैंने तुम्हारे संकल्प का अमृत पी रखा था इसलिए मुझे वेदना का कोई अनुभव नही हुआ और मैंने पाया कि मैं तुम्हारे साथ सुरत-कर्म के आह्लाद का अनुभव कर रहा हूँ। उस परम सुख को प्राप्त करके मैं थका-सा चिता पर ही पड़ा रहा जैसे चन्द्रमा के पलंग पर पड़ा होऊँ। तब तक मुझे लगा कि मेरे उस चन्द्र शीतल पर्यंक से आग की लपटें उठ रही हैं। मैं चिल्लाया 'आग, आग'। लोगों ने दौड़कर चिता बुझाई और मुझे उठा लिया और मैंने देखा कि मैं श्मशान में हूँ। मैंने*

पाया कि लाशों के क़ाफ़िले चले आ रहे हैं, उनके साथ के लोग रो रहे हैं और उस आवाज़ से दिगन्त और कुंज गूँज रहे हैं।

इस कथा में 'ह्लाद' और 'ह्राद' का प्रयोग हुआ है। चिता पर सुरतानुभव के 'ह्लाद' की बात करते हुए और लोगों के रोने चिल्लाने से गूँजती दिशाओं के 'ह्राद' की बात करते हुए। 'ह्राद' और 'ह्लाद' की वर्तनियों का भेद है 'र' की जगह 'ल' का आ जाना। इस भेद को भारतीय भाषा चिन्तन अभेद मानता है। 'ह्लाद' से वे सारे अर्थ निकलते हैं जो 'ह्राद' से निकलते हैं। पाणिनीय धातुपाठ है, 'ह्राद अव्यक्ते शब्दे', 'ह्लादी सुखे च', 'ह्राद' और 'ह्लाद' का अर्थ है 'अव्यक्त शब्द', 'ह्लाद' का अर्थ 'सुख' भी है। इसी कारण इन्द्र के वज्र का नाम 'ह्रादिनी' है। 'ह्रादिनी' जो अवश्य ही 'ह्रादित' करती है[12], परमात्मा की बे-आवाज़ लाठ़ी है जिसकी मार से टूटी हुई कमर वालों की आह अव्यक्त ही रह जाती है।

यही वह अनन्य-परतन्त्र ह्लादैकमई नियतिकृत नियम रहित नवरसरुचिर निर्मिति का आधान करने वाली भारती है जिसकी जय से मम्मट का **काव्यप्रकाश** प्रारम्भ होता है, यही वाक् है, जिसे पतंजलि वज्र कहते हैं। ह्लादैकमई वाक्, पतंजलि का कहना है वाग्वज्र, यजमान को मारने का साधन है यदि आप 'रलयोरभेदः' (= र और ल में अभेद है) पर भरोसा कर बैठे :

> ...be these juggling fiends no more belived that palter with us in a double sense

अपने हृदय के फलक पर चित्त की तूलिका से रचना का चित्र बनाकर आलिंगन करने के बाद जड़ हुए आलोचक की चिता में भाषा-चिन्तन के डोम से उधार ली गयी आग का धुआँ जब नेवले से डरी हुई नागिन की तरह आलोचक की नाक में घुसता है तो रचना के संकल्प का, क़सीदे के क़स्द का, अमृत इस अनुभव को एक 'ह्लाद' के रूप में प्रस्तुत करता है। लेकिन थोड़ी ही देर में वह चीखता है, 'आग, आग', और पाता है कि ह्लादैकमय पर्यंक से खींच कर उसे ह्रादैकमय श्मशान में खड़ा कर दिया गया है।

फ़ैज़ी कहता है कि रात जब मैंने अपने जले हुए दिल से शेर कहा तो काव्य-रसिकों के दिल उसके अर्थ की आँच से झुलस गए।

> *शब कि. फ़ैज़ी सुख़न अज़ सोज़ + ए + दिल + ए + खुद मे-गुफ़्त*
> *दिल + ए + साहिब-नज़र अज़ गर्मी + ए + मअ़नी मे-सोख़्त ॥*

भाष्य यही है, व्याख्या और भावार्थ में उस आँच को महसूस करना जिससे कविता लिखी गयी है।

7

अभिनवगुप्त ने नाट्य-शास्त्र की व्याख्या प्रारम्भ करते हुए यह बताया कि अपने भाष्य में उन्होंने क्या किया है :

उपादेयस्य सम्पाठः, तदन्यस्य प्रतीकनम्
स्फुट-व्याख्या, विरोधानाम् परिहारः, सुपूर्णता ॥
लक्ष्यानुसरणम्, श्लिष्ट-वक्तव्यांश-विवेचनम्
संगतिः पौनरुक्त्यानाम्, समाधान-समाकुलम् ॥
संग्रहश्चेत्ययं व्याख्या-प्रकारोऽत्र समाश्रितः।

अर्थात, (1) उपादेय को एक व्यवस्थित ढंग से पढ़ना (टेक्स्चुअल अरेंजमेण्ट) (2) उससे भिन्न अर्थात् अनुपादेय को उलटकर उसको देखना (3) स्पष्ट रूप से बतलाना कि क्या कहा गया है (4) परस्पर विरोधी बातों का अविरोध प्रमाणित करना (5) पूरी बातें कहना, कुछ छोड़ना नहीं (6) जिस विषय की बात की जा रही है, जिससे उदाहरण लिए जा रहे हैं उसका अनुसरण करना (7) जो वक्तव्यांश श्लिष्ट हैं, जिनसे एक से अधिक दिशाओं में चिन्तन जाता है, उनकी विवेचना करना (8) पुनरुक्तियों की संगति बिठाना, जो बातें एक से अधिक बार कही गई हैं उनके बारे में यह निश्चित करना कि वे एक से अधिक बार क्यों कही गई हैं (9) समाधानों की भीड़ जुटा देना, और (10) संग्रह अर्थात् संक्षेप में सारांश देना। इन दस बातों को मिलाकर व्याख्या या भाष्य का प्रपंच बनता है (और यही **अभिनवभारती** में किया गया है।)।

भारतीय आलोचना-विद्या का एक ऐक्सिअॅमैटिक है इन्फैलॅबिलिटि आफ़ टेक्स्ट, पाठ कभी भी अशुद्ध नहीं होता। उसमें पुनरुक्ति नहीं होती, उसमें विरोध नहीं होता। यह व्याख्याकार का काम है कि इन सारी बातों की संगति बिठाए। इसीलिए भारतीय भाष्यकार प्रक्षिप्त पाठ को प्रक्षिप्त जानकर भी उसकी व्याख्या करता है, पाठान्तर देते हुए पाठान्तर की भी व्याख्या करता है। ऐसा करते हुए वह उस प्रविधि से बेख़बर नहीं जिससे प्रक्षेप और पाठान्तर पहचाने जाते हैं। अभिनवगुप्त ने **घटकर्पर** काव्य को कालिदास कृत माना है और उसके एक श्लोक को कालिदास कृत नहीं माना है। अर्जुन वर्मदेव ने **अमरुशतक** की व्याख्या करते हुए अनेक श्लोकों को अमरुक का रचा हुआ नहीं माना है। नीलकण्ठ ने **महाभारत** की व्याख्या लिखते समय समस्त उपलब्ध पाठ सामने रखे हैं। लेकिन कोई भाष्यकार यह नहीं कहता कि पाठ एक ही हो सकता है। भारतीय आलोचना-विद्या का एक ऐक्सिअॅमैटिक है टेक्स्चुअल मल्टिप्लिसिटि भारतीय आलोचना-विद्या के ये तीन अभिगृहीत हैं :

(i) अँनेक-पाठिता (मल्टिप्लिसिटि आफ इण्टरप्रेटेशन), और

(ii) अनेकाख्यता (मल्टिप्लिसिटि आफ़ टेक्स्ट)

(iii) प्रमा-पाठिता (इन्फैलॅबिलिटि आफ़ टेक्स्ट)

मैं इन पर कुछ और कहने के बजाय 'समाधान-समाकुल' पर कुछ कहकर समाप्त करना चाहता हूँ। 'समाधान' का अर्थ है पूर्व-पक्ष का उत्तर देना, 'समाकुल' का अर्थ है इन (समाधानों) की बहुतायत। पग-पग पर पूर्वपक्ष को उत्तर देने वाले समाधानों से व्याख्या को भरपूर होना चाहिए। किन्तु यह 'शिलष्ट-वक्तव्यांश' है, इससे एक और दिशा में दिमाग़ जाता है और मैं उधर ही मुड़ता हूँ। 'समाधान' का अर्थ 'जलती हुई आग में और लकड़ियाँ डालना' भी है और 'समाकुल' का अर्थ है 'परेशान', जैसे धुआँ लगने से परेशान। इसलिए मैं यह कहता हूँ कि व्याख्या का काम है भाषा-चिन्तन की सुलगाई हुई आग में और लकड़ियाँ डालते जाना क्योंकि उस आग से उठता हुआ धुआँ जब नेवले से डरी हुई नागिन की तरह नाक में घुसने लगेगा तभी आलोचक की लाश रचना के संकल्प का अमृत चख सकेगी।

लेकिन बात शायद धुएँ की शक्ल में बदल चुकी नागिन तक ही सीमित नहीं है, बात शायद उस नेवले तक पहुँचने की भी है जिससे डरकर वह बिल में घुसना चाहती है। यह साँप और नेवले का खेल ही रचना का पाठ है जिसे धुएँ में बदलकर आलोचक पी लेना चाहता है, जिसके फ़रेब को वह अपनी नाक में समाने की राह देकर अपने मस्तिष्क में सहस्रार तक पहुँचाना चाहता है ताकि वहाँ से अकुलाकर रचना के संकल्प का अमृत टपकने लगे।

और बात शायद इस फ़रेब को पीने तक ही सीमित नहीं है, बात शायद उस बाज़ीगर तक पहुँचने की भी है जो यह फ़रेब रच रहा है जिसके इशारों पर नागिन भी नाचती है और नेवला भी :

म-ख़ुर जाम + ए + फ़रेब अज़
नक़्श + ए + सूँरत-ख़ानः + ए + गर्दूँ
ब-लुअ़बत-बाज़ बि-निगर कज़
पस + ए + चादर कुनद बाज़ी ॥

—मिर्ज़ा बेदिल

[आकाश पर छपी हुई चित्र वीथी की आकृतियों से भ्रम का जाम मत पिओ। उस खिलाड़ी की ओर देखो जो चादर के पीछे से खेल रहा है।]

उपादेय के सम्पाठ के अतिरिक्त उससे अन्य का प्रतीकन भी करना है, छपे हुए पाठ के फ़रेब को पीना तो 'आवश्यक' है किन्तु जिस पन्ने पर पाठ छपा हुआ है उस पन्ने के पीछे क्या छिपा है यह भी उघाड़ना चाहिए। इसीलिए अभिनवगुप्त

के **तन्त्रालोक** की व्याख्या प्रारम्भ करते हुए आचार्य जयरथ का कहना है :

यसमादेषणवित्क्रिया यदुदिता ह्यानन्द चिद्भूमयो
यस्यैवोद्धुर शक्तिवैभवमिदं, सर्वं यदेवं विधम्
तद् धाम त्रिकतत्वमद्वयमयं स्वातन्त्र्यपूर्ण प्रथम!
चित्ते स्तात् शिवशासनागमरहस्याच्छादनध्वंसि मे ॥

[जिससे इच्छा, ज्ञान और क्रिया का उद्भव है, जिससे आनन्द और चिद् की भूमियाँ उदित होती हैं, जिसकी धुरे से छूटी हुई (= उद्धुर) शक्ति का ही वैभव यह सब कुछ है जो इस प्रकार है, वह त्रिक शास्त्र का अद्वयमय तत्त्व जो स्वातन्त्र्य-शक्ति से पूर्णतया प्रथित (विस्तृत) है, वह प्रकाश मेरे चित्त में शिवशासनागम के रहस्य के पर्दे का ध्वंस करने वाला बने।]

शिवशासनागम के रहस्य पर पड़े हुए आच्छादन का ध्वंस ही आलोचना और भाष्य का कार्य है। यह आच्छादन और कुछ नहीं उस अद्वयमय तत्त्व की उद्धुर शक्ति का वैभव ही है, सब कुछ है जो इस प्रकार है क्योंकि कविता, जैसा कि मम्मट का कहना है, शिवेतर की क्षति के लिए होती है। लेकिन शिवेतर क्या है यह तो शिवशासनागम ही जानता है, यह तो शिवशासनागम का ही रहस्य है। जब इस उद्धुर शक्ति के वैभव का ध्वंस होगा, शिवशासनागम के रहस्य पर का आच्छादन नष्ट हो जाएगा तभी क्षति और क्षतिपूर्ति के मुकदमे की मिसिल खुल सकेगी, तभी उस शिवशासन को घसीटकर बाहर खींचा जा सकेगा और पूछा जा सकेगा कि वे लोग कौन थे जिन्होंने 'आग, आग' चिल्लाती हुई लाश को लपटों की सीढ़ियों से नीचे ढकेलकर श्मशान में ला पटका था :

गोयी, ब. शह्नःगोयी कि. कस-रा न. कुश्तःऐम
आँनअूश + ए + नीम-सोख़्तः ज़ात श कशीदः कू?

—मिर्ज़ा ग़ालिब

[बोलो, न्याय-दूत के सामने बोलो, कि किस-किस ने मेरी हत्या नहीं की। मेरी उस अधजली लाश को आग से किसने खींचा निकाला था?]

सन्दर्भ

1. कलेजा जब फटता है तो उसके अर्थ से कोई क्या भाष्य करे? मैं खुश हूँ कि (मेरा) प्रेमपत्र फाड़ दिए जाने तक तो पहुँचा।
2. An introduction to **Arab Poetics** by Adonis University of Texas Press Austin 1990, P. 18
3. Hemlet and his problems, **Sacred Wood**, 1920

4. इलियट द्वारा प्रयुक्त मूल शब्द है adequate
5. Comparison and analysis need only the cadavers on the table, but interpretation is always producing parts of the body from its pockets and fixing them in place.—The Function of Criticism Selected Essays, P. 21
6. Disseminations, p. 301
7. आइसलैंड की एक पौराणिक कथा (तेरहवीं सदी)
8. पूरा शेर इस प्रकार है–

   आहंग + ए + असद में नहीं जुज़ नग़्मः + ए + बेदिल
   "आलम हमःअफ़सानः + ए + मा दारद + ओ + मा हेच" ॥

   –ग़ालिब

   [ग़ालिब के संगीत में बेदिल के गीत के अतिरिक्त कुछ भी नहीं है। वह गीत बेदिल की यह पंक्ति है–संसार सारा का सारा मेरी कथा है, और मैं कुछ भी नहीं हूँ।]
9. Text
10. Subtext, मैं इसकी जगह hypotext कहना पसन्द करूँगा।
11. Kosher food, यहूदी धर्म के अनुसार विधि-सम्मत भोजन।
12. 'ह्लादिनी' शब्द 'ह्लाद' में 'आवश्यके णिनिः' (अष्टाध्यायी 3/2/78) के अनुसार 'णिनि' प्रत्यय लगा कर बनता है।

काममय एवायं पुरुषः[1]

कहते हैं कि एक दिन ख़लीफा अब्दुल मलिक बिन मर्वान अपनी रख़ैल लैला के पास गए और उससे कुछ प्रश्न किए। उनमें से एक यह था कि पुरुषों में वे कौन से गुण हैं जिन्हें स्त्रियाँ खोजती हैं। लैला ने उत्तर दिया, 'ऐ मेरे मालिक, उनके गाल हमारे गालों जैसे होने चाहिए।'

'और इसके अतिरिक्त?' बिन मर्वान ने पूछा।

'और उनके बाल हमारे बालों जैसे होने चाहिए।' लैला ने कहा, 'और हे धर्मविश्वासियों के अधिपति, अन्ततः उन्हें आपके जैसा होना चाहिए, क्योंकि यदि किसी पुरुष के पास शक्ति और धन नहीं है, तो यह निश्चित है कि वह स्त्री से कुछ भी नहीं पा सकता।'[2]

1

प्रचलित सांस्कृतिक वर्णनाएँ (कल्चरल नैरेटिव्ह्स) निश्चय ही पुरुष प्रधान वर्णनाएँ हैं। हमारी भाषा और स्मृति में जो कुछ भी 'स्त्री-वर्णन' मिलता है वह पुरुष-सापेक्ष है। स्त्रियाँ भी वैसी हैं जैसा पुरुष सोचते हैं कि स्त्रियों को होना चाहिए और पुरुष भी वैसे हैं जैसा पुरुष सोचते हैं कि पुरुषों को होना चाहिए। 'मोहि न नारि, नारि कै रूपा' पता नहीं सच है या नहीं, किन्तु पुरुष, पुरुषों के ही रूप पर मुग्ध हैं। समस्त विश्व एक ऐसे दर्पण की भूमिका निभा रहा है जिसको सामने रखकर पुरुष अपना सिंगार पटार कर रहे हैं।

यों तो कंघी-चोटी और अतर-फुलेल में पुरुष कभी पीछे नहीं रहे और बाबा भोलेनाथ भी 'पुष्टि-वर्द्धन सुगन्ध' का इस्तेमाल करते हैं[3] किन्तु सजना, सँवरना, रूप निखारना, निहारना और दिखाना स्त्रियों के काम माने गये हैं और पुरुषों के साथ दृढ़ता और बलवत्ता का प्रत्यय जुड़ा हुआ है। 'नख शिख वर्णन' पुरुषों के लिए कम ही मिलता है और जहाँ मिलता है वहाँ अधिकतर उन्हीं उपमानों से काम लिया जाता है जो स्त्रियों के रूप-वर्णन में प्रयुक्त होते हैं। जैसा कि आचार्य पदुमन दास **काव्यमंजरी** (सत्रहवीं शताब्दी) में कहते हैं।[4]

उन्नत ता पग बरनिये, कमठ पीठ अनुमान।

पल्लव, पंकज, कमल थल, ते सब तीय समान ॥

....

लोचन श्री सब तीय सम, राखै कौन बिसेष।
लाज शील शोभा भरे, सुरगण को अनिमेष ॥

शंकराचार्य के 'शिव पादादि केशान्त वर्णन स्तोत्र' और 'शिव केशादि पादान्त वर्णन स्तोत्र' जो शिव का नख शिख वर्णन करते हैं और **सौन्दर्यलहरी** जो पार्वती का रूप वर्णन करती है, की तुलना करने पर यह स्पष्ट हो जाता है कि न केवल दोनों के नूपुर और करधनी एक जैसे हैं, अपितु ऊरु, नितम्ब और नाभि भी एक ही जैसे हैं। शृंगार-काव्य के क्षेत्र में नायिका-भेद की बहार देखकर और नायकभेद के लिए उन आधारों का उपयोग न देखकर अगर हम यह सोचें कि यहाँ नायक और नायिका में कोई सैद्धान्तिक अन्तर है तो वह भ्रम भी बेतिया के महाराज राजा आनन्द किशोर के आदेश पर **आनन्द कल्पतरु** (1825 ई. के आसपास) लिखकर कविवर रामप्रसाद[5] ने दूर कर दिया है जिसमें खण्डिता नायिका के बराबर खण्डित नायक, प्रवत्स्यत् पतिका नायिका के बराबर प्रवत्स्यत्पत्नीक नायक और ज्येष्ठा कनिष्ठा नायिकाओं के बराबर ज्येष्ठ कनिष्ठ नायक उपस्थित हैं। फ़ारसी काव्य परम्परा ने शृंगार काव्य से स्त्रियों को लगभग बाहर ही कर दिया है और सारे नाज़ नख़रे पुरुष प्रेमपात्रों के हवाले कर दिये हैं। रूप की स्थिति यह है कि पुरुषत्व की स्पष्ट उद्घोषणा करती हुई मूँछ मअ़शूक़ को और दिलकश बनाती है[6]:

बाज़ अज़ पां गश्त लअ़ल + नौख़त + ए + दिलदार सुर्ख़
गुंचः-अश आमद बरूँ अज़ पर्दः + ए + ज़ंगार सुर्ख़ ॥

—मिर्ज़ा बेदिल

[पान खाने के बाद उस नयी उभरती हुई मूँछों वाले प्रेमपात्र के पद्म राग मणि जैसे अधर लाल हो गए। उसका (कली जैसा) मुँह मूँछों की कालिमा से बाहर वैसे ही (रक्त वर्ण) चमकने लगा जैसे अपने हर परिवेष्टन में से रक्त वर्ण कलिका खिलती है।]

और भावों का तो पूछना ही क्या। आँखों में हिरन का चकित भयभीत भाव और बाघ की हिंस्रता एक साथ है :

ऐ! नरगिस-त ह्या कदः + सुॅल्ह् + ओ + जंग हम
साज़ + ए + ग़ज़ाल + ए + राम + ए + तु, ख़िश्म + ए + पलंग हम ॥

—मिर्ज़ा बेदिल

[तेरी आँख से सन्धि और युद्ध उपजते हैं। पालतू हिरन की तरह का तेरा व्यबहार ठीक वही है जो क्रोध में बिफरे हुए बाघ का होता है।]

पुरुष-त्व और स्त्री-त्व के बारे में जो भी पूर्व निश्चित हमारी सांस्कृतिक वर्णना हमें अवदान के रूप में उपलब्ध कराती है, वही वर्णना उन पूर्व निश्चितों को बिना किसी विशेष आडम्बर के ध्वस्त करने में कोई संकोच नहीं करती। वैज्ञानिक वर्णना हमें यह बताती रही है कि पुरुष की भूमिका प्रजनन में नियामक है और हम लोग न तो इससे अपरिचित रह गये हैं कि सन्तान के कन्या होने पर माता को दोष नहीं देना चाहिए, क्योंकि यह पिता से तय होता है और न ही इससे कि वन्ध्यता का परीक्षण या आचरण करने के सिलसिले में पुरुष और स्त्री की क्षमताएँ और उपयुक्तताएँ समान हैं, लेकिन वैज्ञानिक वर्णना से किंचिद् अधिक परिचित लोगों को यह भी मालूम होगा कि अयौन प्रजनन (एसेक्सुअल रिप्रोडक्शन) के विविध प्रकार जीव-जगत् में हैं, अनेक प्रजातियाँ यौन प्रजनन और अयौन प्रजनन दोनों विधियों से अपनी संख्या बढ़ाने में समर्थ हैं, ऐसे उभयलिंगी जीव हैं जो अकेले ही मैथुनी सृष्टि करने में समर्थ हैं, ऐसे भी हैं जो कमसिनी में पुरुष होते हैं और बुजुर्ग होने पर स्त्री बन जाते हैं, ऐसे भी हैं जो प्रजनन करने तक तो स्त्री रहते हैं बाद में पुरुष हो जाते हैं और अन्ततः यह कि प्रजनन में पुरुष तत्त्व की कोई आवश्यकता ही नहीं है और कुमारी-प्रजनन (पार्थेनो जेनेसिस) व्यवहार में न केवल अनेक प्रकार के कीट पतंगों में देखा जाता है, अपितु सिद्धान्ततः मनुष्यों में भी सम्भव है। वैज्ञानिक वर्णना पुरुष-तत्त्व की परिभाषा करते ही उसके सारे विधिनिषेधों की काट के साज़ सामान मुहैया कर देती है।

मिथक वर्णना के पास तो असमंजस और असमंजन के सारे हथियार होते ही हैं। एक तरह का असमंजन यह है :

> *एनअदर कोयोटे टुक एन एल्कंस लिवर एण्ड मेड ब्रेस्ट्स, डॉन्नूड अ वूमेन्स ड्रेस दैट वाज़ टू टाइट फॉर हिम एण्ड दस ट्रान्सफॉर्म्ड हिमसेल्फ इनटु ए वैरी प्रेटी वूमेन. ही लेट दि फॉक्स हैव इण्टरकोर्स विदहिम एण्ड मेक हिम प्रेगनेण्ट, दैन दि जेबर्ड एण्ड फाइनली दि निट. दैन ही वाक्ड टु अ विलेज मैरिड दि चीफ'स सन एण्ड गेव बर्थ टु फोर हेण्डसम बॉयूस.*[7]

लेकिन यदि चमत्कार इतना उग्र रूप में न प्रत्यक्ष हो तो भी प्रच्छन्न अभिव्यक्ति की मूल प्रकृति बहुत भिन्न नहीं होती। उदाहरण के लिए, भारतीय मिथक वर्णना में विष्णु का मोहिनी-अवतार क्या कहता है? हमें यह स्मरण रखना चाहिए कि मोहिनी अवतार की परिकल्पना यह नहीं है कि कोई परम सत्ता विष्णु में पुरुष और मोहिनी में स्त्री के रूप में अवतरित हुई है—उस अर्थ में पुरुष विष्णु है और स्त्री लक्ष्मी—अपितु उस परिकल्पना का आधार ही पुरुष विष्णु का बिल्कुल ही कृत्रिम रूप में स्त्री बन जाना है। यदि ऐसा न होता तो मोहिनी के रूप पर मुग्ध

होना हास्यास्पद क्यों होता?[8] मोहिनी अवतार उसी प्रकार का मसखरापन है जिस प्रकार का मसखरापन 'प्ले ब्वॉय' पत्रिका के नवम्बर 1988 के अंक में मुखपृष्ठ की 'कवर गर्ल' को लेकर किया गया था, जिसमें एक कार्टून फ़िल्म की नायिका का धड़ लेकर एक मानवीय स्त्री मॉडल के चेहरे का फोटोग्राफ़ चिपका दिया गया था और परिणामी कृत्रिम अमानवीय स्त्री शरीर नितान्त आकर्षक और उत्तेजक प्रमाणित हुआ था। हम ऐसे ज़माने में रह रहे हैं जिसमें मर्द बच्चों ने पार्टियों में 'स्कॉच आन रॉक्स' की जगह मिनरल वाटर माँगना प्रारम्भ कर दिया है, जिसमें बाबा सहगल 'मैं भी मैडोना' का वीरघोष करते हैं, जिसमें माइकेल जैक्सन अपनी बहिन जैसा दिखने के लिए प्लास्टिक सर्जरी और मेकअप का सहारा लेते हैं, और जिसमें सक्रिय विपरीतलिंगी महिला खिलाड़ियों को चिकित्सकीय परीक्षा के आधार पर यह बताया जाता है कि वे पुरुष हैं और उन्हें महिलाओं की खेल प्रतियोगिता में भाग नहीं लेने दिया जाएगा। लेकिन यह कोई नया ज़माना नहीं है। यह घालमेल पुराना है। जैसा कि लिण्डा कॉफमॉन कहती हैं :

> *वन केन नेवर अनवेल दि* ***एस्सेन्स*** *ऑफ मेस्कुलिनिटी ऑर फेमिनिटी, इन्स्टीड, आल वन एक्सपोज़ेज़ आर... रिप्रिजेण्टेशन्स–***डिस्कोर्स आफ डिज़ायर्स***[9]

कुछ ऐसे **रिप्रिजेण्टेशन्स** पर ग़ौर कीजिए।

ताण्डव नृत्य के बारे में यह रूढ़ है कि वह पुरुषों के द्वारा किया जाने वाला नृत्य है और स्त्रियों द्वारा किया जानेवाला नृत्य लास्य है। पार्वती लास्य करती हैं और शिव ताण्डव करते हैं। **ललिता सहस्रनाम** में देवी का एक नाम है : 'महेश्वर महाकल्प महाताण्डव साक्षिणी'। देवी महाप्रलय के समय महेश्वर द्वारा किये जाने वाले महाताण्डव की साक्षी है। किन्तु इस नाम की व्याख्या में इस ताण्डव नृत्य का जो सन्दर्भ अपनी **सौभाग्य भास्कर व्याख्या** में भास्कर राय ने **योग वासिष्ठ** से दिया है उसमें नाचने वाली स्वयं देवी हैं और साक्षी महेश्वर हैं :

डिम्बं डिम्बं सुडिम्बं पच पच सहसा झम्य झम्यं प्रझम्यं
नृत्यन्त्या शब्दवाद्यैः सजमुरसि शिरः शेखरं तार्क्ष्य पक्षैः
पूर्णं रक्तासवानां यममहिषमहाशृंगमादाय पाणौ
पायाद् वो वन्द्यमानः प्रलयमुदितया भैरवः कालरात्र्या ॥[10]

युद्ध में पुरुष जाते हैं स्त्रियाँ नहीं। भीष्म ने शिखण्डी पर अस्त्र इसलिए उठाने से मना किया था कि वे जानते थे कि यह वस्तुतः अम्बा है और बदला लेने के लिए ही शिखण्डी के रूप में जन्म लेकर आयी है। युद्ध और पुरुष के इस सम्बन्ध को शुरू से ही भारतीय मिथक विद्या स्वीकार करती रही है किन्तु शुरू से ही वह इसे

तोड़ती भी रही है। ऋग्वेद के प्रसिद्ध वाक्सूक्त में ही कहा गया है कि 'मैं रुद्र के लिए धनुष तानती हूँ' (अहं रुद्राय धनुरातनोमि) और बाद में भी इसे अनेकशः पुष्ट किया जाता रहा है कि तीर और तलवार के खेल में भी पुरुष की कोई भूमिका नहीं है। तन्त्र-दर्शनों की प्रसिद्ध शब्द-क्रीड़ा, अर्थात् शिव में से शक्ति-तत्त्व पार्वती का इ-कार हट जाने पर शिव का शवमात्र रह जाना भी यही मान कर चलती है; **सौन्दर्य लहरी** में शंकराचार्य ने पार्वती को शिव की 'आहोपुरुषिका' कहा है।[11] 'आहोपुरुषिका' का अर्थ है 'वाह, मैं क्या मर्द हूँ', का भाव, अर्थात् अहंकार। इस प्रकार पुरुषत्व का, या पुरुष-तत्त्व का रूप स्त्री के रूप में परिकल्पित किया गया है। किन्तु क्या इसका यह तात्पर्य होगा कि स्त्री को जिस समय शक्ति के रूप में देखा जाता है, जिस समय दुर्गा महिषासुर का वध करती है उस समय वह पुरुष-तत्त्व का एक संस्करण होती है?

स्त्री जब पुरुष के रूप में आचरण करे तो उसके लिए संस्कृत व्याकरण के अनुसार प्राप्त शब्द है 'पुरुषायित'। यह शब्द विपरीत रति के अर्थ में रूढ़ है। इसका अर्थ यह होता है कि रतिकर्म में स्त्री ने अपनी भूमिका को अस्वीकार करके पुरुष की भूमिका को स्वीकार कर लिया है।

रतिकर्म और युद्धकर्म को एक साथ एक ही रूपक में ढालने पर जहाँ रतिकर्म वर्ण्य होता है वहाँ तो सक्रिय योद्धा के रूप में स्त्री आती है और तीर कमान तेग़ तलवार सब उसके पास होते हैं किन्तु जब युद्धकर्म वर्ण्य होता है तब क्या होता है?

बाणभट्ट का **चण्डी शतक** पूरा का पूरा महिषासुर वध पर है। मैं उसमें से एक श्लोक यहाँ देता हूँ :

दृष्टावासक्तदृष्टिः प्रथममिवतथा सम्मुखीनाभिमुख्ये
स्मेरा हासप्रगल्भे प्रियवचसि कृतश्रोत्रपेयाधिकोक्तिः
उद्युक्ता नर्मकर्मण्यवतु पशुपतेः पूर्ववत् पार्वती वः
कुर्वाणा सर्वमीषद्विनिहित चरणाऽलक्तकेव क्षतारिः ॥

—चण्डीशतक, श्लोक-37

मैं इस श्लोक की पूरी व्याख्या यहाँ न करूँगा, किन्तु इसमें शब्द-योजना के माध्यम से यह स्थापित किया गया है कि पार्वती का जो व्यवहार रतिकर्म में शंकर के प्रति था वही युद्ध-कर्म में महिष के प्रति था। यह शब्द-योजना विपरीतरति की नहीं है और सारे व्यवहार 'स्त्रियोचित' दिखाये गये हैं।

स्त्री का युद्ध-कर्म स्त्री-त्व को ही स्थापित करता है और पुरुष का युद्ध-कर्म स्त्री-त्व में मूर्तिमान होता है।

पुरुष-तत्त्व स्त्री-तत्त्व में अन्तर्भुक्त है। गोपियों का नयनामृत, कृष्ण का वह

मोहक रूप, और कुछ नहीं, ललिता द्वारा पुरुष का वेष धारण कर लेना है :

ममैव पौरुषं रूपं गोपिकानयनामृतम् ।[12]

जैसा कि **दुर्गा सप्तशती** में आता है, 'एवं युवतयः सद्यं पुरुषत्वं प्रपेदिरे'[13] 'इस तरह स्त्रियाँ पुरुष बन गईं (और सृष्टि प्रारम्भ हुई)'।

और जैसा कि **गुप्तवती** व्याख्या में इसका अर्थ करते हुए भास्कर राय ने लिखा है, हम सब मिट्टी के सकोरों जैसे हैं, जिनमें पानी भी है और उसी पानी में तपता सूरज भी मौजूद है।

> *...हर्माफ्रोडाइट्स व्हिच आर अनेबल टु प्रोवेगेट बाई सेल्फफर्टिलाइजेशन, परफॉर्म दि फंक्शन ऑफ बोथ मेल एण्ड फीमेल..., सिग्नेमाइडा, दि पैरासाइट्स व्हिच लिव इन दि थ्रोट्स आफ बर्ड्स, स्पेण्ड दि होल ऑफ देयर लाइव्स इन ए स्टेट ऑफ कप्युलेशन, दि पेयर रिज़ेम्बलिंग दि शेप ऑफ दि लेटर 'व्ही' (V).*[14]

2

कौलोपनिषद् का कहना है–'अधर्म के कारण का अज्ञान ही ज्ञान है'।[15]

यह अधर्म क्या है?

जैसा कि भास्कर राय अपनी व्याख्या में स्पष्ट करते हैं, अधर्म का अर्थ है ब्रह्म।

ब्रह्म को अधर्म इसलिए कहते हैं कि धर्म उसकी शक्ति है। ब्रह्म धर्मी है, और जब धर्मी और धर्म में अन्तर करना होगा तो जो धर्म से भिन्न है उसे अधर्म नहीं तो और क्या कहेंगे?

मूलतः अधर्म और धर्म एक ही हैं। **कौलोपनिषद्** का ही एक सूत्र है, 'अधर्म एव धर्मः' अधर्म ही धर्म है।

अधर्म को धर्म से माया अलग करती है। तब अधर्म धर्म का पुरुष-तत्त्व होता है और जगद् का उपादान कारण होता है। जैसे घड़े के लिए मिट्टी। इस निर्जीव शव में, इस अधर्म में, इस पुरुष-तत्त्व में, जब इ-कार का, धर्म का, स्त्री-तत्त्व का संचार होता है तब सृष्टि होती है। इस सिलसिले में अप्पय दीक्षित की **रत्नत्रय परीक्षा** से दो श्लोक भास्कर राय ने अपनी व्याख्या में उद्धृत किये हैं :

नित्यं निर्दोष गन्धं निरतिशय सुखं ब्रह्म चैतन्यमेकं
धर्मो धर्मीति भेदद्वितयमिति पृथग्भूय मायावशेन
धर्मस्तत्रानुभूतिः सकलविषयिणी सर्वकार्यानुकूला
शक्तिः स्वेच्छादिरूपा भवति गुणगणश्चाश्रयस्त्वेक एव ॥

कर्तृत्वं तत्र धर्म कलयति जगतां पंचसृष्ट्यादि कृत्ये
धर्मः पुंरूप आत्मा सकल जगदुपादानभावं बिभर्ति
स्त्रीरूपं प्राप्य दिव्या भवति च महिषी स्वाश्रयस्यादि कर्तुः
प्रोक्ता धर्मप्रभेदावपि निगमविदां धर्मिवद् ब्रह्मकोटिः ॥

यह स्त्री-तत्त्व, धर्म, पुरुष-तत्त्व के रूप में धर्मी कहलाता है, किन्तु मूलतः इसमें न पुरुष-तत्त्व है न स्त्री-तत्त्व, यह निष्कल है। और समझने-समझाने के लिए इस बात से कोई अन्तर नहीं पड़ता कि स्त्री रूप में इसे समझा जाए या पुं-रूप में या निष्कल रूप में। **कुलार्णव तन्त्र** कहता है :

पुं-रूपं वा स्मरेद् देवि, स्त्री रूपं वा विचिन्तयेत्
अथवा निष्कलं ध्यायेत् सच्चिदानन्दलक्षणम् ॥

लेकिन पुरुष रूप की बात करें तो पुरुष का रूप क्या है? कौन-सा सौन्दर्य है जो निर्विवाद रूप से पुरुष का सौन्दर्य है? स्त्री का सौन्दर्य समझाने के लिए किसका नाम हम नहीं लेते और पुरुष का सौन्दर्य समझाने के लिए किसका हम सदा ही नाम लेते हैं?

मैं समझता हूँ कि इस बारे में मतभेद न होगा कि अकेला नाम कामदेव का है। कामदेव की तरह पुरुष सुन्दर होता है, कामदेव की तरह स्त्री सुन्दर नहीं होती।

कामदेव के इस सुन्दर शरीर की क्या विशेषता है?

उसका अस्तित्व नहीं है। कामदेव अनंग है, बिना देह का। इसलिए नहीं कि वह मनोविकार है। क्रोध को अनंग नहीं कहते, लोभ को अनंग नहीं कहते। काम को कहते हैं।

काम बिना देह का है। वि-देह।

एक विदेह और हैं। राजर्षि जनक। ज्ञानी, ज्ञान पिपासु।

अरुणोपनिषद् का कहना है कि ये दोनों एक ही हैं।

'पुत्रो निर्ऋत्या वैदेहः' **अरुणोपनिषद्** का कहना है। निर्ऋति का बेटा यह विदेह काम ही जनक कहलाता है क्योंकि यह भी विद्या का जनक है, इसने उपासना-मन्त्र के अक्षरों को ढूँढ़ा, उनकी माला बनायी, और पंचदशाक्षरी मंत्र तैयार किया।

3

'निर्ऋति' का अर्थ **सौन्दर्य लहरी** के व्याख्याकार लक्ष्मीधर ने 'लक्ष्मी' किया है, क्योंकि काम लक्ष्मी का पुत्र कहलाता है। किन्तु निर्ऋति की कहानी कुछ भिन्न है।

'निर्ऋति' का वास्तविक नाम अ-लक्ष्मी है और यह लक्ष्मी की बड़ी बहिन है।

समुद्र मन्थन के बाद जब विष्णु ने लक्ष्मी से विवाह करना चाहा तो लक्ष्मी ने कहा कि मेरी बड़ी बहिन तो अविवाहित है, मैं कैसे विवाह करूँ? विष्णु ने अ-लक्ष्मी के लिए वर ढूँढ़ना शुरू किया। महर्षि उद्दालक दिखाई दिये। विष्णु ने सोचा अलक्ष्मी के लिए महर्षि लोग ठीक हैं। उन्होंने उद्दालक से अ-लक्ष्मी का विवाह कर दिया और निश्चिन्त होकर खुद लक्ष्मीपति बन गये।

लेकिन अ-लक्ष्मी को उद्दालक का घर नहीं पसन्द आया। उन्होंने कहा कि मैं वहाँ नहीं रहूँगी जहाँ वेद पाठ होता रहता है। महर्षि उद्दालक घबराये। उन्होंने कहा—अच्छा तो तुम तब तक इस पीपल के पेड़ के नीचे बैठो, मैं तुम्हारे लिए मकान ढूँढ़कर आता हूँ।

महर्षि उद्दालक तो तब से लौटे नहीं। लोगों के दरवाज़े खटखटा रहे होंगे, गली मुहल्ले छान रहे होंगे—भइया कोई मकान मिलेगा? अ-लक्ष्मी को रहने के लिए घर चाहिए। लोग कहते होंगे—भइया हम लक्ष्मी के लिए घर बनवाते हैं अ-लक्ष्मी के लिए नहीं।

सो निर्ऋति अभी पीपल के पेड़ के नीचे बैठी हुई अपने पति की प्रतीक्षा कर रही है। भगवान् विष्णु और लक्ष्मी कभी-कभार रिश्तेदारी के नाते खोज खबर लेने आ जाते हैं। उनकी 'विज़िट' के दिन तय हैं। उन दिनों लोग पीपल के पेड़ की पूजा करते हैं और उन पर लक्ष्मी प्रसन्न हो जाती हैं। बाकी दिन कोई पास नहीं फटकता।[16]

इसी निर्ऋति का बेटा है यह काम, जिसके पास शरीर नहीं है। अश्वत्थ के मूल में बैठी है निर्ऋति जिसके पास कोई घर नहीं है, ब्रह्माण्ड के भीतर जिसे कोई नहीं चाहता। इसलिए अश्वत्थ का मूल ब्रह्माण्ड के बाहर हैं, ऊपर, और शाखाएँ नीचे लटकी हुई हैं। **भगवद्गीता** का कहना है :

ऊर्ध्वमूल मधः खाखमश्वत्थं प्राहुरव्ययम्।

ब्रह्माण्ड के ऊपर, कहीं वहीं अश्वत्थ-मूल में उस पुरुष का जन्म हुआ, जिसका नाम काम है।

4

मैंने देखा कि एक पुरुष ऊपर से गिर रहा है। मैंने सोचा कि पूरी धरती टुकड़े-टुकड़े हो जाएगी और मैं भी मर जाऊँगा। घबराकर मैं आग में घुस गया। अग्निदेव मुझे लिये लिये एक तोते पर सवार होकर उड़ चले। इसके लिए उन्हें ऊपर से गिरती हुई लाश में से एक हिस्से को जलाकर राह बनानी पड़ी थी।

हम लोग आसमान पर पहुँच गए। हमने देखा कि लाश ज़मीन पर गिरी।

धरती डोलने लगी। उसकी पूरब की दिशा रोने-चिल्लाने लगी। उसकी पश्चिम की दिशा रोने-चिल्लाने लगी। उसकी दक्खिन की दिशा रोने-चिल्लाने लगी। उसकी उत्तर की दिशा रोने-चिल्लाने लगी। उसके ऊपर का अन्तरिक्ष रोने-चिल्लाने लगा। धरती के टुकड़े होने लगे।

मैंने अग्निदेव से पूछा, 'देव, यह क्या हुआ कि यह लाश सूरज को लिये दिये ऊपर से गिरी और ब्रह्माण्ड की नाप से नापी नहीं जा रही है?' अग्निदेव ने कहा, 'ठहरो, जल्दी मत करो, ज़रा यह उपद्रव थम जाए तब बताऊँगा।'

तब तक आसमान में रहने वाले देवता, सिद्ध, गन्धर्व, किन्नर, ऋषि, मुनि, दैत्य सब, देवी के पास रोते-चिल्लाते पहुँचे और कहा—'देवी, हमें बचाओ।'

इस बीच मैंने देखा कि उस लाश का सिर्फ़ पेट दिखाई दे रहा था। सारे ब्रह्माण्ड को उसके पेट ने नाप लिया था और ऊपर आसमान से बाक़ी लाश कहीं दिखाई नहीं दे रही थी। लेकिन मैंने सोचा कि लाश का बाक़ी हिस्सा भी कहीं न कहीं होना चाहिए। सिर भी होना चाहिए और पैर भी।

उधर सब के गिड़गिड़ाने पर देवी प्रकट हुईं। वे एकदम सूखी हुई थीं और उनकी देह में एक बूँद खून नहीं था।

देवों ने कहा, 'देवी, यह लाश आपके लिए है।'

देवी ने झटपट लाश में से खून चूसना शुरू किया। धीरे-धीरे उनके बदन में खून दौड़ने लगा और वे मोटी होने लगीं। खून के नशे ने उनकी आँखों को सुर्ख़ कर दिया था और उनकी तोंद निकल आई थी। वे नाचने लगीं।

उनके साथ उनकी फौज के लोग भी थे। वे सब लाश को नोच-नोच कर खाने लगे। देवी के मुँह से आग निकल रही थी और उस आग में पक रही लाश के मांस से पिघलकर चर्बी धरती को लीप रही थी। खून के छींटों से दिशाओं का रंग सिन्दूरी हो चला था।

देवी के साथ उनके सिपाही भी नाच रहे थे। जब वे नृत्य मुद्राओं में अपने हाथ फैलाते थे तो लगता था कि वे एक नयी इमारत की तामीर के लिए कुछ नाप रहे हैं।

देवता लोकालोक पर्वत की चोटियों पर ग़मगीन और रंजीदा बैठे हुए थे।

तब तक राम ने वसिष्ठ को टोका—भगवन्, आपने अभी कहा कि पूरा ब्रह्माण्ड उस लाश के पेट के नीचे आ गया था। फिर लोकालोक पर्वत को उसने क्यों नहीं ढँक लिया?

वसिष्ठ ने उत्तर दिया—राम, ऐसा है कि ब्रह्माण्ड उसके पेट के नीचे था और सिर पैर कहीं ब्रह्माण्ड के बाहर रहा होगा लेकिन बग़लों में ख़ाली जगह होती है न, उसी से लोकालोक पर्वत की चोटियाँ बाहर निकली हुई थीं। उधर देवी अपने सिपाहियों के साथ लाश को चट करने में लगी हुई थी। देवता चीख चिल्ला रहे

थे—अरे हमारा कल्पद्रुम गया, हमारा दूध का समन्दर गया, हमारा दही का समन्दर गया, हमारा शहद का समन्दर गया।

फिर शायद देवी और उनके सिपाहियों का पेट भर गया। पूरी धरती पर चर्बी फैल रही थी और वे लोग आसमान में आकर नाच रहे थे।

थोड़ा-सा खून देवी के पीने से बच रहा था। उसे समेटकर देवताओं ने एक घड़े में इकट्ठा कर लिया और बोले—यह हमारा शराब का समन्दर तो हो गया।

इस बीच लाश की हड्डियों ने पहाड़ों की शक्ल अख़्तियार कर ली थी। धीरे-धीरे धरती पर फैली हुई चर्बी सूख रही थी और उस पर एक चिकनी परत बनती जा रही थी।

वसिष्ठ ने राम से कहा—राम, चूँकि पृथ्वी पर उस मेद का आवरण चढ़ा हुआ है इसलिए उसे मेदिनी कहते हैं।

फिर इसके बाद सूरज अपनी जगह वापस टँग गया और दिन और रात पहले जैसे होने लगे और ब्रह्मा जी ने फिर से सृष्टि शुरू कर दी।[17]

5

योग वासिष्ठ का यह शवोपाख्यान एक मुनि ने एक व्याध को सुनाया है और बताया है कि यह शव उस व्याध का ही है जिसे वह स्वयं ही, देह को निस्सार समझकर त्याग देगा। यह कोई बीती हुई बात नहीं है, आगे होने वाली कहानी है। आगे वह व्याध अपने को इस नयी सृष्टि में सिन्धु नामक राजा के रूप में सोचेगा और विदूरथ नाम के एक राजा को युद्ध में मार डालेगा। उसे यह पता चलेगा कि ऐसा वह पहले भी कर चुका है। उसे यह भी मालूम होगा कि विदूरथ को देवी ने ज्ञान प्राप्ति का वर दे रखा है और इसीलिए विदूरथ युद्ध में मारा जाता है और वह स्वयं जीत जाता है। यह जानकर उसे भी विदूरथ की तरह ज्ञान की अभिलाषा होगी और वह मुक्त हो जाएगा, जैसे विदूरथ।

मैं इस कहानी को काम-दहन की कथा के बग़ल में रखना चाहता हूँ। यह प्रचलित कथा इस प्रकार है : इधर सती के मरने के बाद शिव विरक्त होकर समाधि में चले गये, उधर असुरों ने अपने राजा तारकासुर के नेतृत्व में देवताओं को फिर हरा दिया। तारकासुर को केवल शंकर का पुत्र हरा सकता था इसलिए देवताओं ने कामदेव को भेजा, ताकि वह शंकर का ध्यान भंग करे, शंकर पार्वती के ऊपर आसक्त हो जाएँ जिनके रूप में सती ने फिर जन्म लिया था और इस प्रकार देवों की विजय हो। कामदेव को शिव ने पार्वती के देखते-देखते जला दिया। फिर, जैसा कि **कुमारसम्भव** बताता है, शिव को पार्वती ने तपस्या से पाया।

मैं यहाँ कामदेव के उस नष्ट शरीर की बात करना चाहता हूँ, जो पुरुष-सौन्दर्य का आदर्श प्रतिमान है। सौन्दर्य के पौरुष तत्त्व के इस चरम का आगे क्या हुआ?

इसके पहिले शायद यह देख लेना उचित होगा कि अब तक क्या हुआ।

कामदेव को किसने जलाया?

शिव ने। शिव कौन हैं? 'कामः शिवः', शिव ही काम हैं। जैसा कि **त्रिपुरोपनिषद्** की व्याख्या में रामानन्द यति ने कहा है।[18]

कामदेव को कामदेव ने किससे जलाया?

अग्नि से।

अग्नि क्या है?

अग्नि ही काम है।[19]

काम ने काम को काम से मारा।

यह एक खुदकुशी थी–खुद को खुद में झोंककर खुद को ख़त्म करना था। यह शिव का अपने शरीर को छोड़कर मुक्त होना था।[20]

इसके बाद, यह तो विदित ही है कि काम अपनी देह को छोड़कर नष्ट नहीं हुआ जैसे कि **योग वासिष्ठ** की कथा का व्याध अपनी देह को छोड़कर नष्ट नहीं हुआ। दोनों की लाशों का जो इस्तेमाल हुआ है उसकी तुलना के लिए मैं काम दहन के आगे की कथा को **ब्रह्माण्डपुराण** के ललितोपाख्यान से लेना चाहता हूँ। वहाँ पर चित्रकर्मा नामक एक गन्धर्व कामदेव के जले हुए शरीर की राख से एक पुरुष की आकृति बनाता है। इस आकृति पर शिव की निग़ाह पड़ती है और जैसे एक जीवित शरीर राख में बदल गया था वैसे ही एक राख का शरीर एक जीवित शरीर में बदल जाता है। शिव के सामने जिस चोले में भी आप मौजूद होंगे, वह चोला उन्हें नागवार गुज़रेगा :

शोख़ चश्मी बर न. मे-दारद अदबगाह + ए + जलाल
क़द्रदान + ए + आफ़ताब इमरोज़ जुज़ खुफ़्फ़ाश नेस्त ॥

–मिर्ज़ा बेदिल

[वह तेजोमयी राजसभा यह धृष्टता नहीं सह सकती कि कोई उसे देखे। आज के दिन सूर्य की वास्तविक पहचान चमगादड़ के अतिरिक्त किसी को नहीं है।]

तो इस राख के शरीर को शिव ने एक जीवित शरीर में बदल दिया। ब्रह्मा ने इसे देख कर कहा कि यह सृष्टि तो है नहीं, वह तो मैं करता हूँ, यह तो भँड़ैती है, 'भण्डिति' है, स्वाँग है, नक़ल है, 'इमिटेशन' है। शिव की यह भँड़ैती देवताओं को ख़ासी महँगी पड़ी। इस भण्डिति से जिस भण्ड की उत्पत्ति हुई थी, उस भाँड़ ने देवताओं को बेदख़ल करके अपना राज्य स्थापित किया। देवताओं ने अपने शरीर आग में होम कर दिए और इस प्रकार ललिता देवी को उत्पन्न किया। भण्डासुर को फिर ललिता देवी ने मारकर देवताओं को उनका राज्य वापस दिलाया।

रति अभी तक विधवा थी और शंकर अभी तक तपस्या में थे। ललिता ने एक तिरछी चितवन से कामदेव को फिर उत्पन्न किया। इस अशरीरी शरीर से फिर रति का विवाह हुआ।[21] फिर इसी शरीर से ललिता के दिये हुए बाणों का प्रयोग करके कामदेव ने दुबारा शंकर को पीड़ित किया।

सौन्दर्य का पौरुष तत्त्व स्त्री की तिरछी चितवन का बना हुआ है।

यही काम है जिसे 'स्मर' और 'मार' कहते हैं। स्मृति और मृति, मेमोरी और डैथ का मूर्तन ही यह सर्वांग सुन्दर शरीर है। स्मारक है, इस बात का कि इस नगर में रहने वाला नगर को छोड़ चुका है :

रहा आबाद आ़लम, अहल + ए + हिम्मत के न. होने से
भरे हैं जिस क़दर जाम + ओ + सुबू, मयख़ानः ख़ाली है ॥[22]

—मिर्जा ग़ालिब

निर्ऋति का यह पुत्र काम ललिता की तिरछी चितवन का बना हुआ है। निर्ऋति अधर्म की पत्नी है और उसके बेटे का नाम है मृत्यु।[23]

यहाँ मैं इसका भी स्मरण करना चाहता हूँ कि तान्त्रिक वाङ्मय में काम को सूर्य के ज्योतिर्मण्डल के भीतर रहनेवाला पुरुष कहा जाता है[24] और **शतपथ ब्राह्मण** इस पुरुष को मृत्यु बताता है।[25] 'अधर्म' की बात ऊपर आ चुकी है, अधर्म वह है जिसकी शक्ति धर्म है। अधर्म है ब्रह्म और उसके कारण का अज्ञान ही ज्ञान है। यही जानना ज्ञान कहलाता है कि अधर्म का कारण कोई नहीं है।

निर्ऋति का अर्थ अधर्म भी है। वह स्वयं ही पत्नी है, स्वयं ही पति। मकान बनवाते समय जब वास्तुपूजा होती है तो निर्ऋति को पुरुष के रूप में पूजते हैं।[26]

काम जब अशरीर हो जाता है तब वह मुक्त हो जाता है। **छान्दोग्य उपनिषद्** का कहना है 'अशरीरं बाव सन्तं न प्रियाप्रिये स्पृशतः', जब वह अ-शरीर हो जाता है तो न उसको प्रिय छूते हैं और न अप्रिय।[27] वह प्रिय और अप्रिय से मुक्त, अनंग, मृत्युमथन, निष्क्रिय है। वह निर्ऋति से जन्म लेता है, निर्ऋति में ही समा जाता है और वह स्वयं निर्ऋति ही है। ऐसा न होता तो लक्ष्मीधर 'निर्ऋति' का अर्थ 'लक्ष्मी' न कर सकते। तुझे लोग धरती माँ समझते हैं लेकिन मैं जानता हूँ कि तू हर तरफ़ से मौत है—'याँ त्वा जनो भूमिरिति प्रमन्दते निर्ऋतिं त्वाहं परिवदे विश्वतः।'[28]

6

योग वासिष्ठ अपने को पौरुष अर्थ का प्रतिपादक शास्त्र कहता है :

इहामुत्र च सिद्ध्यर्थं पुरुषार्थ फल पदाम्
मोक्षोपायमयीं वक्ष्ये संहितां सार निर्मिताम् ॥[29]

यहाँ और वहाँ दोनों जगह सिद्धि के लिए पुरुषार्थ का फल देने वाली यह संहिता है जो मोक्ष का उपाय बताती है। यह पौरुष का उपदेश करती है, जो कि सभी कार्यों का करनेवाला है। यह पौरुष दैव के विरोध में है। मुमुक्षुव्यवहार प्रकरण जो **योग वासिष्ठ** के प्रारम्भ में है, बहुत-सी बातें इस पौरुष के बारे में बताता है, किन्तु सार संक्षेप यही है कि पुरुष और कर्म फूल और सुगन्ध की तरह एक-दूसरे से अलग नहीं किये जा सकते, दैव कुछ नहीं होता और कर्म का कोई फल नहीं होता। इस दृष्टि से देखने पर **गीता** के बहुप्रचलित वाक्य 'कर्मण्येवाधिकारस्ते मा फलेषु कदाचन' का अर्थ होगा कि कर्म निष्फल है, यह नहीं कि कर्म का फल होता तो है किन्तु उसकी लालसा नहीं करनी चाहिए।

अस्तु **योग वासिष्ठ** का पौरुष इस संसार को एक ऐसे कर्म-क्षेत्र के रूप में देखता है जिसमें एक जंगल तो है लेकिन जिसमें कोई पेड़ ऐसा नहीं जिसमें एक भी फल हो। इसको कहने के तरीक़े अलग-अलग हो सकते हैं। क्राइस्ट को जब सूली पर चढ़ाया गया, उन्होंने कहा :

ऐ मेरे खुदा, मेरे खुदा, तूने मुझे क्यों छोड़ दिया?[30]

मंसूर हल्लाज को जब सूली पर चढ़ाया गया, उन्होंने कहा :

मेरे दोस्तो मुझे मार डालो, क्योंकि मेरे मरने में ही मेरा जीवन है।

भीष्म जब युद्ध भूमि में गिरे उन्होंने कहा :

भगवन्, मेरी प्रतीक्षा कीजिए, मैं अभी कुछ देर में यह शरीर छोड़ूँगा।[32]

ये पौरुष की अलग-अलग अभिव्यक्तियाँ हैं। ये एक ही नाम में अनेक नामों के प्रत्युत्तर के रूप में उभरती हैं :

डेथ इन्स्क्राइब्स इटसेल्फ राइट इन दि नेम बट इट डज़ सो इन ऑर्डर टु इमिडिएटली, डिसपर्स इटसेल्फ देयर, इन ऑर्डर टु इनसिन्युएट अस्ट्रेंज सिन्टैक्स इन दि नेम ऑफ ऑनली वन टु आन्सर टु मेनी.[33]

यह अपरिचित वाक्य विन्यास, यह 'स्ट्रेन्ज सिन्टैक्स' ही पौरुष है। मैंने कहीं पढ़ा था 'फिलॉसॅफ़ी इज़ दि प्रैक्टिस ऑफ़ डैथ'। मृत्यु का यह अभ्यास, जिसके बारे में **योग वासिष्ठ** ही नहीं सारे भारतीय चिन्तन ग्रन्थ बताते रहते हैं, एकमात्र पौरुष है। **योग वासिष्ठ** इसे मोक्षोपाय कहता है। इसकी विधियाँ भिन्न हो सकती हैं। जिन योगियों के पास फटकने में मृत्यु को भय लगता है वे समाधि लगाकर ब्रह्म-लीन हो जाते हैं। और जिन वीरों को कोई नहीं मार सकता वे अपने मरने के तरीक़े खुद बताते हैं। दधीचि हों या द्रोण, भीष्म हों या कर्ण, इनका पौरुष इसमें नहीं कि ये

युद्ध में अजेय थे, अपितु इसमें है कि इन्होंने यह बताया कि ये कैसे मरेंगे। हिरक्लीज़ (या हर्क्यलीज़) सम्भवतः ग्रीक पौरुष के चरम आदर्शों के रूप में निर्विवाद रूप से स्वीकार किया जाएगा। वह अपने ही बाणों के विष से मरता है। जिस शत्रु का उसने वध किया था उसके विषाक्त रक्त में भिने हुए कपड़े उसे पहनने को दिये जाते हैं और अपने इस अस्त्र का उसके पास कोई उत्तर नहीं है।

पौरुष को पराजित होने के लिए एक अदद विजेता ढूँढ़ना पड़ता है, अन्यथा उसे स्वयं परास्त होने के लिए स्वयं ही कुछ करना पड़ता है। भगवान् कृष्ण ने जब देखा कि यदुवंश इतना शक्तिशाली हो गया है कि उसे कोई परास्त नहीं कर पायेगा तो उन्होंने उन्हें आपस में लड़वा दिया। यदि युद्ध वीरता पौरुष का अभिलक्षण होती तो नपुंसक होते हुए भी अर्जुन विराट् के यहाँ रहते हुए अकेले सम्पूर्ण कौरव सैन्य को पराजित नहीं कर सकते थे।

कौल-दर्शन का सिद्धान्त है कि लास्य जब तक चलता है जीवन या सृष्टि तभी तक चलते हैं। लास्य के थमने का अर्थ है अकेला ताण्डव या प्रलय। यह सारा विश्व प्रपंच उतनी देर है, माया का यह जाल उतनी देर है, जितनी देर ताण्डव के साथ-साथ लास्य कार्यरत है। और इस प्रकार लास्य एक भ्रम है। मैं ऊपर यह स्पष्ट कर आया हूँ कि ताण्डव भी स्त्री ही करती है जब वह कालरात्रि के रूप में होती है, किन्तु जिस हद तक हम ताण्डव को पुरुष से और लास्य को स्त्री से जोड़ते हैं उस हद तक हमें यह समझना होगा कि 'स्त्री-निन्दा' का विशाल साहित्य वस्तुतः इसी जीवन की निन्दा है।

7

'पुरुष' का अर्थ क्या है? अब तक मैं जिन बातों के इर्द-गिर्द घूमता रहा हूँ उनसे यह आभास हो रहा होगा कि यह पुरुष, भारतीय चिन्तन की एकदम बुनियाद में जाने पर, और कुछ नहीं, आत्मा है। **शतपथ ब्राह्मण** में बहुत स्पष्ट और बहुत सरल परिभाषा है–पुर का अर्थ है यह ब्रह्माण्ड और इसमें रहनेवाला पुरुष है।[34] इसी अर्थ में **योग वासिष्ठ** अपने को पौरुष अर्थ का प्रतिपादक शास्त्र कहता है। हमें इस पुरुष का नख-शिख वर्णन कुछ देखना पड़ेगा।

यह बहुत जगहों पर दिया हुआ है, और एक सुलभ सन्दर्भ **श्रीमद्भागवत** है।[35] इस नख-शिख वर्णन का आधार सर्वत्र ही वैदिक साहित्य का प्रसिद्ध पूरुष-सूक्त है। 'पुरुष एवेदग्वङ् सर्वं...' से प्रारम्भ होने वाले इस सूक्त के बारे में कुछ कह सकने का यहाँ अवकाश नहीं किन्तु यह ब्रह्माण्ड-पुरुष जिसकी नाभि अन्तरिक्ष है और जिसका सिर द्युलोक, भारतीय साहित्य में रुचि रखनेवालों के लिए अपरिचित नहीं है।

किन्तु हममें से बहुतों को सम्भवतः इसका परिचय न होगा कि हर छोटी-बड़ी पूजा में पुरुष सूक्त के जिन सोलह मन्त्रों से षोडशोपचार पूजन किया जाता है वे वैदिक विनियोजन में पुरुषमेध यज्ञ के लिए प्रयुक्त होने वाले मन्त्र हैं। सम्पूर्ण अर्चनाक्रम जैसे एक उत्प्रेक्षा हो, मानो देवता बलि के खूँटे से बँधे हों।

पुरुष नारायण ने इस यज्ञ का आयोजन किया था। उनकी इच्छा थी कि इस संसार में उनके अतिरिक्त कोई न हो।[36] मैं समझता हूँ कि इसको उस प्रसिद्ध उक्ति से मिलाकर देखना चाहिए जिसके अनुसार प्रारम्भ में यह पुरुष अकेला था और बहुत होने की इच्छा करता था। जब यह पुरुष अकेला होता है तो उसे एक स्त्री चाहिए ताकि यह संसार फैल सके। किन्तु फिर वह अकेला होना चाहता है और पुरुषमेध यज्ञ करता है।

मैं यहाँ यह चाहता हूँ कि **बृहदारण्यक उपनिषद्** के प्रथम अध्याय के पहले दो ब्राह्मणों में दी गई सृष्टि-विद्या को देखा जाय। मैं उसे यहाँ पूरा उद्धृत नहीं कर पाऊँगा किन्तु इतना कहना चाहता हूँ कि उसके अनुसार पहले कुछ नहीं था और इस 'कुछ नहीं' को मृत्यु से आवृत बताया गया है। मृत्यु की थकान से तेज की उत्पत्ति हुई और फिर उसने अपना एक शरीर बनाया किन्तु तपस्या करते ही वह थक गया और उसका वह शरीर मरकर फूलने लगा। उसी शरीर को अश्व कहते हैं। अश्वमेध का यही अर्थ है कि इस फूलती हुई लाश को अपने लिए आहुति में डाल दिया जाए। ठीक वैसे ही जैसे **योग वासिष्ठ** की लाश की चर्बी धरती पर फैली है और जब तक वह चर्बी बची है, जब तक देवी के पीने से थोड़ा-सा भी खून बचता है जिससे शराब का समन्दर बनता है तब तक यह सृष्टि का क्रम नहीं भंग हो सकता :

'बेदिल' ई दुन्या न. इमरोज़ इम्तिहाँगाह स्त + ओ + बस
ता जहाँ बाक़ी स्त ज़न मे-आज़मायद मर्द-रा ॥

—मिर्ज़ा बेदिल

[ऐ बेदिल, यह संसार केवल आज के दिन की परीक्षा-स्थली नहीं है। जब तक सृष्टि की सत्ता विद्यमान है, यह स्त्री (धरती) पुरुष की परीक्षा लेती रहेगी।]

बृहदारण्यक की स्पष्ट उद्घोषणा है कि अ-मर्त्य देवता सब के सब एक मर्त्य पुरुष की सृष्टि हैं।[37] इस प्रकार अनेकशः मृत्यु को जीवन का प्रारम्भ और अन्त दोनों ही कहा गया है और पुरुषार्थ है इस जीवन से छुटकारा पाना। **शतपथ ब्राह्मण** कहता है कि ज्ञान और कर्म कुछ नहीं, यही अग्नि की चिता है।[38]

सबसे पहले दरवाज़े के रूप में एक काया होती है। यही पुरुष है। और इसीलिए तान्त्रिक उपासना में बहिर्याग का अर्थ है पुरुष रूप का आराधन। फिर इस

कायिक उपासना के बाद वाचिक उपासना आती है जिसे अन्तर्याग कहते हैं और जो स्त्री रूप का आराधन है। फिर इस अन्तर्याग को पार करके भावना याग का अन्तिम स्तर आता है। यह मानसिक है और **निष्फल** या पर रूप आता है।[39]

किन्तु भावना के इस याग का मतलब है अपने शरीर को ब्रह्माण्ड से एकाकार कर देना।

यही कामदहन के बाद के अशरीरी विदेह काम की उत्पत्ति है। यही मर्त्यपुरुष के द्वारा अमर्त्य देवताओं की सृष्टि है। इसी को **योग वासिष्ठ** पुरुषार्थ कहता है। इसी के आधार पर वह दैव की सत्ता को स्वीकार करता है।

ए बिट आफ माइसेल्फ लाइक ए बिट आफ दि डेड.[40]

सन्दर्भ

1. **योग वासिष्ठ**, उत्पत्ति प्रकरण, अध्याय 93, श्लोक 16 (3/93/16) की 'तात्पर्य प्रकाश टीका' में यह श्रुति वाक्य उद्धृत है। यहाँ मयट् प्रत्यय 'अभेद' के अर्थ में है। इस प्रकार 'पुरुष काममय है' यह अर्थ न होकर काम और पुरुष में अभेद है, दोनों एक ही हैं, यह अर्थ होगा।
2. The Perfumed Garden : Panther Books, 1963, Page 80
3. त्र्यम्बकं यजामहे सुगन्धिं पुष्टिवर्धनम्। उर्वारुकमिव बन्धनान्मृत्योर्मुक्षीय माऽमृतातात्र्यम्बकं यजामहे सुगन्धिं पतिवेदनम्। उर्वारुकमिव बन्ध नादितो मुक्षीय मामुतः ॥
   शुक्ल यजुर्वेद (माध्यन्दिन संहिता 3/60)
   इसका पूर्वार्ध जिसमें 'पुष्टिवर्धन सुगन्धि' है, पुरुषों द्वारा और उत्तरार्ध जिसमें 'पतिवेदन सुगन्धि' है स्त्रियों द्वारा प्रयुक्त होता है।
4. देखिए : **रीति साहित्य को बिहार की देन**—डॉ. अमरनाथ सिन्हा, बिहार ग्रन्थ अकादमी—1972
5. वही।
6. यहाँ फारसी काव्य परम्परा के प्रेमपात्र के पुल्लिग होने की विस्तृत पड़ताल का अवकाश नहीं, किन्तु यह समझ लेना चाहिए कि कथा-काव्यों में तो प्रेमपात्र का स्त्री होना आवश्यक है, किन्तु ग़ज़ल के प्रेमपात्र को स्त्री बताना कुरुचिपूर्ण हो जाएगा और बहुत गिरे स्तर की शाइ़री को सूचित करेगा। मअ़शूक़ को 'लैला' या 'शीरीं' कहने से भ्रम में न पड़ना चाहिए।
7. Quoted in THE EYE BY WHICH I SEE : METAPHERS OF THE DIVINES BY LYNDA SAXON
   (New Era Conference : "God : The Contemporary Discussion" Theme Group three "Religious Art : Images of the Divine" August 9-15, 1984 SEOUL South Korea)
   From : "The way of The Animal Powers" Vol. I : Historical Atlas of the

World Mythology, San Francisco : Harper & Row for Summerfield Press London 1983, Page 238.

8. मोहिनी अवतार पर शिव के मुग्ध होने की कथा के लिए देखिए **ब्रह्माण्ड पुराण** में ललितोपाख्यान का प्रारम्भिक अंश। समुद्र मन्थन के प्रसंग में यह कथा अन्यत्र भी मिलती है और अमृत के बँटवारे के समय इसी रूप में विष्णु ने दैत्यों को ठगा था।
9. Kenneth J. Gergen की पुस्तक : **The Saturated Self**–Basic Books–Harper and Collings 1991 (Quoted)
10. **योग वासिष्ठ**, 'निर्वाण प्रकरण' उत्तरार्ध 81/102। निर्णय सागर संस्करण में मूल पाठ के अन्तर्गत 'नृत्यन्ती' छपा है, किन्तु स्पष्ट ही 'नृत्यन्त्या' होना चाहिए और टीका भी 'नृत्यन्त्या' मान कर चलती है। भास्कर राय का **सौभाग्य भास्कर** निर्णय सागर से छपा था। हाल ही में भारत सरकार की पुनर्मुद्रण योजना के अन्तर्गत छपकर दुबारा उपलब्ध हो गया है।
11. क्वणत्कांचीदामा करिकलभकुम्भस्तननता
परिक्षीणा मध्ये परिणतशरच्चन्द्रवदना
धनुर्बाणान् पाशं सृणिमपि दधाना करतलैः
पुरस्तादास्तां नः पुरमथितुराहोपुरुषिका ॥
–**सौन्दर्य लहरी** श्लोक-7
12. यह वाक्य बहुत-सी जगहों पर उद्धृत है। जहाँ तक मुझे स्मरण है **कुलार्णव तन्त्र** में है किन्तु इसे तन्त्र साहित्य की सार्वजनिक सम्पत्ति मानना चाहिए।
13. देखिए **वैकृतिक रहस्य**।
14. **Physiology For everyone**–B.F. Sergeev Mir Publishers Moscow, English translation 1978, Page 317
15. अधर्म कारणाज्ञान मेव ज्ञानम्।
16. अ-लक्ष्मी या निर्ऋति की यह कथा **पद्म पुराण** में है और शब्द कल्पद्रुम में 'निर्ऋति' शब्द के आगे उद्धृत है।
17. **योग वासिष्ठ**, 'निर्वाण प्रकरण' उत्तरार्द्ध सर्ग 133-135
18. **त्रिपुरोपनिषद्** (रामानन्द यति और भास्कर राय की व्याख्याओं सहित) सम्पादक आचार्य पट्टाभिराम शास्त्री, वेद मीमांसा रिसर्च सेण्टर वाराणसी 1981, मन्त्र संख्या 9 और 11 के भाष्य में रामानन्द यति ने काम का अर्थ शिव किया है।
19. **ललिता सहस्रनाम पर** भास्कर राय की व्याख्या में **निजारूणप्रभापूरमज्जत् कामेशमांनसा नाम की व्याख्या देखिए, जिसमें भास्कर राय ने पुण्यानन्द के कामकला विलास** से यह श्लोक उद्धृत किया है–
बिन्दुरहंकारात्मा रवि रेतन्मिथुनसमरसाकारः
कामः कमनीयतया कला च दहनेन्दुविग्रहौ बिन्दुः।
20. **हरनेत्राग्निसन्दग्ध कामसंजीवनौषधिः** नाम की व्याख्या में, **ललिता सहस्रनाम** की व्याख्या में भास्कर राय ने कामदहन की यह व्याख्या प्रस्तुत की है।

21. भारतीय धार्मिक साहित्य में सम्भवतः विधवा विवाह का यह अकेला उदाहरण है। **ललितोपाख्यान** में यह सहज भाव से वर्णित है।
22. आ़लम = संसार, अह्ल + ए + हिम्मत, = साहसी लोग, पुरुष
ज़ाम + ओ + सुबू = शराब के प्याले और सुराही, मयख़ान = मदिरालय।
23. Monier Williams के शब्दकोश में 'निर्ऋति' का अर्थ देखिए।
24. उदाहरण के लिए **त्रिपुरोपनिषद्** के नवें मन्त्र पर रामानन्द यति की व्याख्या ही देखिए जिसे पादटिप्पणी 18 में भी स्मरण किया गया था।
25. **शतपथ ब्राह्मण** (10/5/2)
26. निर्ऋतिस्तु पुमान् कृष्णाः सर्वरक्षाधियो महान्
खंगहस्तो महासत्वस्तस्मै नित्यं नमो नमः ॥
—**शौनकोक्त ऋग्वेदीय वास्तुपूजा बलिहोम प्रयोग वास्तुविधानकल्प**
कल्पतरु रिसर्च अकादमी बैंगलोर 1989, पृ. 436
(निर्ऋति कृष्ण वर्ण का पुरुष है, वह सभी राक्षसों का अधिपति है, उसके हाथ में तलवार है, वह बहुत ही बलशाली है, उस निर्ऋति को हम सदा प्रणाम करते हैं।)
27. **छान्दोग्य उपनिषद्** 8/12/1
इस सम्बन्ध में **ललितासहस्रनाम** की सौभाग्य भास्कर व्याख्या में भास्कर राय ने 'मृत्यु मथनी' और 'निष्क्रिया' इन दो नामों की व्याख्या में (जो देवी के नामों में क्रमशः 181 वें और 182 वें नाम हैं) जो कुछ लिखा है वह द्रष्टव्य है।
28. **शुक्ल यजुर्वेद** (माध्यन्दिन संहिता) 12/64
29. **योग वासिष्ठ** 2/10/4
30. **New Testament** –Bible Mathew 27 : 46
31. मंसूर हल्लाज़ का यह कथन उनके अरबी क़सीदे का प्रारम्भिक अंश है, जो अपने प्रथम शब्द 'उक्तुलूनी' के आधार पर 'उक्तुलूनी क़सीदा' के नाम से प्रसिद्ध है और जिसे उन्होंने सूली पर ले जाने के समय पढ़ा था।
32. स देवदेवो भगवान् प्रतीक्षतां कलेवरं यावदिदं हिनोम्यहम्।
—**श्रीमद्भागवत** 1/9/24
33. 'The Death of Rolland Barthes' by Jacques Darrida. (Translated by Pascala–Anne Brault and Michael Naus) in **Philosophy and Non-Philosophy** Since Marlaau Penty. Ed. By Hugh J, Silverman Continental Philosophy I Routledge, New York and London—1988
34. **शतपथ ब्राह्मण** 13/6/2
35. **श्रीमद्भागवत** 2/1-6
36. **शतपथ ब्राह्मण** 13/6/1
37. **बृहदारण्यक** 1/15-6
38. **शतपथ ब्राह्मण** 10/4/3/10
39. विशेष विस्तार के लिए देखिए **भावनोपनिषद्** पर भास्कर राय की व्याख्या।
40. Jacques Darrida 'The Death of Rolland Barthes' वही

द्वितीय का दिवास्वप्न

नारी-लेखन और स्त्री का आत्मबोध

Cherchez la femme

—Alexandre Dumas in **The Mohicans of Paris**
Vol. III Chap. 10 and 11

यों तो नारी-लेखन भी तभी से चला आ रहा है जब से लेखन चला आ रहा है, फिर भी, चूँकि सांस्कृतिक वर्णना पुरुष-प्रधान वर्णना रही है, बल्कि यों कहना चाहिए कि पुरुष-वर्णना रही है इसलिए नारी-लेखन पर एक पुरुषाच्छादन का भी अस्तित्व प्रारम्भ से ही मानने पर विवश होना पड़ता है। वास्तविक अर्थों में नारी-लेखन उन अभिव्यंजनाओं का व्यक्त रूप होगा जिन्हें पुरुष-वर्णना ने प्रकट नहीं होने दिया, नारी-लेखन उन अनुभूतियों का शाब्द रूपंकरण होगा जिनके शाब्दीकरण के रास्ते पुरुष-वर्णना के प्रभाव ने बन्द कर रखे हैं, जिनके लिए कोई रचनात्मक प्रत्यक्ष अवकाश सांस्कृतिक प्रकल्पन में कभी छोड़ा नहीं गया। इस दृष्टि से देखने पर नारी-लेखन सांस्कृतिक पुनः प्रकल्पन की एक प्रक्रिया है, परतें उधेड़ने का एक ऐसा उद्यम जिसको ज्ञात मानवीय इतिहास के सारे दबावों को वि-कालिक (डि-डिक्रॉनाइज़) करना है, जिसे व्यैतिहासिकीकरण (डि-हिस्टॉरिसाइज़ेशन) वि-सामाजिकीकरण (डि-सोशलाइज़ेशन) जैसी तमाम योजनाएँ हाथ में लेनी हैं और जिसे साहित्य तथा साहित्य-शास्त्र की तमाम शर्तें फिर से बनानी और पालनी हैं। हमें शायद यहीं से शुरू करना चाहिए कि भिन्नताओं और निषेधों का यह कार्यक्रम क्या साहित्य-सर्जना का एक नया विधान बन सकता है?

नवीं शताब्दी के आचार्य राजशेखर का कहना है कि नहीं। वे लिखते हैं :

पुरुषों के समान ही स्त्रियाँ भी कवि होती हैं। संस्कार, आत्मा में समवाय सम्बन्ध से रहता है और उसे स्त्री तथा पुरुष में विभाजन की अपेक्षा नहीं है। सुना भी जाता है और देखा भी जाता है कि राजकुमारियाँ, मन्त्रि-पुत्रियाँ,

वेश्याएँ और नटनियाँ शास्त्र सम्पन्न बुद्धि वाली तथा कवि होती हैं।[1]

राजशेखर ने 'कवि' शब्द का नारी-लेखन के सन्दर्भ में, स्त्री-लिंगी रूपान्तरण करने की चेष्टा नहीं की है, 'कवयिता' और 'कवयित्री' के भेद नहीं किये हैं। 'कवि' शब्द संस्कृत में पुल्लिग और स्त्रीलिंग दोनों में प्रयुक्त होगा इसलिए राजशेखर को ऐसा करने की सुविधा भी थी। किन्तु चाहे अनजाने ही, उन्होंने एक बड़ी माँग को पूरा किया जो उनके अपने समय में शायद उठी भी नहीं थी। हम इस सहज प्रयोग को आजकल के उन सचेष्ट और सचेत प्रयोगों के समकक्ष रख सकते हैं जो 'स्पोकपर्सन' या 'चेयरपर्सन' जैसे शब्दों में दिखाई देते हैं।

'आत्मा', 'संस्कार' और 'समवाय' पर कुछ विचार आवश्यक होगा। राजशेखर का कहना है कि संस्कार आत्मा में समवाय सम्बन्ध से रहता है, ठीक-ठीक अनुवाद होगा—संस्कार आत्मा में समवायन (= सम्+अव+अयन) करता है। बिना बारीकियों में गये और कुछ तकनीकी ग़लतियों का ख़तरा मोल लेते हुए, मैं इसकी व्याख्या का दुस्साहस करता हूँ। मेरे विचार में यहाँ 'आत्मा' का प्रयोग 'आत्मायुक्त शरीर' के लिए हुआ है जो अलग-अलग व्यक्तियों के जन्म से मृत्यु तक की अलग-अलग इकाइयों के रूप में पहचाना जाता है और जिसे कहीं-कहीं 'समवायी पुरुष' भी कहा गया है। 'संस्कार' है जन्म-जन्मान्तर से चली आ रही अनुभव-परम्परा। 'समवाय' सम्बन्ध सूत और कपड़े के सम्बन्ध से समझाया जा सकता है, इस आत्मा में संस्कार वैसे ही है जैसे कपड़े में सूत। यह नित्य सम्बन्ध है। सूत का रूप कपड़े के रूप में अ-समवायी सम्बन्ध से वर्तमान है, बात का कुछ बतंगड़ करते हुए कह सकते हैं कि 'आत्मा' अर्थात् 'आत्मा-युक्त शरीर' में स्त्रीत्व और पुरुषत्व अ-समवायी, अ-नित्य सम्बन्ध से वर्तमान है। कवित्व की प्रतिभा संस्कार से आती और उसमें स्त्रीत्व तथा पुरुषत्व का विभाजन नहीं है।

इस प्रकार जहाँ तक सिद्धान्त की बात है, कविता की शक्तियाँ स्त्री और पुरुष में समान रूप से विद्यमान हैं और वे समान रूप से प्रस्फुटित होती दीखती हैं। सिद्धान्ततः नारी-लेखन पुरुष-लेखन से भिन्न नहीं है और उसके लिए अलग से कोई साहित्यिक विमर्श भी आवश्यक नहीं है। इसी तर्क से जाति-भेद और वर्ग-भेद भी साहित्यिक विमर्श में अस्वीकृत हो जाएँगे। राजशेखर ने जो उदाहरण ऊपर के उद्धरण में दिये हैं उनमें सभी सामाजिक वर्गों के स्त्री-कवियों की गणना है। पुरुष कवियों में भी हम जानते हैं कि मातंग दिवाकर नामक कवि थे जो जाति से चण्डाल थे और महाराज हर्ष की सभा में उसी सम्मान से रहते थे जैसे बाणभट्ट और मयूर भट्ट।

व्यवहार में बात इतनी आसान और अभेदमय रही होगी, यह स्वीकार्य नहीं है। मातंग दिवाकर को महाराज हर्ष की सभा तक पहुँचने के लिए, बाणभट्ट के बराबर बैठने के लिए शायद बाणभट्ट से अधिक मिहनत करनी पड़ी होगी। इसी तर्क से, यह भी हो सकता है कि चण्डाल जाति में उत्पन्न दिवाकर की काव्य-प्रतिभा से

चमत्कृत होकर हर्ष की राजसभा ने उन्हें हाथों-हाथ लिया हो। जो भी हो, हर्ष की राजसभा में वे थे। स्त्री-कवियों के साथ भी ऐसा ही है। विद्या नाम की कवि हुई हैं जो किसी राजसभा में अवश्य थीं क्योंकि उनकी राजस्तुति की कविता मिलती है। वीरसरस्वती, शीला भट्टारिका, विज्जका, विकटनितम्बा, प्रभुदेवी जैसे कुछ नाम, और उनकी कुछ कविताएँ संस्कृत-साहित्य के महासमुद्र की कुछ बूँदों के रूप में हमें उपलब्ध हैं।

शास्त्र और काव्य के अवसर सबके लिए समान थे, यह कहना ग़लत होगा। यह भी कहना ग़लत होगा कि लिंगभेद और वर्णभेद के आधार पर कविता का मूल्यांकन होता था और उसका प्रोत्साहन या हतोत्साहन किया जाता था। औरंगजेब जैसे 'काव्य-विरोधी' की भी लड़कियाँ कवि थीं और ज़ेबुन्निसा का यदि दीवान है तो ज़ीनतुन्निसा के भी एकाध शेर मिलते ही हैं। जिस हद तक स्त्री शिक्षा का प्रचार और प्रसार था उस हद तक स्त्री-लेखन के अवसर भी थे। किन्तु ज्ञात इतिहास ने किसी ऐसे समाज का अभिलेख नहीं सुरक्षित रखा है जिसमें इन अवसरों के उत्पाद समतुल्यता से महत्त्वपूर्ण माने गये हों। मोटे तौर पर स्त्री की भूमिका को उसके पारिवारिक सम्बन्धों तक सीमित रखा गया है और माँ से लेकर वेश्या तक के रूपंकरणों में उसकी जगह उसकी दैहिक संरचना की सामाजिक उपयोगिता के पदों में पहचानी गयी है।

राजशेखर ने साहित्य-विमर्श में लैंगिक तटस्थता का जो सिद्धान्त प्रस्तुत किया है उससे उस स्तर पर असहमत होना मेरा उद्देश्य नहीं जिस स्तर पर राजशेखर ने उसे प्रतिपादित किया है। भारतीय पुनर्जन्म सिद्धान्त और आत्मा तथा शरीर के भारतीय दर्शनों में प्रतिपादित सम्बन्धों को स्वीकार करनेवाला विचार-सन्दर्भ लैंगिक तटस्थता से इनकार नहीं कर सकता। किन्तु स्त्री-लेखन पर यदि विचार करना है तो इस सन्दर्भ की नींव में पड़े रहने से वह विचार नहीं हो सकता क्योंकि यहाँ बात इमारत की हो रही है नींव की नहीं। इस इमारत में एक हरम की दीवारें खिंची हैं और दीवारों में कोई खिड़की ऐसी नहीं जिसकी शक्ल में वह अश्लीलता न आरेखित की गयी हो जिसे सार्त्र ने स्त्री में रूपंकृत बताया था।[2]

2

भारतीय सैद्धान्तिक चिन्तन में साहित्य और कला के सम्पूर्ण नारीकरण (टोटल फेमिनाइज़ेशन) के कम-अज़-कम चार प्रवचन दिखाई देते हैं। पहला, इस जागतिक प्रपंच को वाक् या माया या शक्ति का प्रसार मानना। विस्तृति, प्रथन और अभिव्यक्ति के सारे विधान स्त्री के विधान हैं। इस प्रवचन की शर्तों के भीतर मुक्ति का सारा उद्यम एक पौरुष उद्यम है और नारी-निन्दा के उस विशाल साहित्य को

वैधता मिलती है जो भगवान बुद्ध या सन्त कबीर जैसों के चिन्तन में केन्द्रीय है और जिसको आसानी से निराला की इन पंक्तियों से समझा जा सकता है :

उस ओर शक्ति शिव की जो दशस्कन्ध पूजित
इस ओर रुद्र-वन्दन जो रघुनन्दन-कूजित।

× × ×

लख महानाश शिव अचल हुए क्षण भर चंचल
श्यामा के पदतल भार धरण हर मन्द्रस्वर
बोले—"सँवरो देवि निज तेज, नहीं वानर
यह, नहीं हुआ शृंगार-युग्म-गत-महावीर
अर्चना राम की मूर्तिमान अक्षय शरीर
चिर-ब्रह्मचर्यरत ये एकादश रुद्र धन्य
मर्यादा-पुरुषोत्तम के सर्वोत्तम अनन्य
लीला-सहचर, दिव्य-भाव-धर, इन पर प्रहार
करने पर होगी, देवि, तुम्हारी विषम हार।"

नैष्ठिक ब्रह्मचर्य का यह माध्यम स्त्री के भय से बचाव का माध्यम है, यही भय है जो इस नैष्ठिक ब्रह्मचर्य की ठीक उलटी साधना को स्वर देता है जिसके अन्तर्गत त्रैलोक्य की समस्त नारियों को विद्रावित कर सकने की शक्ति साधक में सहज आ सकने की प्रार्थना और आकांक्षा है। यहाँ पुरुष की उपस्थिति स्त्रीत्व के प्रथन का नाम है और इस प्रथन का संकोच ही पुरुषार्थ है। यह एक आत्मकथा का विपरीत लेखन है।

साहित्य और कला के सम्पूर्ण नारीकरण का दूसरा प्रवचन है भक्ति का प्रवचन। जब एकमात्र आलम्बन कृष्ण हैं तो सारे भाव गोपियों के भाव हैं। इस प्रवचन का शास्त्रीय और व्यवस्थित रूप **भक्ति रसामृतसिन्धु** और **उज्ज्वलनीलमणि** जैसे ग्रन्थों में मिल जाएगा किन्तु शास्त्रीय तर्कणा के बिना भी हम यह देख सकते हैं कि 'पिया की सेज' तक पहुँचने के लिए कबीर और मीरा के सिंगार पटार एक ही तरह के हैं। उस पौरुष उपभोग के लिए स्वीकार कर लिया जाना ही कला-कर्म का लक्ष्य है। पुरुष की उपस्थिति यहाँ स्त्रीत्व में निमज्जन के माध्यम से व्यक्त होती है।

तीसरा प्रवचन साहित्य-शास्त्रीय है जिसमें कविता कामिनी है और काव्यशास्त्र उसके अलंकारों के लिए सर्राफा बाज़ार। इसी प्रवचन का एक अध्याय है कविता को कान्ता के वचन जैसा मधुर उपदेश बताना जैसा कि मम्मट ने बताया है। इसी प्रवचन के मुहावरे को कुछ हद तक उलटते हुए राजशेखर ने काव्य-पुरुष को रिझाती हुई साहित्य-विद्या-वधू के परिभ्रमण द्वारा समस्त साहित्यिक भूगोल का मानचित्र

काव्य मीमांसा में उतारा है। इस सम्पूर्ण प्रवचन में पुरुष की उपस्थिति एक बाह्य उपभोक्ता की है।

चौथा प्रवचन अभिनवगुप्त के **तन्त्रालोक** में है (तृतीय आह्निक) जिसके अनुसार रतिकर्म के चरम क्षण पर पहुँची हुई कामिनी के कण्ठ में गूँजती हुई अव्यक्त 'हा' 'हा' की अर्धाभिव्यक्ति ही वह ह-कार है जिससे संसार प्रथित होता है। इस प्रवचन में 'यामल' और 'संघट्ट' सर्व-प्रधान हैं और जैसा अभिनवगुप्त ने ही कहा है, शिव और शक्ति को अलग-अलग देखा ही नहीं जा सकता। इस प्रवचन में पुरुष की उपस्थिति उस हद तक ही और उतनी ही है जितनी स्त्री की।

ये चारों सर्वाख्यान (= मास्टर नैरेटिव) का प्रतिषेध करते हैं और साधना तथा सर्जना के सारे उद्यमों को पुरुष की उपस्थिति के उपाख्यानों (लोकल नैरेटिव) के रूप में प्रस्तुत करते हैं। इस प्रकार वे स्त्रीत्व से भयभीत और मुक्ति-कामी पुरुष को लगभग उसी स्थिति में ला खड़ा करते हैं जिस स्थिति में नारी-वादी वर्णनाएँ स्त्रियों को बाँधती हैं। यदि हम स्त्रीत्व के अवकाश को एक धार्मिक अवकाश (रिलीजियस स्पेस) मानें जिस पर केवल वास्तविक स्त्री-समुदाय का ही दावा नहीं है तो निश्चय ही इन प्रवचनों के अनुसार सम्पूर्ण मानवीय स्थावरता और जंगमता का कर्म अवास्तविक, धार्मिक, नारीवादी आन्दोलन की हलचल है। जैसा कि अभिनवगुप्त ने कहा है, माया, कला, राग, विद्या, काल और नियमित ये पुरुष के छह कंचुक हैं और इन्हीं को शिव दहन किरण जालों से जला डालने पर पुंसत्व से मुक्ति होती है क्योंकि परा संवित् ही माया के कंचुक में आबद्ध होने पर पुरुष कहलाती है।[3]

स्पष्ट है कि एक बार स्त्रीत्व के अवकाश पर से वास्तविक स्त्री-समुदाय का एकाधिकार समाप्त होने पर, स्त्रीत्व की एक धार्मिक प्रकल्पना स्वीकार कर लेने पर, ब्रा-बर्निंग फीमेल और ब्रा-बर्निंग मेल एक ही हैं। भारतीय चिन्तन के ये प्रवचन स्त्री के आत्मबोध से भिन्न कोई स्वतन्त्र इयत्ता नहीं देते, स्त्री के लेखन को लेखन से भिन्न नहीं मानते और नारी-वादी मुहावरों के कई पौरुष अनुलोम इनमें मिल जाएँगे।

किन्तु इन प्रवचनों से गुजरते हुए भी हमें यह खटक बनी रहेगी कि हम नारी-लेखन से और स्त्री के आत्मबोध से दुचार शायद नहीं हुए। स्त्रीत्व को एक धार्मिक अवकाश के रूप में हम जैसे ही प्रकल्पित करते हैं उस पर से लैंगिक एकाधिकार हट जाता है। ठीक ऐसा ही साहित्यिक कृति के साथ होता है। जैसे ही विकटनितम्बा और ज़ेबुन्निसा हमारे सामने कवि के रूप में उपस्थित होती हैं, उनकी लैंगिकता विवादास्पद हो जाती है। विकटनितम्बा की रचनाएँ **अमरुशतक** में संकलित हो कर कविवर अमरुक के नाम से प्रसिद्ध हो जाती हैं और ज़ेबुन्निसा के दीवान के बारे में शक होने लगता है कि क्या किसी दरबारी पुरुष कवि ने उनके नाम से यह दीवान लिख दिया था या नहीं। **थेर-गाथा** और **थेरी-गाथा** में संकलित

पद्यों में आपसी घाल-मेल की पड़ताल होने लगती है। नारी-लेखन का नारीलेखनत्व कृति में किसी निर्विवाद हस्ताक्षर के माध्यम से नहीं पहचाना जा सकता, हमारे पास उसकी पहचान के सारे उपकरण असाहित्यिक विमर्श के हैं। जब हमें किसी अन्य स्रोत से पता हो कि इस रचना की लेखक एक स्त्री है तब हम उसे स्त्री-लेखन मान सकते हैं। रचना के भीतर स्त्रीत्व की उपस्थिति के असन्दिग्ध हस्ताक्षरों को खोजना स्त्रीत्व को धार्मिक अवकाश के रूप में प्रकल्पित और संचित्रित करने की प्रक्रिया का प्रारम्भ है और उनके अलैंगिकीकरण और सन्दिग्धीकरण का विधान बनाता है। उदाहरण के लिए ऋग्वेद की रोमशा और अपाला दोनों की रचनाएँ स्त्रीत्व को उपस्थ के लोमावृत होने में पहचानती हैं किन्तु इसमें कोई ऐसा अनोखापन नहीं जो पुरुषत्व की पहचान से अलग हो, ठीक वैसे ही जैसे चार्लोट ब्रॉण्ट के ही हेड अ राउण्डेड, मस्क्युलर एण्ड विगरस हेण्ड (जेन आयर) में कोई ऐसी प्रच्छन्नता नहीं जिसे पुरुष लेखक न इस्तेमाल कर सकें। जब भी नारी-लेखन अपनी उपस्थिति को सार्वजनिक मंच पर अवतरित करेगा वह उस मंच पर औरों के प्रवेश को रोक नहीं सकता। जैसा कि एक भिन्न सन्दर्भ में गायत्री चक्रवर्ती स्पिवाक ने कहा है :

> *इफ़ दि सबअल्टर्न केन स्पीक देन, थैंक गॉड, दि सबअल्टर्न इज़ नॉट अ सबअल्टर्न एनीमोर.*[4]

3

नारी-लेखन को हम स्मृति के सन्दर्भ से अलग नहीं कर सकते। वास्तविक स्त्रीत्व के सारे नियामक स्मृति-परक हैं, वास्तविक स्त्रीत्व अस्तित्व के अवकाश का ऐतिहासिकीकरण है, ठीक उसी तरह जैसे अवास्तविक स्त्रीत्व अस्तित्व के अवकाश का धार्मिकीकरण है। नारी-लेखन पौरुष समाज की ज्यामिति से परिसीमित और परिभाषित होता है, पौरुष वंचनाओं, वर्जनाओं, विरूपंकरणों और हिंस्रताओं से, पौरुष याचनाओं, लालसाओं और समर्पणों से। एक शब्द में कहने का प्रयास करें तो जैसा वराहमिहिर ने दो हज़ार साल पहले कहा था, पुरुषों ने स्त्रियों को धृष्टता के बल पर पराजित किया है।[5] यह धृष्टता ही वास्तविक स्त्रीत्व के दिक्-काल को अलग छिटकाती है और उसकी वक्रताओं को स्वायत्ततः आरेखित होने के लिए गुरुत्व-बल की सृष्टि करती है।

मिशेल रोजैल्डो ने लिखा है :

> *वे ही प्रतीकात्मक और सामाजिक प्रत्यय जो स्त्रियों को अलग बिठाते हुए और उनकी क्रियाओं को घेरते हुए प्रतीत होते हैं, स्त्रियों द्वारा नारी एकभागिता और महार्थता के आधार के रूप में प्रयुक्त किये जा सकते हैं। जब मर्द औरतों*

से अलग रहते हैं तो वे दरअसल उन्हें काबू में नहीं रख सकते, और अनजाने ही वे उन्हें वे प्रतीक और वे सामाजिक संसाधन मुहैया करा सकते हैं जिनसे स्त्रियाँ अपना निजी समाज बना सकती हैं।[6]

संसार के अन्य समाजों की तरह ही भारतीय समाज में भी स्त्रियों ने ऐसे सामाजिक अवकाश अपने लिए विकसित किये थे जिनमें पुरुषों का प्रवेश वर्जित था और जिनमें एक स्त्री-नियमित उपसंस्कृति (=सबकल्चर) अपने हाथ-पाँव पसारती रहती थी। यह उपसंस्कृति अपने भूगोल और अपने इतिहास के लिए उपलब्ध भूगोल और इतिहास के टुकड़ों को पुनः-पुनः विनियोजित करती थी। घर के भीतर का आँगन और गाँव के सिवान का पेड़ कुछ अवसरों पर इस उपसंस्कृति के हिस्से में आते थे। इस उपसंस्कृति में जो साहित्यिक रचना हुई उसे लिखित आकार नहीं मिला है किन्तु वाचिक परम्परा ने उसे अभी हाल तक अक्षुण्ण रखा था।

'स्त्री का आत्मबोध' इस साहित्य में कहाँ तक अपनी सत्ता को रूपंकृत कर सका है? मैं दुहराना चाहता हूँ कि मेरी दृष्टि में 'स्त्री का आत्मबोध' अस्तित्व के अवकाश के एक विशिष्ट ऐतिहासिकीकरण से उपजता है। यह उपसंस्कृति अपने अस्तित्व के लिए उस आयोजन पर आधारित थी जिसमें परिवार स्त्री के इर्दगिर्द कार्यरत (=फंक्शनल) होता था यद्यपि उसके वजूद के लिए पुरुष की छाँह का होना अनिवार्य था। वे अवसर, जो इस उपसंस्कृति को टिकने के लिए ज़मीन देते थे, समाप्त हो रहे हैं। मुण्डन, कनछेदन, यज्ञोपवीत तथा विवाह खुद ख़त्म हैं और जिस रूप में वे बच रहे हैं उसमें स्त्रियों का कोई काम लगभग नहीं रह गया है। जँतसार, रोपनी और निराई खुद ख़त्म हैं और जिस रूप में वे हैं उनमें स्त्रियों के गीत ग़ैर-ज़रूरी हैं। व्रत समाप्त हैं और यदि हैं तो उनमें व्रत-कथाएँ नहीं हैं और यदि व्रत-कथाएँ कहीं बची हैं तो वे व्रत-कथाएँ लगभग लुप्त ही हैं जिनका वाचन किसी छपी पोथी के आसरे से अपरिचित कोई स्त्री करती थी। मैं फिर से दुहराऊँ कि मेरी दृष्टि में 'स्त्री का आत्मबोध' एक चर उपसंस्कृति (=वैरिएबल सबकल्चर) की उपज है, जैसे-जैसे इस उपसंस्कृति के ऐतिहासिकीकरण के प्राचल (पैरामीटर्स ऑफ हिस्टॉरिसाज़ेशन) बदलते जाएँगे वैसे-वैसे इस 'आत्मबोध की फिगर' भी बदलती जाएगी। मैं स्त्री के आत्मबोध की एक प्रस्तुति करने जा रहा हूँ किन्तु इसकी अचरता (इनवैरिएन्स) का कोई दावा मेरा नहीं है। जहाँ तक इसकी सच्चाई का सवाल है, हम सब जानते हैं कि सच से बड़ा झूठ कोई नहीं होता।

अस्तु, मैं एक व्रत-कथा को उसके सन्दर्भ से उचार कर[7] नारी-लेखन के उदाहरण के रूप में देखना चाहता हूँ। यह हथिया[8] की व्रत-कथा है और अब सरयूपारीण ब्राह्मणों के कुछ गिने-चुने परिवारों में ही यह व्रत तथा इसकी व्रत-कथा बचे रह गये हैं। इस व्रत का कोई उल्लेख किसी भी धर्मशास्त्रीय निबन्ध में नहीं है

और पंचांग भी इसकी उपस्थिति दर्ज नहीं करते।

कथा कुछ सुप्रसिद्ध पौराणिक उपाख्यानों को रचती है, दक्ष-यज्ञ का विध्वंस, शिवपार्वती का विवाह, महाभारत। इस कथा में, जो श्रुति-परम्परा में छीजते-छीजते अब अपने मूल आकार से बहुत क्षीण हो गई लगती है, गद्य-वाचन का अप्रतिम नाद-सौन्दर्य है और आख्या-विधान की भंगिमा नाटकीयता को चरम नति-बिन्दुओं तक तानती रहती है। किन्तु मैं यहाँ केवल कथा वस्तु की भिन्नताओं की ओर ध्यान खींचना चाहता हूँ।

वाचिक परम्परा से प्राप्त रचनाओं में भाषा के आधार पर ऐतिहासिक तिथि-निर्णय नहीं किये जा सकते क्योंकि भाषा का समकालिकीकरण होता चलता है, फिर भी अनेक प्रयोग इस कथा की भाषा में बचे रह गये हैं जिनके आधार पर हम कह सकते हैं कि इसका वर्तमान रूप (कलेवर के तनूकरण की बात छोड़ दें तो) कम-अज़्-कम तीन-चार सौ वर्ष पुराना है। मूल रचना हज़ार या हज़ारों वर्ष पुरानी हो सकती है। जिन परिवारों में यह कथा चली आती है वे यद्यपि स्त्री-शिक्षा में अग्रणी नहीं रहे हैं फिर भी उनमें हर पीढ़ी में कुछ पुरुष कुछ पहले तक अच्छे शास्त्रज्ञ, पुराण-वेत्ता और काव्य-रसिक होते थे और उन घरों में व्यास-कृत **महाभारत** या कालिदास-कृत **कुमारसम्भव** सुपरिचित ग्रन्थ थे। यह मानने का कोई कारण नहीं है कि प्रचलित **महाभारत** की कथा से वे स्त्रियाँ अपरिचित रही होंगी जो इस व्रत-कथा को कहती सुनती चली आ रही हैं, या वे उन तमाम पुराणों को सुनने से वंचित कर दी गयी होंगी जिनमें दक्ष-यज्ञ विध्वंस दिया हुआ है, या उनमें से किसी स्त्री ने कभी **कुमारसम्भव** पढ़ा सुना समझा नहीं होगा। फिर भी बहुत सारे स्थलों पर बहुत महत्त्वपूर्ण परिवर्तन हैं। दुर्वासा ऋषि और पार्वती में से कौन हेवाली राजा (=हिमालय?) के यहाँ जन्म ले? औगुन भरे बेटे के बजाय सौ गुन भरी बेटी के पक्ष में निर्णय होने के बाद ही यह तय होता है कि पार्वती जन्म लेंगी। दुर्वासा ऋषि के अनेक अवगुणों में यहाँ चोरी, चुगुलखोरी और कामलम्पटता गिनाये गये हैं जिनमें से कोई अवगुण उनकी पौराणिक प्रस्तुतियों में नहीं है। पार्वती की तपस्या के समय शिव का वेश बदलकर उन्हें तप से विरत करने का प्रयास अनेक काव्यों और पुराणों में वर्णित है किन्तु यहाँ शिव ने एक सर्वथा भिन्न उपाय अपनाया है, वे एक वृद्ध का रूप धारण कर गंगा में डूबने लगते हैं और पार्वती का द्वन्द्व यह है कि वे पर-पुरुष का स्पर्श न करने की प्रतिज्ञा का निर्वाह करें तो उनके देखते-देखते एक मनुष्य की मृत्यु हो जाएगी; इसका समाधान पुरइन के पत्ते की ओट लेकर शिव को उबारने से होता है।

कथा-भेदों की लम्बी सूची में से मैं केवल एक-दो पर कुछ टिप्पणी करना चाहूँगा। कथा के अन्त में जो मंगल-कामना है वह साधारण मंगल-कामनाओं से बहुत अलग है। सामान्यतः मंगल-कामनाएँ कथा के श्रोता और वाचक की ही

समृद्धि की कामना करती हैं। यहाँ कुन्ती जैसी कोख और पार्वती जैसी माँग संसार की सभी स्त्रियों के लिए चाही गयी है और उन सबके बाद अपने लिए भी। मैं नहीं समझता कि विश्व-कल्याण का यह उद्गार उस रोमाण्टिक दानशीलता से अनुप्राणित है जो बहुत सारे सन्तों और महात्माओं की पेशकश में हमें मिलती है। यहाँ मेरी समझ में यह सहज स्वीकार है कि जब तक सब खुश नहीं होते, कोई भी खुश नहीं हो सकता, जब तक सभी स्त्रियों की माँग और कोख नहीं भरती, किसी एक स्त्री की माँग और कोख भरी नहीं रह सकती। इसीलिए इस व्रत-कथा की महाभारत-प्रस्तुति में कुन्ती गान्धारी के यहाँ जाती हैं और पूछती हैं कि वे क्यों उदास हैं। गान्धारी की उदासी का कारण है उसकी सन्तति-परम्परा का विनाश और यह जानते ही कुन्ती अपने हथिया-व्रत की शक्ति से गान्धारी की सन्तति को फिर जिला देती हैं क्योंकि स्त्रियाँ इस बात को जानती हैं कि यदि गान्धारी के बेटे जीवित नहीं रहेंगे तो कुन्ती के भी बेटे जीवित नहीं रहेंगे जबकि कृष्ण द्वैपायन व्यास का **महाभारत** इस तथ्य से अनभिज्ञ जान पड़ता है।

वाचिक परम्परा के नारी-गीतों और नारी-कथाओं की नारी में उस क्रूरता, ईर्ष्या और स्वार्थ की उपस्थिति प्रायः नहीं के बराबर है जो लिखित और मानकीकृत साहित्य की पौरुष-वर्णना में रची हुई स्त्री का एक महत्त्वपूर्ण अभिलक्षण है। सपत्नी और विमाता के निष्ठुर चरित्र मिलते हैं किन्तु उन्हें निष्ठुर पति और निष्ठुर पिता और इस प्रकार केवल एक निष्ठुर पुरुष, केवल एक वैरारूढ़ अपर (=एडवर्सेरियल अदर) के प्रतिबिम्ब झलकाते हुए बे-ख़बर आइनों के अलावा कुछ नहीं माना जा सकता। मेड़िए का हृदय रखने वाली उर्वशी की कल्पना ऋग्वेद के ऋषि ने की है उसकी जगह इस साहित्य में नहीं है। इन नारी-गीतों में पुत्र-जन्म के अवसर पर उस हिरनी को याद किया जाता है जिसके पति का मांस कौशल्या की रसोई में पक रहा है और उसकी खाल भी हिरनी को इसलिए नहीं मिल सकती कि उससे खँजड़ी बनेगी जो राम के लिए खिलौने का काम करेगी। मुझे नहीं मालूम कि कौशल्या की जगह लेने वाली सद्यः-प्रसूता स्त्री के प्रसूति-गृह में उस हिरनी को पहुँचा कर इन नारी-कवियों ने ठीक-ठीक क्या बताना चाहा है जो खँजड़ी की हर आवाज़ पर अपने मारे गये पति की आवाज़ सुनने के लिए कान लगाए हुए है। किन्तु मैं इतना जानता हूँ कि यह शायद रामकथा का एक ऐसा रहस्य है जो वाल्मीकि की पहुँच के बाहर है यद्यपि उनकी **रामायण** में रामकथा के सारे रहस्यों का बयान करने की प्रतिज्ञा है।

स्त्री का यह 'आत्मबोध' कि जिस समय वह पुत्र-जन्म से मानवीय गौरवगाथा का अगला अध्याय लिख रही होती है ठीक उसी समय उसके पति की खाल खँजड़ी बनाने के लिए जब्त की जा रही होती है, उस अवध्य और अनतिक्रमणीय अवकाश में अपनी सत्ता को पसारता है जिसे पौरुष आख्यानविद्या अपनी स्फीति का वितान

तानते-तानते अनायास एक अलक्ष्य और अदृश्य रिक्ति के रूप में अनजाने ही सिरजने को विवश है। नीत्शे ने कहा था कि 'स्त्री ईश्वर की दूसरी भूल है'।[9] मेरी समझ में यह इस अर्थ में सही है कि पहली भूल ने सुख की एक ऐसी परिभाषा गढ़ी थी जिसमें दुनिया दो टुकड़ों में बँट गयी थी, कृपा और अकृपा में, ज्योति और तम में, पूर्णता और अपूर्णता में। एक कॅटेगॅरी के रूप में स्त्री की सृष्टि इन दो टुकड़ों में से अनामित अपर को नाम देना थी। मेरा प्रस्ताव है कि यह स्वीकार किया जाए कि संस्कृत में पत्नी की एक संज्ञा इसीलिए 'द्वितीया' है।

इस द्वितीया की सृष्टि के साथ ही ईश्वर ने अपना दूसरा हाथ भी खो दिया है। इस निहत्थे ईश्वर के सामने जो खण्ड-खण्ड पृथ्वी और खण्ड-खण्ड पाताल[10] पसरा हुआ है उसे वह स्त्री को एक बुरे सपने में सर्ग-बद्ध करके पढ़वाता है। "पार्वती, देखो यह क्या हुआ, तुम दिन में सोईं और दुनिया टुकड़े टुकड़े हो गयी"[11]।

पौरुष आख्यान-परम्परा का यही महावाक्य है—दुनिया खण्ड-खण्ड है इसलिए कि औरतें दिन में सोती हैं। इस महावाक्य ने ही स्त्री को एक इतिहास-बद्ध स्वायत्तता दी है और उसे यह बताया है कि उसका एक अपना आत्मबोध है जो वह एक नारी-लेखन के माध्यम से प्राप्त करती है जैसे कि अबतक जो लेखन हुआ है और जो आगे होगा उसकी कवि स्त्री नहीं है। अग्निचयन-विद्या के प्रसंग में **शतपथ ब्राह्मण** कहता है कि जिन ईंटों से प्रजापति की अग्निचिति बनायी जाती है उनके नाम स्त्रीलिंग में भी हैं, पुल्लिग में भी और नपुंसकलिंग में भी किन्तु वे सबकी सब ईंटें स्त्री ही हैं। स्त्री का आत्मबोध यह पहचान सकता है कि पोर पोर टूटे प्रजापति को पोर पोर गढ़ती हुई अग्निचिति में हर ईंट की जगह उसने खुद को पेश किया है लेकिन यह पहचानने के लिए द्वितीया को उस दिवास्वप्न से बाहर आना पड़ेगा जिसमें वह पौरुष महावाक्य का भाष्य बनते-बनते गुम हो जाती है।

सन्दर्भ

1. पुरुषवत् योषितोऽपि कवीभयेयुः। संस्कारो ह्यात्मनि समवैति, न स्त्रैणं पौरुषं वा विभागमपेक्षते। श्रूयन्ते दृश्यन्ते च राजपुत्रयो महामात्य-दुहितरो गणिकाः कौतुकिभार्याश्च शास्त्र-प्रहतबुद्धयः कवयश्च।

—काव्यामीमांसा दसवाँ अध्याय।

2. "The obscenity....of everything that gapes open." **Being and Nothingness** trans H.E. Barnes 1958 से Patricia Waugh द्वारा अपने निबन्ध Statemates? Feminists post moderninsts and unfimished issues in **Modern Aesthetics, Modern Literary Theory : A reader** 2nd edition Ed by Philip Rice and Patricia Waugh 1992 Edwin Arnold London में पृ. 358 पर उद्धृत।
3. **तन्त्रालोक** नवम आह्निक श्लोक 204-207 और इन पर जयरथ की व्याख्या देखें।

4. Gayatri Chakraborty Spivak on p. 283 in **Political commitment and the postmodern Critic in the New Historicism** Routledge 1989 edited by H. Aram Veeser.
5. धाष्टर्येन पुम्भिः प्रमदा निरस्ता

   —वराहमिहिर, **बृहत्संहिता** स्त्री प्रशंसाध्याय (अध्याय 74)
6. The very symbolic and social conceptions that appear to set women apart and to circumscribe their activities may be used by women as a basis for femaie solidarity and worth. When men live apart from women, they infact cannot control them, and unwittingly they may provide them with the symbols and social resources on which to build a society of their own.

   —Michelle Rosaldo, "Women, Culture and Society : A Theorretical View" in Louise Lamphere and Michelle Rosaldo **(eds Women) Culture and Society** (Stanford, 1974), p. 39
7. 'उचार (ना)' एक भोजपुरी क्रिया है। इसका एक अर्थ है 'उखाड़ना' जैसे सूखते हुए ज़ख्म से पपड़ी उखाड़ ली जाए। इसका दूसरा अर्थ है 'उच्चारण करना', जैसे मन्त्र 'उचारे' जाते हैं। इस प्रकार 'सन्दर्भ' से निर्दयता और निर्लज्जतापूर्वक अलग निकाल लेना और 'सन्दर्भ की पूरी पवित्रता बनाए हुए पढ़ना' ये दोनों ही अर्थ यहाँ लागू होंगे, और मुझे दोनों ही अभिप्रेत हैं।
8. तेरह दिन का यह हथिया व्रत सूर्य के हस्त नक्षत्र में आने के बाद से शुरू और चित्रा नक्षत्र में जाने पर समाप्त होता है। 'हस्त' ही कथा में 'हाथी' या 'हथिया' बन गया है, भोजपुरी में 'हाथी' स्त्री-लिंगी शब्द है।
9. God Created Women, And boredom did indeed cease from that moment but many otherthings ceased as well Women was God's second mistake.

   —**Nietzsche, The Antichrist Aphorist 48**
10. 'खाँडा ताल, खाँडा पताल'--हथिया व्रत-कथा।
11. हथिया व्रत-कथा।

लिलिथ-चयन

शताब्दी के अन्त पर स्त्री

बिल क्लिण्टन जब से दूसरी बार अमरीका के राष्ट्रपति चुने गये हैं, बहुत भरोसे के साथ अमरीका को इक्कीसवीं सदी में ले जाने की बात करते हैं किन्तु इसका आशय केवल यह नहीं है कि उनके कार्यकाल में इक्कीसवीं सदी आ चुकी होगी, इसका आशय यह है कि वे अमरीका को एक नये युग में ले जाएँगे। जिस तरह से उनको मत मिले हैं उससे ऐसा दीखता है कि अधिकतर स्त्री-मतदाता उनके पक्ष में थे। किन्तु इसका कारण यह नहीं है कि वे अपने प्रतिद्वन्द्वी बाब डोल की अपेक्षा अधिक युवा और सुदर्शन हैं या टेलीविज़न पर बहुत फबते हैं। ज़ाहिर यह होता है कि क्लिण्टन को स्त्री-नागरिकों का अधिक समर्थन इसीलिए प्राप्त हुआ कि वे अपने प्रतिद्वन्द्वी की अपेक्षा 'चयन' के पक्ष में अधिक दिखाई पड़े, अर्थात् वे इसका समर्थन करने वाले माने गये कि कोई स्त्री अपनी इच्छा से, निजी कारणों के आधार पर, गर्भपात करवा सकती है। प्रतिद्वन्द्वी का दल 'चयन-विरोधी' माना जाता है, यद्यपि चयन-विरोधी अपने को 'जीवन का पक्षधर' जैसी गरिमापूर्ण और सदाशयी चिप्पी से विभूषित करते हैं।

'चयन'—अर्थात् गर्भ धारण करने वाली स्त्री को गर्भ-समापन का अधिकार—एक राष्ट्रपति-चुनाव के मुद्दे से कहीं बड़ी चीज़ है। यह एक पितृसत्तात्मक समाज में स्त्री की पारम्परिक भूमिका का सर्वाधिक दृढ़तापूर्वक अस्वीकार है। 'तीसरी दुनिया' के देशों में, जिन पर अपनी जनसंख्या को 'नियन्त्रित' करने का दबाव लगातार बना हुआ है, व्यवस्था और सत्ता ने इसे समर्थन दिया है बल्कि प्रोत्साहित किया है। इस प्रक्रिया में उन्होंने 'नियन्त्रण' को 'नियोजन' और 'कल्याण' के रूप में पाक साफ कर लिया है और इस प्रकार इसे एक पारिवारिक मूल्य में बदल दिया है।

पितृसत्तात्मकता की अनदेखी न करते हुए उन्होंने 'पिता' की सहमति जानने को ज़रूरी मान लिया है और विवाहेतर गर्भधारण की स्थिति में इसे नैतिक धवलता

हासिल करने का एक उपकरण भी बना दिया है। किन्तु पश्चिम में 'चयन', 'चयन' ही है। यह स्वीकार किया जाना चाहिए। यह गोरी नस्ल और ऐंग्लो-सैक्शस वंशवृक्ष के प्रोटेस्टैण्ट मतावलम्बियों का ही मामला है पर बीसवीं सदी के अन्त में मानव समाज के सरोकार वही हैं जो गोरी नस्ल और ऐंग्लो-सैक्सन वंशवृक्ष के प्रोटेस्टैण्ट मतावलम्बियों के सरोकार हैं। इस आलेख के सन्दर्भ में, हम इस क्रान्ति या उस धर्म की बेटियों के दस्तों को विचार-परिधि से बाहर रख सकते हैं क्योंकि वे उन विशिष्ट विचारधाराओं का, जो कि उन्हें थमा दी गयी हैं, बलपूर्वक अनुपालन कराने वाली टुकड़ियों से अधिक कुछ नहीं हैं। जब मैं बीसवीं सदी के अन्त की स्त्री की बात कर रहा हूँ तो मैं गोरी नस्ल और ऐंग्लो-सैक्सन वंशवृक्ष की प्रोटेस्टैण्ट मतावलम्बी स्त्री की बात कर रहा हूँ जिसे बहुत आसानी से अपने पिछड़े हुए क़स्बे की उस साँवली हिन्दू लड़की के रूप में हम पहचान सकते हैं जो मुहल्ले के जगराता में सक्रिय है और अमिताभ बच्चन पर निछावर होने वालियों के दल की सदस्य है।

यह आवश्यक होगा कि हम पितृसत्तात्मक सृष्टि की कहानी की ओर जाएँ। याहवेह एलोहिम ने आदम की पसली की हड्डी से एक स्त्री गढ़ी और उसे आदम के पास ले आए। अदिम कविता करने लगे :

आखिरेकार, यह
मेरी हड्डियों की हड्डी है
और मेरे गोश्त की गोश्त
इस कारण उस कहेंगे स्त्री ('पुरुषी')
क्योंकि उसे पुरुष से निकाला गया'

पश्चिम एशियाई मूल के धर्मों का यह लगातार कहना रहा है कि स्त्री की रूह नहीं होती क्योंकि जीवन-श्वास ईश्वर ने केवल पुरुष के नथुनों में फूँकी थी। स्त्री को रूहानी पुरुष के बर-अक्स एक जिस्मानी उत्पाद माना जाता है। इस जिस्मानी उत्पाद ने साँप की बात सुनी—जो एलोहिम के बनाये प्राणियों में सर्वाधिक बुद्धि-सम्पन्न था। एलोहिम ने आदम और ईव को ज्ञान-वृक्ष का फल खाने की मनाही की थी, बल्कि सच यह है कि चेतावनी दी थी कि अगर उन्होंने ज्ञान-वृक्ष का फल खाया तो वे मर जाएँगे। साँप ने 'पुरुषी' से कहा कि एलोहिम झूठ बोल रहे हैं, ज्ञान प्राप्त करने के कारण कोई नहीं मरता। ईव ने साँप पर यकीन किया, फल खाया और आदम को भी समझा-बुझाकर खिला दिया। तब उन दोनों को 'अच्छे' और 'बुरे' का फ़र्क मालूम हो गया और खुसूसन वे यह जान गये कि वे नंगे हैं। जब एलोहिम स्वर्गोद्यान में अगली बार आये तो इन दोनों ने अपने को छिपा लिया क्योंकि वे अपने नंगे होने पर शर्मसार थे, यद्यपि उन्होंने अंजीर के पेड़ से पत्तियाँ तोड़ ली थीं और उनको सिल कर अपने लिए लँगोटियाँ बना ली थीं। और

यही 'मूल पाप' था जिसके लिए एलोहिम ने उन्हें शाप दिया :

> *ऐसा कहा गया है कि मूल पाप पिता से सम्प्रेषित किया जाता है क्योंकि अपनी सन्तानों के जन्म में वही संवाहक है। और इसलिए ऐसा कहा गया है कि यदि कोई मनुष्य-मांस से केवल जिस्मानी तौर पर जन्म लेता है तो उसे मूल पाप का संक्रमण नहीं होगा। अब यह तो स्पष्ट ही है कि दार्शनिकों की राय में सर्जना का सक्रिय सिद्धान्त पिता से उद्भूत होता है और माता जिस्मानी सामग्री जुटाती है। इसलिए मूल पाप का संक्रमण माता से नहीं पिता से होता है, अर्थात् यदि मूल पाप आदम ने न किया होता, ईव ने किया होता, तो उनकी सन्तानें मूल पाप से संक्रामित नहीं होतीं। जबकि यदि आदम ने किया होता, ईव ने नहीं तो उनकी सन्तानें मूल पाप से संक्रामित होतीं।*[2]

आदम और ईव दोनों को स्वर्गोद्यान से निकाल दिया गया, आदम को खेती करने के लिए, ईव को दर्द से छटपटाते हुए बच्चे जनने के लिए। रतिचर्या और प्रजनन का उद्भव इसमें है कि अच्छाई और बुराई की दो अलग-अलग पहचानें खोजी गयी। एलोहिम ने स्वर्गोद्यान के पूरब वाले दरवाज़े पर पहरेदार तैनात कर दिये और अगर यह काफ़ी नहीं था तो एक लपटें फेंकती तलवार भी दरवाज़े पर लगातार घूमती रहती थी जिससे कि ये दोनों चुपके से स्वर्गोद्यान में न घुस आवें और जीवन-वृक्ष का भी फल न खा लें क्योंकि तब तो वे अमर हो जाते और इस प्रकार इस तरह से एलोहिम के बराबर हो जाते। उन्होंने अपने को विचार-शून्य रोबट-कल से बुद्धिमती मशीन में बदलने का, अपना आपा जताने का, जो एक मात्र प्रयास किया था उसके परिणाम में उन्हें अन्य विपत्तियों के साथ-साथ मृत्यु हासिल हुई। चूँकि एलोहिम ने उन्हें जीवन-वृक्ष का भी फल खाने से मना किया था इसलिए उनके साहिबेमौत बनने का यह तर्क तो खोखला जान पड़ता है और एलोहिम से किसी गहरी खीझ को उजागर करता है किन्तु मैं इसकी तफ़सील में यहाँ न जाऊँगा।

यह कहानी अपने आप में अन्तर्द्रोही है किन्तु इसका इस्तेमाल यह स्थापित करने में किया गया है कि आदम का पाप भौतिकवाद था और भौतिकवाद को ईव में पहचाना गया है। एलोहिम के आदेश ये हैं कि ईव अकर्मक सिद्धान्त की आपूर्ति करती है और आदम सकर्मक सिद्धान्त की आपूर्ति करता है। 'चयन' इसे अस्वीकार करता है, कम-अज़-कम वह सकर्मक सिद्धान्त को गौण और भाड़े पर लिया हुआ मानता है। पुराने इस्तेमाल से मँजे हुए कृषि-परक रूपक का उपयोग करें तो 'चयन' इससे इनकार करता है कि फसल जोतने वाले की है, वह इस पर जोर देता है कि फसल उसकी है जिसका खेत है और इस प्रकार वह एक दूसरी घटना के समर्थन में प्रस्तुत होता है जो इस सदी के अन्त में घटित हुई—समाजवाद का पतन।

शताब्दी के अन्त की स्त्री जिस्मानी/रूहानी की बर-अक्स प्रस्तुति में भितरघात करती है, सृष्टि-कथा के व्याख्या-आवरण को चीर कर अलग करती हुई और सृष्टि के समय के आगामी भविष्य में ईव की केन्द्रियता को उजागर करती हुई। शताब्दी के अन्त की स्त्री वैकल्पिक शब्द–'बुद्धिमान' साँप के शब्द–को खोज निकालने में भी पहली है। यहाँ यह स्मरण करना प्रासंगिक होगा कि यद्यपि जिस हिब्रू शब्द ('आरूम') का यहाँ अर्थात् **जेनेसिस** 3.1 में इस्तेमाल हुआ है, उसका यहाँ अनुवाद 'धूर्त' या 'चतुर' के रूप में किया जाता है, उसी शब्द का **प्रावर्ब्स** 14.8 में 'ज्ञानी' या 'बुद्धिमान' के रूप में अनुवाद किया जाता है।

ज्ञानी पुरुष दूरदर्शी होता है। मूर्ख अपने को मूर्ख बनाने का प्रयास करता है और सचाई के सामने आने से कतराता है।

तो यह साँप, ज्ञानी है, दूर तक देखता है। और यही बात ईव के बारे में सच है जो साँप की बात को ध्यान से सुनती है और इस प्रकार इस ज्ञान में शरीक है। सच तो यह है कि कथा में पहले से ही इस सहभागिता के संकेत दे दिये गये हैं क्योंकि पूर्ववर्ती श्लोक (**जेनेसिस** 2.25) कहता है 'पुरुष और पुरुषी दोनों ही नग्न थे' और 'नग्न' के लिए जो हिब्रू शब्द 'अरूम्मीम' प्रयुक्त हुआ है वह उस शब्द 'आरूम' का समध्वनिक है जो धूर्त/ज्ञानी के लिए प्रयुक्त किया गया है। किन्तु यह ईव का काम था कि वह इस समध्वनिकता को पहचाने और सर्प के शब्द को, ज्ञान को, कार्य में परिणत करे।

यह शब्द क्या है?

यह (=सर्प का प्रश्न, वा.शु.) न तो निषेधाज्ञा (ज्ञान-वृक्ष का फल खाने की, वा.शु.) के अधीन है और न ही उसका उल्लंघन। यह अन्तर्वैयक्तिक क्षेत्र के बाहर से आने वाले शब्द की तरह बोलता है, **'शुद्ध भौतिक क्षेत्र से आया शब्द जिसे हम व्याकरण में 'इट्' से बताते हैं।'**[3]

अन्यत्र मैंने 'इट्-सचाई' और 'इट्-कथन' की चर्चा एरिक फोएगेलिन के ग्रन्थ **क्रम और इतिहास** के सन्दर्भ में की है।[4] मैं उस आलेख से यहाँ यह उद्धृत करना चाहूँगा कि पश्चिम के सन्दर्भ में–इट्-सचाई ईश्वर (=एलोहिम) और मनुष्य के बीच के सम्बन्धों का प्रवचन है। ऊपर दिये गये उद्धरण को इसकी बगल में रखते हुए, मेरा सुझाव यह है कि सर्प का शब्द एक वैकल्पिक इट्-सचाई है और यह तथ्य, कि ईव ने यहाँ एक चुनाव किया है, इस ओर इशारा करता है कि शताब्दी के अन्त की स्त्री प्रत्न-कालीन स्त्री में ही गूढ़ है। हम आज किसी नयी स्त्री का सामना नहीं कर रहे हैं केवल एक स्पष्ट सत्यापन का सामना कर रहे हैं, जो सबसे पहली स्त्री पहले से ही थी उसी के सत्यापन का। शताब्दी के अन्त की स्त्री हमेशा पहले से ही पुरानी स्त्री है।

मैं फिर दुहराता हूँ कि कथा अपने आप में ही अन्तर्द्रोही है किन्तु एक उपरि-पाठ एक अन्य अधः-संस्करण (=अन्तर्द्रोह)[5] की प्रविष्टि करता है—मैं यह भी कह सकता हूँ कि एक अधः-पाठ एक अन्य उपरि-संस्करण की प्रविष्टि करता है। यह सन्दर्भ मूल ग्रन्थ में उपस्थित है : इसैया 35-14 में 'लिलिथ' का उल्लेख किया गया है जिसका अनुवाद साधारणतया 'निशाचरी' के रूप में किया जाता है। यहूदी लोक विश्वास में लिलिथ पुरुषी के पहले की स्त्री है जिसे मिट्टी से ही बनाया गया था जैसे आदम को, और आदम के साथ ही बनाया गया था। वह पुरुषी (=ईव) के पहले आदम की पत्नी थी किन्तु वह अपने को आदम के समकक्ष मानती थी। उनके बहुत से बच्चे हुए, सब शैतान, भूत, दैत्य, चुड़ैलें। किन्तु अन्त में वह या तो घर से खदेड़ दी गयी, या गुस्से में घर छोड़ कर चली गयी और एलोहिम ने आदम के लिए 'ईव' को रचा जो एक अधिक उपयुक्त 'सहायिका' थी।

लिलिथ को दो तरह से पेश किया जाता रहा है। एक प्रस्तुति में, जो शायद अधिक प्रचलित है, वह नवजात शिशुओं पर ईर्ष्या-वश आक्रमण करती है क्योंकि वह सोचती है कि ईव ने उसकी जगह हड़प ली है। इस प्रस्तुति के अनुसार ईव की सन्तानों को लिलिथ से भय है। किन्तु एक दूसरी प्रस्तुति भी है जिसके अनुसार वह प्रसव के समय स्त्रियों की रक्षा और सहायता करती है। मेरे निजी विचार में ये दोनों प्रस्तुतियाँ परस्पर विरोधी नहीं हैं—हम भारतीयों को एक समान्तर उदाहरण ढूँढ़ने के लिए बहुत दूर नहीं जाना है, सिर्फ़ यह याद करना है कि 'विनायक', जो विघ्नकर्ता शक्तियों के अधिपति हैं, कैसे विघ्नहर्ता भी हैं, या कैसे मौत की काली रात 'कालरात्रि' ही वह देवी है जिससे अपने कल्याण की प्रार्थना की जाती है (उदाहरण के लिए लोकप्रिय ग्रन्थ **दुर्गा सप्तशती** देखें)।

लिलिथ की कहानी को फिर उठाएँ, वह पुरुषी की दोस्त है मगर उसकी दुनिया एक समान्तर दुनिया है—वह छाया-लोक जिसमें एलोहिम से परित्यक्त लोग बसते हैं। हम यहाँ यह भी याद कर सकते हैं कि एक कथा के अनुसार उसने पुरुषी के गढ़े जाने की देख-रेख की। इस तरह वह पुरुषी का अधः-पाठ और उपरि-पाठ दोनों ही हैं, अधः-पाठ इसलिए कि पुरुषी को उसकी प्रतिकृति के रूप में गढ़ा गया, उपरि-पाठ इसलिए कि जिस द्रिक-काल में पुरुषी को गढ़ा गया उसमें वह रची बसी थी। ईव और लिलिथ एक-दूसरे की नकल हैं और वे सृष्टि की भी नकल ही हैं क्योंकि जीवन-श्वास इनमें से किसी के नथुनों में फूँकी नहीं गयी थी। वे उसको पुनः प्रस्तुत करती हैं जो कभी प्रस्तुत ही नहीं किया गया, वे एक ऐसी सृष्टि को तानती और विस्तार देती हैं जिसकी योजना सृष्टिकर्त्ता एलोहिम ने बनायी ही नहीं थी। हमें यह नहीं भूलना चाहिए कि मानव जाति एक निर्वासन का परिणाम है और पिशाचों की जाति एक दूसरे, पूर्वकालीन निर्वासन का परिणाम; दोनों ही ऐसी घटनाएँ हैं जिनका एलोहिम को पहले से गुमान नहीं था।

समकालीन स्त्री-वाद, कम-अज़-कम एक दिशा में, पश्चिम में चल रहे पैगन आन्दोलन से जुड़ा हुआ है, स्पष्ट शब्दों में, यह दीर्घ-प्रचलित पुरुष-प्राधान्य को एक-देव-वादिता के सीधे परिणाम के रूप में पहचानता है। सभी एक-देव-वादी धर्म पुरुष-प्राधान्य के समर्थक हैं। गेल स्टेन्स्टाड और मार्गाट एडलर जैसे स्त्री-वादी चिन्तकों के इस सिद्धान्त-प्रतिपादन के पीछे जो भी तर्क हों, मुझे लगता है कि अन्ततः इस मुकाम पर मूल समस्याओं का सीधा सामना किया जा रहा है। हम यहाँ कह सकते हैं कि सब जगह, सभी वक़्तों में, स्त्रियाँ प्रच्छन्न बहुदेववादी रही हैं, जिसे 'निम्न-धर्म' कहा जाता है उसकी प्रमुख समर्थक वे ही रही हैं। हिन्दू धर्म जैसे पैगन धर्म में यह फ़र्क बहुत साफ़ नहीं दिखाई देता किन्तु अन्य धर्म-तन्त्रों में यह बहुत स्पष्ट है।

स्त्री की प्रत्यभिज्ञा एक पैगन प्रत्यभिज्ञा है। निश्चय ही, हम एक-देव-वादी तन्त्रों की समाप्ति नहीं देख रहे हैं। कुछ अर्थों में इसका विलोम ही सच है जबकि हिन्दू वैचारिकता को भी एकार्थी प्रतीकों में ढाला जा रहा है। किन्तु सम्भवतः स्त्रियाँ किसी एक सार सर्व-प्रभावी समांगी सर्वाख्यान में समा जाने से इनकार करेंगी और यह इनकार ढकी-छिपी पुरुष-परिचालित 'स्त्री-वादी' पहलों से अधिकाधिक स्वतन्त्र होता जाएगा।

ऐसी ही एक पहल 'स्त्री-शरीर के बाज़ारीकरण' का विरोध है। हमने अभी हाल में भारतीय भूमि पर विश्व-सुन्दरी प्रतियोगिता के आयोजन पर उठाया गया हो-हल्ला देखा है। बुनियादी सवाल—'आखिर देह किसकी है?'—कोई नहीं उठाता, यह मान लिया जाता है कि स्त्रियों को 'सार्वजनिक प्रदर्शन' से बचना चाहिए।

सच यह है कि अगर ध्यान से देखा जाय तो बहुत सारे उद्यम जो 'स्त्रियों के लिए' हैं, दरअसल स्त्रियों को सार्वजनिक क्षेत्रों से मिटाने पर सही करने के उद्यम हैं। एक महत्त्वपूर्ण उदाहरण तमाम स्त्री-वादी आन्दोलनों के भीतर स्त्री-समलैंगिकता के प्रति बरती जाने वाली उदासीनता, बल्कि द्रोह है। लूस इरिगारे ने एक प्रवचन की बात की है जिसे वे 'उन औरतों के बीच की बातचीत' का नाम देती हैं। इसका मतलब है कि स्त्रियाँ एक-दूसरे को स्त्री के रूप में पहचानने लगें, एक-दूसरे से उनकी बातचीत एक स्त्री की दूसरी स्त्री से बातचीत हो। स्त्री-समलैंगिकता एक चयन है। किन्तु इसमें एक खतरा भी है; अगर द्वैत से परहेज़ में बेहद कड़ाई बरती गयी हो तो अपने ही बनाये अन्तःपुर में क़ैद हो जाने का ख़तरा। मैं इस बिन्दु को यहाँ विस्तार न दूँगा किन्तु दो बातें हैं जिनकी ओर मैं ध्यान दिलाना चाहता हूँ। पहली यह है कि समलैंगिक स्त्री वही नहीं है जो समलैंगिक पुरुष है। समलैंगिक पुरुष केवल एक छोटे दिमाग़ वाली, क़ानूनची, अत्याचारी व्यवस्था के प्रति विद्रोह करता है। सिर्फ़ एक उदाहरण दूँ, समलैंगिक पुरुषों के विरुद्ध पूर्वग्रह के चलते कम्प्यूटर साइन्स की दुनिया के सबसे बड़े नामों में से एक, अलान ट्यूरिंग, का

जीवन बेहद तकलीफ़देह गुज़रा और आख़िर उनकी मौत भी इसके नाते ही हुई। आज सिर्फ़ चार दशक बाद 1997 में, यह पूर्वग्रह ग्रेट ब्रिटेन में कम-अज़-कम क़ानूनी तौर पर तो खत्म ही कर दिया गया है और जिस हद तक ऐसी बातों में कल्पना करने का कोई मतलब होता है उस हद तक यह कल्पना की जा सकती है कि वे इस दिलफेंक़ दसवें दशक में शायद बेहतर और ज़्यादा लम्बी ज़िन्दगी जी सकते थे, बर-अक्स छठवें दशक के।

समलैंगिक पुरुष दैवी नियम तोड़ता है, देखिए कि सोडम के नागरिकों का क्या हुआ, धरती का क़ानून तो सिर्फ़ दैवी नियम की नक़ल करने की कोशिश करता है। समलैंगिक स्त्री भी दैवी नियम को तोड़ने का विद्रोही कर्म करती है किन्तु वह उससे आगे भी कुछ करती है, वह अपनी देह को अपनी निजता से विच्छिन्न किये जाने के विरुद्ध लड़ रही होती है, वह अपने को वास्तवाभास में बदले जाने के विरुद्ध, दस्तावेजों से मिटाये जाने के विरुद्ध, अभिलेखागारों से खारिज किये जाने के विरुद्ध लड़ रही होती है। सच यह है कि एक-देव-वादी आख्यान-विद्या के एकलैंगिक अर्थवाची संचारतन्त्र में स्त्रियाँ, विशेषतः समलैंगिक स्त्रियाँ, केवल तहबन्द परोक्ष-वचनों के रूप में उपस्थित हैं, शून्य-वाची चिह्नों के रूप में ही उनकी सत्ता है। जब स्त्री 'दूसरी लिंग' (सिमोन द बुवा) या 'दूसरी भूल' (नीत्शे) की हैसियत में होती है तब (और केवल तभी) वह इस तन्त्र में चयन की प्रविष्टि करती है और इस आख्यान-विद्या से इनकार करती है।

दूसरी बात यह है कि एक दूसरा निदर्श कैसे कार्यरत होता है, ऐसा निदर्श जो स्त्रियों को वास्तवाभास के रूप में नहीं बरतता, जो उनकी देह को उनकी निजता से विच्छिन्न नहीं करता, संक्षेप में जो (पुरुष वास्तव-जन के बर-अक्स, क्योंकि यों तो यह सम्पूर्ण विश्व ही भारतीय विचार में एक मरीचिका है) स्त्री को वेतालाविष्ट शव के रूप में नहीं बरतता, यह अगर जानना हो तो वात्स्यायन का **कामसूत्र** पढ़ा जाना चाहिए। मैं इसको यहाँ विस्तार न दूँगा किन्तु यह ज़रूर ध्यान में ले आऊँगा कि कामसूत्र किसी एक देव-वादी वंश-विद्या के भीतर रचा गया पाठ नहीं है। एक-देव-वादी वंशविद्या में उभयलिंगी एक प्रतिलोम है।

किन्तु भारतीय विचार में उभयलिंगी प्रतिलोम नहीं है। सच यह है कि प्रत्न-तत्त्व उभय-लिंगी है, अर्ध-नारीश्वर। और इस उभय-लिंगी का एक परकोटा भी है—मुकम्मल जनाना स्वर्गोद्यान जिसमें घुसते ही हर मर्द घुसपैठिया तत्काल एक औरत में बदल जाता है।[6]

शताब्दी के अन्त की स्त्री अपनी निजता को बे-पर्द देखेगी और अपनी गुमशुदा आत्मा के लिए अपनी गुमशुदा देह को खोज निकालेगी, वह उन सारी लिखावटों को अभिलेखागारों में पुनः दर्ज करेगी जिन्हें इतिहास के शब्द-संसाधक ने प्रोग्रामनीय और इस कारण विलोपनीय सूचकों में बदल दिया है, उन सारी लिखावटों

को जो उसकी आत्मा को उसकी देह से अपृथक्करणीय रूप में लिखती है। यह हाशिये से मल्न तक पहुँचने के लिए किये गये क्षैतिज पदक्षेप से बहुत अधिक है, ज़मींदोज़ी से सतह तक आने के लिए ली गयी ऊर्ध्वमुख उछाल से बहुत अधिक है, और काल-क्रम के एक पुनः क्रमांकन से, एक भूल-सुधार से, एक प्रतिकार से, यहाँ तक कि एक पुनर्निर्माण से भी बहुत अधिक है। यह दिक्कालातीत है, यह संरूपण का परा-सर्जनात्मक पुनः-संरूपण है। हम याद करें कि लिलिथ को क्यों निर्वासित किया गया था। उसने चतुर्वर्ण[7] का उच्चारण किया, चार अक्षरों के उस अनुच्चार्य शब्द का, ईश्वर के उस अनुच्चार्य नाम का जिसे केवल आनुमानिक स्वरों की प्रविष्टि के बाद ही 'याहवेह' के रूप में उच्चारित किया जा सकता है, उस चतुर्वर्ण का उसकी शुद्ध व्यंजन-मूलता में लिलिथ ने उच्चारण किया। इसमें कोई सन्देह नहीं है कि यदि एकदेववादेतर सन्दर्भ में इसे देखा जाय तो यह एक आध्यात्मिक कृत्य है, क्योंकि वह परम स्त्री, महाशक्ति क्या है?

अर्धमात्रा स्थिता नित्या, यानुच्चार्या विशेषतः[8]

> [वह नित्य सत्ता, वह अधूरी नाप जो इससे पहचानी जाती है कि उसका उच्चारण नहीं किया जा सकता।]

यह परिभाषा रात्रि-सूक्त में दी हुई है, काली रात की कविता में। और यही वह निजता है जो निशाचरी लिलिथ ने बे-पर्द खोज निकाली, जिसमें उसने अपने आपको बे-पर्द पहचाना।

शताब्दी के अन्त की स्त्री जिस चयन को कर रही है वह लिलिथ-चयन है, वह अपने को बे-पर्द पहचानती है कि वह ही चतुर्वर्ण है। यह एक आध्यात्मिक कृत्य है। किन्तु यदि इसे एक दिक्काल-परक पुनर्व्यवस्थापन तक ही सीमित रखा गया, उदाहरण के लिए यदि इसे दलित आन्दोलन के निदर्श में ढाला गया जो केवल अधिकार-वंचितत्व और अधिकार-धारित्व के बीच की लड़ाई है, यदि इसे समान अवसर और समान प्रतिनिधित्व के लिए संघर्ष तक सीमित रखा गया तो मेरा विचार है कि इस स्त्री को यह स्मरण करना हितकारी होगा कि दिक्काल सृष्टि का अंग है—क्योंकि काल और दिशा ईश्वर की सृष्टि है—और इस प्रकार दिक्काल एक पुरुष पराख्यान है और इस कारण ऐसे संघर्ष उसे कभी भी पुरुषों द्वारा खींची गयी चारदीवारी से बाहर नहीं ले जा सकते। इसका यह अर्थ नहीं कि दिक्काल-परक संघर्षों को प्रारम्भ करना, उन्हें जारी रखना और उन्हें तेज़ करना आवश्यक और अनिवार्य नहीं है, यह केवल एक अनुरोध है कि उस पर भी ध्यान दिया जाय जो उनसे भिन्न है जिन्हें तस्वीर में इसलिए जगह दी गयी है कि वे राह को दूसरी ओर मोड़ दें और ध्यान बँटा दें, उनसे भिन्न जो आनुमानिक स्वर-समूह के रूप में लाये

गये हैं ताकि वे यह भ्रम बना सकें कि अनुच्चार्य का उच्चारण कर लिया गया है। और यदि यह स्त्री थोड़ा और गहरे जाएगी, यदि वह एकदेव-वादिता से इतर विचार-सरणि को अपनाएगी जो कि भारतीय विचार-सरणि है तो उसे यह जानकारी होगी कि भरत, जिनके नाम पर इस देश का नाम भारत वर्ष है, सुद्युम्न = इला के वंशज थे, उस पुरुष = स्त्री के, जो एक नर-देह और नारी-देह के बीच बदलता रहता = बदलती रहती है, उस सोचे गये लड़के के जो एक लड़की के रूप में पैदा हो गया क्योंकि मन्त्र ठीक नहीं पढ़ा गया (आनुमानिक स्वर-समूहों की कारसाज़ी?), जिसे एक ईश्वर विष्णु ने लड़का बना दिया और फिर एक दूसरे ईश्वर शिव ने लड़की में दुबारा बदल दिया और आखिर जिसके बारे में यह तय हुआ कि वह एक महीने लड़का रहेगा, एक महीने लड़की, वह सुद्युम्न = इला जो द्वि-वाची है (**श्रीमद्भागवत** 9/1) किन्तु इस जन-देह के स्त्री-पौरुष से दुचार होने के लिए उसे एक बहुदेववादी लिलिथ होना पड़ेगा।

सन्दर्भ

1. जेनेसिस/2:3
2. Thomas Aquinas in **Summa Theologica** Q 81 Art V; quoted in **Liberating Philosophy** by Hilda Hein p. 293-312 on page 296; **Women Knowledge and Reality** edited by Ann Gary and Marilyn Pearsall, Unwin Hyman Inc. U.S.A. and UK 1989.
3. **Narration and Discourse in the Book of Genesis by Hugh C. White, Cambridge University Press 1991, p. 130 emphasis and explanations in parentheses added by Wagish Shukla.**
4. द्रष्टव्य : इसी पुस्तक में प्रकाशित निबन्ध 'बीच में इट'...
5. Subversion और Sub-version का इस अंश में मूल लेख में इस्तेमाल किया गया था।
6. **श्रीमद्भागवत** 9/1
7. YHWH, यह एक परम्परा के अनुसार अनुच्चार्य है और इसे Tetragrammation (=चतुर्वर्ण, चार अक्षरों का शब्द) कहते हैं। उच्चारण की सुविधा के लिए इसको YAHWEH लिखते और पढ़ते हैं किन्तु इसमें आए स्वरों A और E की हैसियत आनुमानिक है।
8. **दुर्गासप्तशती**

(मूलतः अँग्रेज़ी में लिखित। हिन्दी अनुवाद लेखक द्वारा)

बीच में it? उर्फ़ 'अग्नि से ढक्'

इतिहास का क्रम, क्रम के इतिहास से प्रादुर्भूत होता है[1]

बीसवीं सदी बीतने में कोई तीन साढ़े तीन बरस बाक़ी हैं। राजनीतिक और सामाजिक इन्जीनियर इक्कीसवीं सदी के स्वागत की तैयारी में हैं—महिलाएँ ज़्यादा आज़ाद, किसान ज़्यादा खुशहाल, टेलीविज़न ज़्यादा रंगीन, तस्वीर ज़्यादा 'हाई डिफ़िनीशन', हर नागरिक 'इनफ़ार्मेशन सुपर-हाइवे' पर चलता हुआ, हर गाँव में पीने का पानी उपलब्ध, हर बच्चा एक ऐसे स्कूल में दाखिल जिसमें इमारत भी है, ब्लैक बोर्ड भी और अध्यापक भी। उधर मातम और विदाई का बाज़ार भी गर्म है, इतिहास का अन्त हुआ, लेखक की मृत्यु हुई, सारे अनुशासन 'डि-कांस्ट्रक्ट' हुए और 'डि-कांस्ट्रक्शन का मातम' मनाया जा चुका।[2] विज्ञान अब एक कहानी है और हम सब अपने बुने हुए सपनों में बसते हैं।

यह सब ईसवी काल-गणना के मुताबिक है जिसे अगर पोप ग्रेगरी ने 'एडजस्ट' न किया होता तो अभी इक्कीसवीं सदी कुछ और दूर रही होती। विक्रम संवत् की इक्कीसवीं सदी भी अब अधेड़ हो चली यह 2053 है, लेकिन जब उसका प्रारम्भ होने वाला था और भारतीय स्वतन्त्रता-संघर्ष के सफल होने के लक्षण बिल्कुल स्पष्ट थे तब भी किसी ने यह नहीं कहा कि जब भारत आज़ाद होगा तो वह विक्रम की इक्कीसवीं सदी में प्रवेश कर चुका होगा। कह सकते हैं कि ऐसा क्यों कहते, हम 'सदियों' और 'अल्फ़ों' में नहीं (शताब्दियों और सहस्राब्दियों में नहीं) बल्कि युगों और कल्पों में सोचने वाले लोग हैं, हम यों नहीं कहते कि यह 1996 चल रहा है, हम यों कहते हैं कि इस कलियुग के 5097 वर्ष बीते और इस सृष्टि के 1955 88 5097 वर्ष। हम ऐसा कहेंगे तो सही कहेंगे। लेकिन आदमी की ज़िन्दगी छोटी होती है, अगर वह कुछ खुशी मनाना चाहता है। शादियों की 'सिल्वर जुबिली' होती है और लेखकों के साठ बरस की उम्र तक पहुँचने का भी इन्तज़ार अब नहीं किया जाता, पचासवीं वर्ष-गाँठ का उत्सव अधिक प्रचलित है। सरकारें अपने 'सौ दिन' मनाती हैं, पत्रिकाएँ अपने सौ अंक। सब लोग योग-सूत्र और महा-भाष्य लिखने वाले पतंजलि के साथ बैठ कर रोते हैं—क्या ज़माना (=कलियुग) आ गया है, कोई बहुत

जीता है तो सौ बरस। फिर हम सौ बरस की बात क्यों न करेंगे, सदी में क्यों न सोचेंगे!

आदमी की ज़िन्दगी कभी बहुत बड़ी भी होती है। हमने अपने मारने वाले का एक नाम रखा–'टाइम'। 'टाइम इज़ द ग्रेट किलर।' इस रिश्ते को 'ग़में इश्क़' कहते हैं। लेकिन कुछ के साथ ऐसा होता है कि यह 'टाइम' उन्हें बहुत बाद में याद करता है। इस बीच वे इस 'टाइम' को याद करते रहते हैं। इसके लिए मुहावरा पहले मुहावरे को उलट कर बनता है। वे 'टाइम' को 'किल' करते रहते हैं। इसे 'ग़मे रोज़गार' कहते हैं। 'ग़मे इश्क़' और 'ग़मे रोज़गार' की अलग-अलग कोठरियों में बन्द लोग एक 'क़ैदे फ़िरंग' (=कड़ी क़ैद, 'फिरंगी की क़ैद'[3]) में हैं और यह दुनिया एक 'पैन-आप्टिकॉन'[4] है जिसमें जार्ज आर्वेल के शब्दों में 'कोई देखे या न देखे, खुदा तो देखता होगा'।[5]

1984 बीत गया लेकिन कोई निश्चिन्त नहीं है। सब जानते हैं कि 1984 अभी आने वाला है। दिमाग़ में एक छोटी सी 'चिप' बैठा दी जाएगी और जो जो दुख-सुख, खीझ, गुस्सा और खुशी मन में उठेगी, सब की सब 'आन रिकार्ड।' 'आम्नीसियेण्ट' की 'मोनोपली' खुदा के हाथ से जाने वाली है। और 1984 कब था नहीं? विचित्रवीर्य की एक पत्नी वृद्ध महर्षि व्यास को रतिदान करते समय अनिच्छा के नाते पीली पड़ जाती है–सन्तान पाण्डुरोगी। दूसरी घबरा कर आँखें बन्द कर लेती है–सन्तान अन्धी। 1984 समय का दूसरा नाम है। 'क़ैदे फिरंग' में घिरे लोग फ़िरंगियों की तरह ही गिनते हैं–बीसवीं सदी ख़त्म हो रही है और एक भयानक अनजान हावी है जिसकी ग़ुलामी में ज्ञान और अज्ञान दोनों हाथ बाँधे खड़े हैं। बीसवीं सदी का ख़ात्मा कलियुग की शब्दावली में नहीं बयान हो सकता क्योंकि कल्कि की कोई जगह इस 'नैरेटिव' में नहीं है।

ख़ात्मे की बातें हमेशा होती रही हैं। जितने भी धर्म हैं उनका काम प्रलय की एक डरावनी तस्वीर के बिना नहीं चलता। जितनी भी क्रान्तियाँ हैं उनका काम 'निज़ाम टूटने के कगार पर है' की गाथा सुनाए बिना नहीं चलता। लेकिन धर्म और क्रान्ति अन्ततः व्यवस्था के दुकानदार हैं। यह 'मॉडल' पुराना पड़ गया, इसे फेंकिए, यह नया माल आया है, इसे इस्तेमाल कीजिए। लेकिन बीसवीं सदी जब एक दिन, एक क्षण में, अचानक इक्कीसवीं सदी में घुस जाएगी तो वह बाज़ार के किस हिस्से में होगी, लेजर के किस खाते में? 'कण्डेम्ड'? 'रिसाइकिल्ड'? 'अप-ग्रेडेड'? बीसवीं सदी के जाते हुए क़दमों की 'जाहट' और इक्कीसवीं सदी के आते हुए क़दमों की 'आहट' एक ही आवाज़ के दो अलग-अलग नाम हैं या दो अलग आवाज़ों की जुगल-बन्दी?

'कहानी बीच से शुरू होती है,' एरिक फोएगलिन कहते हैं। लेकिन जैसा कि वे आगे कहते हैं :

जिस बीच से हम पश्चिम के दर्शन-शास्त्री के रूप में बीसवीं सदी के अन्तिम चरण में प्रारम्भ करते हैं वह वही बीच नहीं जिससे **जेनेसिस** *के लेखकों ने ईसा के क़रीब पाँच सौ बरस पहले प्रारम्भ किया था...हमारा सामना बीच की अनेकता से है...*[6]

यह 'बीच की अनेकता' यह 'मध्य का बहुवचन' ही सही मुहावरा है यह जानने के लिए कि हम क्यों अचानक एक सदी को लेकर चर्चा करने लग गये हैं। इसके पहले पश्चिम में भी, 'सहस्राब्दी' महत्त्वपूर्ण थी, लेकिन इसलिए नहीं कि 'हज़ार साल' अपने आप में कोई ख़ास बात थी। इसलिए कि जो भी 'ऑर्डर' था—ईसाइयत/इस्लाम—वह अपनी एक उम्र तय किये हुए था—हज़ार साल—और उस उम्र के बीतने का मतलब था एक नयी उम्र का दस्तावेज़ हासिल करना। किसी 'ऑर्डर' के अभाव में समय की एक देह का अवसान पहली बार चिन्ता का, या चर्चा का, विषय बना है। कलियुग का मुहावरा (सतह पर) एक 'ऑर्डर' का मुहावरा है। एक व्यवस्था की तरतीब जिसमें केवल व्यक्ति या केवल समाज की भूमिका यदि है भी तो गौण है। बीसवीं सदी का मुहावरा (सतह पर) 'ऑर्डर' का मुहावरा नहीं, इसको बनाने में (सतह पर) व्यवस्था ने कोई योगदान नहीं किया। यह फ़िरंगियों का मुहावरा ज़रूर है लेकिन हमारे लिए यह सदी फ़िरंगी मुहावरों में महारत हासिल करने की ही सदी रही है। चूँकि हमने 'देशाटन के लाभ' कभी नहीं समझे इसलिए इन मुहावरों को सिखाने फ़िरंगी हमारे यहाँ आये। अब हम घर बैठे टेलीविज़न चला लेते हैं।

बीसवीं सदी के अन्त तक आते-आते 'बीच की अनेकता' लुप्त होने के कगार पर है। अर्थशास्त्र और राजनीतिशास्त्र की एक मानक पाठ्य-पुस्तक तैयार हो चुकी है जिसके विभिन्न संस्करणों पर ही दुनिया को चलना चलाना है। ये संस्करण 'फार सेल इन इण्डिया ओनली', 'फार सेल इन चाइना ओनली' आदि के उपशीर्षकों से पहचाने जाते हैं, मूलतः पाठ्य-पुस्तक एक ही है। यह 'एक-ध्रुवी' (यूनी-पोलर) संसार है, एकता में एकता को पहचानने वाला संसार जो ऐसे किन्हीं भी दो मनुष्यों को भिन्न मानता है जो एक ब्राण्ड का साबुन नहीं लगाते। लेकिन यह एक-ध्रुवीयता 'ऑर्डर' होने का दावा नहीं करती, ऑर्डर की तरह 'फ़ंक्शन' करती हुई लग सकती है।

'ऑर्डर' से क्या मतलब? काण्ट की एक बहु-उद्धृत उक्ति उन 'सत्य के द्वीपों' की बात उठाती है जो भ्रम के तूफ़ानी समुद्र के बीच में हैं। **योग वासिष्ठ** इन सत्य के द्वीपों की सत्ता से इनकार करता है और कहता है कि रस्सी में दीखता साँप जैसे भ्रम है वैसे ही सचमुच का साँप भी भ्रम ही है। 'ऑर्डर' की तलाश रस्सी में साँप की तलाश है। वर्तमान फ़िरंगी 'ऑर्डर', ऑर्डर होने का दावा नहीं करता। वह

'ऑर्डर' की तलाश में अपने सारे करतब दिखाता है। दुनिया की गड़बड़ियाँ क्या हैं, वह तय करता है। दुनिया की गड़बड़ियों को कैसे ठीक किया जाए, वह तय करता है। इस प्रक्रिया में वह प्रतिरोध का संविधान, आचार-संहिता और प्रौद्योगिकी निश्चित करता है। इस प्रतिरोध में आत्म-निरीक्षण और आत्म-भर्त्सना शामिल है। और जो मूल्य निश्चित किये गये हैं उनके निश्चयन की प्रक्रिया पर प्रश्न भी इसमें शामिल हैं। और प्रतिरोध के एकाधिकार का दावा भी। "अंग्रेज़ी भाषा में स्वतन्त्रता के विरुद्ध तर्क करना सम्भव ही नहीं है", का अर्थ यही है कि स्वतन्त्रता की परिभाषा और व्याख्या केवल अंग्रेज़ी भाषा में ही सम्भव है।

'प्रतिरोध' क्या है? जैसा कि ऊपर संकेत किया गया, यह 'ऑर्डर' की तलाश है। इसे मैंने प्राचीन भारतीय चिन्तन के आधार पर 'रस्सी में साँप की तलाश' का नाम दिया है। फोएगलिन यह प्रश्न उठाते हैं कि आख़िर जब लोग जानते हैं कि 'डिस-ऑर्डर' एक ऐसी सचाई है जिसे वे बदल नहीं सकते तो वे प्रतिरोध करते ही क्यों हैं, 'ऑर्डर' की तलाश की ही क्यों जाती है?

'डिस-ऑर्डर' क्या है? फोएगलिन गिनाते हैं—आदि ग्रीक कवि हीसियड को उद्धृत करते हुए—चारों ओर भूख है, अन्याय है, मौत है, दरिद्रता है और शोषण है। सृष्टि की यही कथा है जो एक सच्चाई (=रियलिटी) के रूप में हमारी चेतना में दीखती है। और जिस हद तक चेतना सच्चाई को 'चेतती' है उस हद तक सचाई एक 'वस्तु' है जिसका एक आकार है और जिसे मूर्त होने के लिए जगह चाहिए। इस 'वस्तु' की सत्ता एक व्योम (=स्पेस) में है जहाँ इसकी शक्ल तय होती है। इसे उन्होंने 'वस्तु-सचाई' (=थिंग-रियलिटी) कहा है।

लेकिन मैं/हम के अतिरिक्त एक 'तू' भी होता है और एक 'वह' भी जिसमें 'मैं' और 'तू' हिस्सेदार हैं। मनुष्य यदि 'मैं' है और समाज 'तू' तो मनुष्य की चेतना में समाज की 'वस्तु-सचाई' पूरा सच नहीं है, एक बड़ी सचाई है जिसमें मनुष्य और समाज के सहसम्बन्ध विद्यमान हैं। ठीक यही बात मनुष्य और ईश्वर के साथ भी है। यदि मनुष्य 'मैं' है और ईश्वर 'तू' तो दोनों के बीच का रिश्ता किसी बड़ी सचाई में ही 'सही' हो सकता है। इसे फोएगलिन 'वह-सचाई' (It-Reality) कहते हैं, यद्यपि वे 'मैं' और 'तू' नहीं इस्तेमाल करते।[7]

यहाँ क्षेपक के रूप में एक नज़र प्राचीन भारतीय चिन्तन की शब्दावली पर। अद्वैत वेदान्त का कहना है कि ईश्वर तभी ईश्वर है जब वह अज्ञान से युक्त होता है। जीवन का 'मैं' और ईश्वर का 'तू' दोनों ब्रह्म के 'वह' में साझीदार होते हैं, तभी 'सच' होते हैं क्योंकि सच होने के लिए अज्ञान एक अनिवार्य शर्त है।

भारतीय चिन्तन-परम्परा 'मैं', 'तू', और 'वह', के बीच भेद की अपेक्षा अभेद पर बल देती रही है कभी 'अहं ब्रह्मास्मि' (= मैं ब्रह्म हूँ) कहती है, कभी 'तत्त्वमसि' (=वह तुम हो)। वह 'इट्-सचाई' (इसको हम It-Reality की जगह इस्तेमाल करेंगे)

को 'वस्तु-सचाई' से भिन्न भी नहीं मानती—**योग वासिष्ठ** का कहना है कि कभी कुछ होता ही नहीं है न जन्म न मृत्यु, न बन्ध न मोक्ष, न जीव न ईश्वर, न ज्ञान न अज्ञान (या यों कहें कि अज्ञान एक बहाना है ताकि ज्ञान का उपदेश किया जा सके, उसकी एक शक्ल बन सके)। किन्तु यहाँ इसका प्रसंग नहीं।

क्षेपक समाप्त करते हुए और फ़ोएगलिन की बात पर लौटते हुए, जितनी भी खोजें हैं—सत्य की खोजें—वे सब इस 'डिस-ऑर्डर' में 'ऑर्डर' की तलाश हैं। और 'सत्य', जो इस खोज से चिपकता है, एक कहानी भी है एक घटना भी। कहानी इसलिए कि खोज सत्य को एक वस्तु के रूप में संकल्पित करती है। और घटना इसलिए कि (अपने दावे के अनुसार) सत्य इस खोज में प्रकाशित होता है, इट्-सचाई इसमें भासती है। यह इट्-सचाई का भासमान होना ही इस खोज को वैधता प्रदान करता है।

सृष्टि की जितनी भी कथाएँ हैं (फ़ोएगलिन ने **बाइबिल** से जेनेसिस का उदाहरण लिया है) वे सब की सब अपनी वैधता इसी में खोजती हैं। ऐसी सृष्टि-कथा केवल एक कहानी होने का दावा नहीं करती—चाहे वह ईश्वर ने मनुष्य को सुनायी हो या मनुष्य ने मनुष्य को (और मनुष्य ने ईश्वर को क्यों नहीं?)—बल्कि वह इट्-सचाई को अपने में झलकाने का भी दावा करती है। और इस तरह ही वह वस्तु-सचाई की ऐसी कहानी बनने का दावा करती है जो इट्-सचाई का बयान करती है जिसमें इट्-सचाई दमक रही है। यह एक प्राइवेट कहानी है जिसमें पब्लिक होने की भाषा (=लोगॉस) का इस्तेमाल किया गया है। और इस भाषा को पाना ही इस दावे का आधार बनता है।

बीसवीं शताब्दी का अवसान किस तरह बयान किया जाएगा? ऊपर हम कह आये हैं कि यह एक-ध्रुवी संसार है। कभी चार दुनियाओं की बात होती थी, वे मुहावरे अब भी मिटे नहीं हैं। एक 'फर्स्ट वर्ल्ड' होता था, पश्चिम। एक 'सेकण्ड वर्ल्ड' होता था, वह पश्चिम जो पश्चिम का विकल्प बनने का दावा करता था। एक 'थर्ड वर्ल्ड' होता था। वह सारा पूरब जो पश्चिम की गुलामी से अपने को छूटा हुआ मानता था और कभी इस पश्चिम तो कभी इस पश्चिम की ओर झुकता हुआ अपनी जगह कहीं बीच में बताता था। एक 'फोर्थ वर्ल्ड' होता था, अमेरिकन इण्डियनों का, जिसका विस्तार इस गणना की प्रौद्योगिकी में हम उन सारे मानव-समूहों तक फैला सकते हैं जिन्हें अब 'आदिवासी' कहा जाता है। ये चार दुनियाएँ थीं और इनमें से सिर्फ़ एक दुनिया ने सिर्फ़ एक मोर्चे पर शिकस्त खायी है लेकिन अचानक जिस शब्दकोश से ये चार दुनियाएँ गिनायी जाती थीं उसी शब्दकोश से एक-ध्रुवीय विश्व की अवधारणा निकल पड़ी है। दरअसल यह संसार बहुत दिनों से एक-ध्रुवीय है—कुछ सदियों से—और बीसवीं सदी के अन्त तक आते-आते एकध्रुवीयता ने अपने सारे नक़ाब उतार फेंके हैं। लेकिन अभी भी यह एकध्रुवीयता 'ऑर्डर' होने का दावा नहीं

करती। इसने सिर्फ़ इतना किया है कि 'डिस-ऑर्डर' की भी प्रवक्ता खुद बन बैठी है। यह न केवल बीसवीं सदी के बीते हुए और बीतते हुए दिनों का अख़बार अपनी भाषा में तैयार कर रही है बल्कि आने वाले दिनों का, इक्कीसवीं सदी का, एजेण्डा भी अपनी मर्जी के मुताबिक तैयार कर रही है। होलोकास्ट हुआ? हाँ, हुआ। हिरोशिमा हुआ? हाँ, हुआ। स्टालिन हुआ? हाँ, हुआ। अब आइए मिलकर विचार करें कि इक्कीसवीं सदी में यह कैसे न हो। सी टी बी टी कर ली जाए।

यह 'फ्यूचर' कहलाता है। हम असन्तुष्ट हैं, हम प्रतिरोधी हैं। आइए एक 'फ्यूचर' बनाया जाय। वह फ़्यूचर जो इट्-सचाई को अपने में झलकाए। वह फ्यूचर जो **कम्युनिस्ट मैनिफ़ेस्टो** में दिया हुआ है, जिसमें शाम को चैन से मछली मार कर वक़्त गुज़ारने के लिए वक़्त होगा।

आज की दुनिया—बीसवीं सदी की दुनिया—यह मानकर चलती है कि कुछ भी बिना पर्याप्त कारण के नहीं होता। कुछ होता है (जन्म, मृत्यु, सृष्टि, प्रलय) तो इसलिए कि उसका एक पर्याप्त कारण है। जो कुछ होता है वह ऐसा ही इसीलिए होता है कि उसका पर्याप्त कारण होता है। 'वो हर इक बात पर कहना, कि यों होता तो क्या होता' इसलिए होता है कि पर्याप्त कारण की समझ नहीं होती, इस पर्याप्त कारण को खुदा कहते हैं—इट्-सचाई।

इस 'पर्याप्त कारण' के सिद्धान्त को समय-समय पर अपने-अपने ढंग से बहुत लोगों ने कहा है किन्तु आधुनिक संसार जिस संस्करण पर सबसे अधिक विश्वास करता है वह लाइब्निट्ज़ द्वारा प्रतिपादित है—"यह चीज़ों का आख़िरी तर्क खुदा कहलाता है।"

इस खुदाई निज़ाम को समझ लें तो फ़्यूचर बना हुआ समझिए। ग़रीब को गुस्सा क्यों आता है? इसे समझिए और उसकी ग़रीबी दूर करिए ताकि उसे गुस्सा न आए। अथवा, इसे समझिए और उस मस्तिष्क-रसायनिकी को सुधारिए जिसके नाते मस्तिष्क में वे रसायन बनते हैं जो गुस्से के रूप में अपना असर दिखाते हैं। जेनेटिक इन्जीनियरिंग करिए। वह गुस्से को ख़त्म कर देगा।

हेगेल ने कहा था "जो तर्कणीय है वह सच है। जो सच है वह तर्कणीय है।" लेकिन जैसा कि फ़ोएगलिन कहते हैं, "दुर्भाग्यवश जो अ-तर्कणीय है, वह भी सच है।"[8]

और इसका क्या करें कि अंग्रेज़ी के 'रीज़नेबुल' का अनुवाद केवल 'तर्कणीय' ही नहीं, 'न्याय-संगत' भी है।

दुर्भाग्यवश जो न्याय-संगत नहीं है, वह भी सच है।

और 'सच' की जगह 'सत्य' ही क्यों न कहें?

इस इट्-सचाई में जो इट् (= it) है उसे पुरानी अँग्रेज़ी में (बारहवीं सदी तक) हिट् (= hit) लिखते थे आज 'ही' (= he), 'शी' (= She) और 'इट्' (it) वाली तिकड़ी

से यह पुरानी 'ही' (= he), 'हीऑ' (=heo) और 'हिट्' (= hit) वाली तिकड़ी अधिक 'तर्कणीय' (= reasonable) भी थी। सभी 'अन्य पुरुष' एक ही अक्षर से प्रारम्भ होते थे। लेकिन इट्-सचाई को हिट्-सचाई के रूप में लिखने पर हम 'हिट्' का क्या अर्थ निर्धारित करें? 'हिट्' जैसे फ़िल्म हिट् होती है, हिट्-सचाई वह सचाई जो हिट् हो जाए, बिक जाए, लोकप्रिय हो जाए? सम्भवतः इस समय पश्चिम से आती हुई इट्-सचाई इसी रूप में हिट्-सचाई है। 'हिट्', जैसा कि वह 'हिट-मैन' में आता है, जैसे 'हिट्-मैन' का अर्थ 'पेशेवर हत्यारा' वैसे ही हिट्-सचाई वह सचाई जिसका पेशा हत्या करना है? खुदा की खुदाई के इस इज़हार से किसने कब इनकार किया है जब स्वयं खुदा का ही उद्‌गार है—कालोऽस्मि लोकक्षयकृत प्रवृद्धः—मैं संसार का विनाश करने वाला काल हूँ (**श्रीमद्भागवद्‌गीता**) या 'हिट्' जैसे वह 'हिटिंग द बाटल' में आता है, 'हिट्-सचाई' के पदच्छेद में 'सचाई' एक ऐसे नशे की जगह लेती है जो वस्तु-सचाई से दूर कहीं भगा सकने में समर्थ है? जैसा कि मिर्ज़ा बेदिल का कहना है—"मैं भ्रम के नशे में डुबाने वाला प्याला चढ़ाता हूँ, इस दुनिया (=वस्तु-सचाई) में भाँग के अलावा शराब का गुण किसमें है, किसी में नहीं।"[9] क्या सत्य की खोज में लगे लोग ('वर्कोहलिक' की तर्ज पर) 'रियल-कोहलिक' (=Real-cohalic=Re-alcohalic) होते हैं, बारम्बार सचाई का घूँट पी कर रह जाने वाले नशेड़ी?

संभावनाएँ और भी हैं किन्तु बीसवीं सदी के प्रपात में नीचे भरभराते हुए मनुष्य को अब तलहटी छूने में बहुत दिन बाक़ी नहीं हैं और उसे वह सुरंग खोजनी ही पड़ेगी जिससे वह इक्कीसवीं सदी के पाताल-लोक में प्रवेश करेगा। वहाँ उसे मणि-माल और अमृत-कुण्ड भेंट करने वाले वासुकि मिलेंगे या अपने कुचले हुए सिरों का बदला चुकाने को बेताब धरती से बेदख़ल गेहुँअनों की फौज मिलेगी, अभी कुछ कहा नहीं जा सकता। लेकिन उसे खुद से दुचार होने की एक नयी तकनीक ज़रूर खोजनी पड़ेगी।

उन्नीसवीं सदी उम्मीद की दुनिया थी। ब्रिटिश साम्राज्य में सूर्य अस्त नहीं होता था। भारत में सब लोग जाग गये थे। श्रृंगार रस की कविता लिखने से स्वजाति का उपकार न होगा यह निश्चित हो गया था। वेद में मूर्तिपूजा मानने वाले पोंगा हैं इसमें कोई द्विविधा न थी। डार्विन और मार्क्स हो चुके थे। रास्ता मिल गया था और मंज़िल सामने थी। और अगर नीत्शे थे तो राह के रोड़े की तरह उन्हें हटाया जा सकता था। बर-अक्स इसके, बीसवीं सदी ने उम्मीदों और ना-उम्मीदियों का मलबा इकट्ठा कर दिया है। अब विज्ञान का कहना है (स्टिफ़ेन हाकिंग) कि न केवल खुदा दुनिया बनाते समय (एक जुआड़ी की तरह) पाँसे फेंकता है अपितु वह प्रायः उन्हें ऐसी जगहों में फेंक देता है जहाँ वे (बिसात के बाहर) गड़प्प हो जाते हैं। कम्प्यूटर और जेनेटिक साइंस और इन्जीनियरिंग में इतनी प्रगति के बावजूद बौद्धिक संसार में ऐसी मुर्दनी छायी हुई है जैसे क़यामत आने ही वाली है। दिन पर

दिन यह बात पक्की होती जाती है कि ज़िन्दगी की शुरुआत भले ही और भी जगहों पर हुई हो (जैसे कि मंगल ग्रह से मिले हुए सबूतों की ताज़ातरीन जाँच यह बताती है) लेकिन ज़िन्दगी की रिहाइश अकेले इस धरती पर ही है लेकिन इससे यह भाव अधिक उपज रहा है कि हम भयानक रूप से अकेले हैं, यह भाव कम कि 'बड़े भाग मानुस तन पावा।' क्योंकि 'मानुस तन' एक महत्त्वाकांक्षी खुदाई स्कीम की जगह एक ऐसा पाँसा साबित हो रहा है जिसे बिसात के बाहर फेंक दिया गया हो—एक ब्लैक होल में गड़प्प पाँसा, जिसकी पर्वा करने वाला कोई नहीं है, जिससे इट्-सचाई ने कोई रिश्ता कायम करने से इनकार कर दिया है, प्रकृति और पुरुष के परस्पर एक दूसरे को 'वन नाइट स्टैण्ड' के रूप में पहचानने का परिणाम जिससे प्रकृति और पुरुष दोनों ही बेख़बर और बेनियाज़ हैं।

बहुत मेहनत से, बड़ी जद्दोजहद के बाद, पश्चिम की एक पहचान बनी थी—इतिहास। इल्हाम (रिविलेशन) ने मनुष्य को और सृष्टि को एक ज्यामितीय आकृति में ढाला जिसमें एक प्रवेश भी था और एक निर्गम भी। भारत में ऐसा नहीं हुआ यह पहले भी पश्चिमी विचारकों को मालूम था और आज भी है। और जैसा कि फ़ोएगलिन ने कहा है, यदि इल्हाम नहीं होता तो इतिहास की समस्या का जन्म न हुआ होता। जहाँ इल्हाम नहीं हुआ है, जिन लोगों के पास ऐसे सन्देश नहीं पहुँचे हैं, वे समय से कैसे जूझते हैं?

'भारत में इल्हाम नहीं हुआ है', का क्या मतलब है? यहाँ ईश्वर ने मनुष्य से कोई बात कभी की ही नहीं है। वेद ईश्वर की वाणी नहीं है, इसीलिए उसे अपौरुषेय कहते हैं। **श्रीमद्भागवद्गीता** ईश्वर की वाणी अवश्य है किन्तु उससे जितना काम भारत में लिया जाता है उतना ही **रामचरितमानस** से भी ले लिया जाता है जो और चाहे जो कुछ हो, ईश्वर की वाणी नहीं है। कभी तौल में **रामचरितमानस** वेद से ज़्यादा भी ठहर जाता है, विश्वनाथ मन्दिर वाली जाँच में **रामचरितमानस**, वेद के नीचे शास्त्र के नीचे पुराण के नीचे **रामचरितमानस**, वाले क्रम को उलटकर सबसे ऊपर आ गया था। 'राम ते अधिक राम कर दासा।' इसलिए यहाँ बौद्ध आचार्य नागार्जुन कह सकते हैं कि बुद्ध कभी हुए ही नहीं और उन्होंने कोई उपदेश किसी को नहीं दिया। अमृत पिये हुए देव भी मरते हैं। ब्रह्मा और विष्णु और शिव की भी एक उम्र होती है। यहाँ इतिहास कैसे होगा जब इतिहास के स्रोत, स्पेस-टाइम के जनक, अपने दिन गिनते रहते हैं? इतिहास (हिस्टरी) से ही क्रम (ऑर्डर) की उत्पत्ति होती है, दूसरी ओर क्रम से ही इतिहास बनता है। जिस 'ऑर्डर' की बात अभी तक चल रही है वह 'हिस्ट्री' से अन्योन्याश्रित भाव से सम्बद्ध है। क्रम यदि इट्-सचाई है तो इतिहास उसका वस्तु-सचाई के रूप में बयान है, चेतना में अनुभूत और परिसीमित की गयी इट्-सचाई।

पश्चिम ने प्राचीन ग्रीक चिन्तन को अपना उत्तराधिकार बना लिया है और

होमर तथा हीसियड को अपने वंशवृक्ष में दर्ज कर लिया है। इस प्रकार ये भी इतिहास और क्रम के समर्थक करार दिये जाते रहे हैं और इल्हाम से यद्यपि इनका बादरायण सम्बन्ध भी नहीं है, इनको उसकी छत्र-छाया में समेटने की ऐसी लगातार कोशिश हुई है कि हम आज इन्हें पश्चिम के आदि कवियों के रूप में जानते हैं (और यहाँ हम फिर नीत्शे की याद कर सकते हैं जिसने प्राचीन ग्रीक चिन्तन में पूर्व की उपस्थिति को भी दर्ज किया था और पश्चिम के बीज भी पहचाने थे किन्तु नीत्शे एक अपवाद है और पश्चिम में पूरा शामिल नहीं)।

मैं ग्रीक कवियों की बात बिल्कुल न उठाते हुए और यह पूरा का पूरा स्वीकार करते हुए कि इल्हाम इतिहास का स्रोत है (किन्तु मैं **ओल्ड टेस्टामेण्ट** को पूर्णतः पश्चिमी ग्रन्थ नहीं स्वीकार करता यद्यपि मैं इस पर यहाँ कुछ न कहूँगा) यह कहना चाहता हूँ कि 'क्रम' की भारतीय अवधारणा भिन्न है। यह शब्द, इट्-सचाई के लिए, भारतीय शब्दावली में अपरिचित नहीं—अभिनवगुप्त ने 'क्रम' पर बहुत विचार किया है—किन्तु मैं उस आख्या में भी नहीं जाऊँगा। लेकिन जिस हद तक 'क्रम', 'ऑर्डर' के लिए हिन्दी शब्दावली में संस्कृत से लिया गया शब्द है, उस हद तक भी, 'क्रम' की क्या अवधारणा हमारे मन में है? देव-मनुष्य-दैत्य यह एक क्रम है किन्तु हम इससे इनकार नहीं कर सकते कि दैत्यराज बलि कहीं पाताल में पड़े अगले मन्वन्तर की प्रतीक्षा कर रहे हैं जिसमें वे इन्द्र होंगे और उनके साथी दैत्य देवों का स्थान ग्रहण करेंगे। तब इस क्रम का क्या होगा और क्रम-परिवर्तन की अपरिहार्यता स्वीकार कर लेने के बाद वर्तमान क्रम किस इट्-सचाई को बताता है?

मैं यहाँ थोड़ा खिलवाड़ संस्कृत व्याकरण की मदद से करना चाहता हूँ और उस खिलवाड़ की मदद से यह बताने की कोशिश करूँगा कि इट्-सचाई के बारे में मेरी अपनी सोच क्या है। 'क्रम' शब्द 'क्रमु' धातु से निष्पन्न है जिसका अर्थ है 'पाद विक्षेप करना', 'पैर बढ़ाना', 'चलना'। महर्षि पाणिनि तीन प्रकार की धातुओं की सत्ता स्वीकार करते हैं, 'सेट', 'वेट', 'अनिट्'। 'सेट्' (=स+इट्) वे धातुएँ हैं जिनमें धातु और प्रत्यय के बीच (कभी-कभार) 'इट्' आ जाती है। 'इट्' पाणिनीय व्याकरण की तकनीकी शब्दावली में 'इ' का नाम है। अगर इस बात को याद कर लें कि शाक्त आगमों में 'ई' शक्ति का नाम है जिसके होने और न होने से ही 'शिव' और 'शव' में अन्तर स्पष्ट होता है तो यह 'इट्' एक इट्-सचाई के रूप में बदल जाती है जिसे पश्चिमी चिन्तन की इट्-सचाई का एक भारतीय समकक्ष कह सकते हैं। 'वेट्' (= वा + इट्) धातुएँ वे हैं जिनमें धातु और प्रत्यय के बीच 'इट्' आ भी सकती है और नहीं भी। 'अनिट्' धातुएँ वे हैं जिनमें 'इट्' नहीं आती। यहाँ तीन (अलग-अलग सन्दर्भों में प्रचलित) वाक्यों को एक साथ पढ़ लें—'धातु शब्द की योनि है,' 'शब्द ब्रह्म है' और 'व्याकरण शब्द का अनुशासन है।' 'क्रमु' धातु जब परस्मैपदी होती है तब वह सेट् होती है, उसमें बीच में 'इट्' आती है (और उसके रूप

क्रामति/क्राम्यति, क्रामतः/क्राम्यतः, आदि चलते हैं)। लेकिन यह धातु, आत्मनेपदी भी होती है और तब वह अनिट् होती है, उसमें बीच में 'इट्' नहीं आती (और तब उसके रूप क्रमते, क्रमेते आदि चलते हैं)।

हमारा क्रम जब परस्मै-पद (= 'दूसरे के लिए क़दम') होगा, जब हम दूसरों के लिए पाद-विक्षेप करेंगे, दूसरों के रास्ते पर चलेंगे तब वह 'सेट्' होगा, उसमें बीच में एक 'इट्' का आना ज़रूरी होगा। लेकिन हमारा क्रम जब आत्मने-पद (='अपने लिए क़दम') होगा, जब हम अपने लिए पाद-विक्षेप करेंगे तब वह अनिट् होगा, उसमें बीच में 'इट्' नहीं आएगी।

अपने लिए क़दम रखते ही हमें बीच में इट् की ज़रूरत नहीं रहती।

बीसवीं सदी का सम्पूर्ण क्रम न केवल काल-गणना की विधि में अपितु अपने सम्पूर्ण आकार-समुच्चय और प्रकार-समुच्चय में विदेशी है। हम क्यों 'थर्ड वर्ल्ड राइटिंग' कर र॒ हैं? क्या हम इस बात से अनभिज्ञ हैं कि 'थर्ड वर्ल्ड' का नाम संसार की आबादी के सबसे बड़े हिस्से को अज्ञान और उपेक्षा के ब्लैक होल में, बिसात से बाहर, फेंक देने का एक उपक्रम है? और यदि हम इससे कभी अपमानित महसूस करते हैं तो क्यों हममें से अनेक इसका समाधान इस बात में ढूँढ़ रहे हैं कि 'इण्डियन लिटरेचर' एक 'कटेगरी' के रूप में है ही नहीं, अर्थात् कन्नड़ साहित्य हिन्दी साहित्य से बिल्कुल अलग चीज़ है। उर्दू और हिन्दी के दो अलग 'कल्चर' हैं? स्पष्ट है कि भेद और अभेद के आधार भी हमने विदेशी ही स्वीकार किए हैं और यह मानकर चल रहे हैं कि चूँकि 'फ्रेंच लिटरेचर' और 'इंग्लिश लिटरेचर' भिन्न हैं और फ्रांस तथा इंग्लैण्ड दो अलग राष्ट्र हैं इसलिए कन्नड़ और हिन्दी साहित्य में भेद को पहचानने का आधार यह होगा कि कन्नड़ और हिन्दी दो अलग 'राष्ट्र' हैं, 'हिन्दी' एक 'जाति' का नाम है।

यह 'खण्ड-खण्ड पाखण्ड पर्व' इक्कीसवीं सदी का प्रवेश-द्वार नहीं। हम 'इट्' को एक 'मूवेबुल ऑग्मेण्ट' के रूप में स्वीकार करने के अभ्यासी रहे हैं, एक ऐसा चिप्पड़ जिसे हम चाहने पर लगा सकते हैं और चाहने पर हटा सकते हैं। वेदान्त-दर्शन ईश्वर को स्वीकार करता है या नहीं इस विषय में हमारे पण्डितों की एक राय नहीं है, किन्तु वेदान्त-दर्शन क्या है इस विषय में उनकी राय एक है। क्योंकि ईश्वर एक 'इण्टर-प्रटेशन' है, एक भाष्य और भाष्य अलग-अलग हो सकते हैं। इसलिए वस्तु-सचाई एक 'नैरेशन' (=कथा) के रूप में आती है लेकिन इट्-सचाई एक 'इवेण्ट' (=घटना) के रूप में नहीं, एक 'एक्सेजिसिस' (=भाष्य) के रूप में आती है और इस प्रकार इट्-सचाइयाँ भी एक से अधिक हो सकती हैं।

पश्चिम इसे नहीं स्वीकार करता। फ़ोएगलिन कहते हैं :

यदि गवेषणा (=क्वेस्ट) अपने सत्य के लिए व्यापक सचाई (=कॉम्प्रिहेण्डिंग रियलिटि) में एक घटना (=इवेण्ट) होने के ऊपर निर्भर है तो मध्य का बहुवचन (=प्लुरेलिटि आफ दि मिडिल) के दो अर्थ हो सकते हैं। (क) व्यापक सचाइयों का एक बहुवचन जिसके साथ तत्सम्बन्धी मध्य के बहुवचन जुड़े हुए हैं, और दूसरा, (ख) घटनावसरों (=इपिसोड्स) का एक बहु-वचन जो उसी अद्वितीय व्यापक इट्-कथा में उपस्थित हो रहे हों। पहली संभावना को अर्थहीन मानकर अस्वीकार कर देना होगा...। बहुत-सी इट्-सचाइयों की भ्रम-कल्पना...चेतना के विश्लेषण का परित्याग कर देगी...।[10]

इस उद्धरण में मैंने फ़ोएगलिन के तर्कों को हटा दिया है क्योंकि उनसे उलझना मेरा उद्देश्य इस आलेख में नहीं है। यहाँ मेरा प्रयोजन केवल उस निष्कर्ष प्रक्रिया को दिखाना है जिसके अधीन विकल्पों को एक जगह तक पहुँचाकर रोक देना अनिवार्य हो जाता है। यह अनिवार्यता इतिहास और ऐतिहासिक दृष्टि से 'सह-ज' सम्बन्ध स्थापित करती है, उसके साथ ही उपजती है।

बीसवीं सदी बीतते-बीतते भारत को यह सोचना होगा कि उसे किन शर्तों पर इक्कीसवीं सदी में ले जाया जा रहा है। अब नारे 'यूनिफ़ार्मिटी', 'हेजेमनी' के नहीं हैं। कोई हमसे यह नहीं कहेगा कि एक-समान चाल-ढाल रखिए और विकसित देशों की प्रभुसत्ता स्वीकार कीजिए। बात को साहित्य तक सीमित रखें, तो उन्नीसवीं सदी के अन्त में हमारी आकांक्षा यह बनती थी, हम यह कहते थे या हमसे यह कहा जाता था, कि साहित्य वैसा होना चाहिए जैसा पश्चिम में होता है। यह बीसवीं सदी तक भी खिंचता आया—प्रेम और क्रान्ति वैसी जैसी शैली कीट्स बायरन में, आधुनिकता वैसी जैसी इलियट और पाउण्ड में, प्रतिबद्धता वैसी जैसी लूकाच और ब्रेख़्त में, साहस वैसा जैसा पास्तरनाक और सोल्ज़ेनेत्सिन में। अब हम यह नहीं कहेंगे, अब हमसे यह नहीं कहा जाएगा। अब बातें 'मल्टी-कल्चर', 'मल्टी-कल्चर्स' और 'मल्टिपुल च्वायस' की हैं। अब बातें इस तरह होंगी कि हमसे यदि यह कहा जाएगा कि 'थर्ड वर्ल्ड राइटिंग' एक 'राष्ट्रीय रूपक-कथा' (=नेशनल एलेगॅरी) होती है (फेड्रिक जेमिसन) तो हम कहेंगे कि बच्चू आप हैं किस चक्कर में, भारत में तो दर्जनों उप-राष्ट्रीयताएँ हैं और दर्जनों संस्कृतियों की कई दर्जन उप-संस्कृतियाँ, फिर कहाँ से 'इण्डियन लिटरेचर' जैसी कोई चीज़ और कहाँ की राष्ट्रीय रूपक-कथा (एजाज़ अहमद)। कभी हमसे कहा जाता था और हम कहते थे—कविता में राष्ट्रीय अस्मिता ऐसी जैसी येट्स की। लेकिन अब हमसे यह नहीं कहा जाएगा और हम ऐसा नहीं कहेंगे। अब हमारी अस्मिता अन्य अस्मिताओं से भिन्न है क्योंकि अस्मिताओं की बहुलता अब का मुहावरा है। पुरानी आदत अभी पूरी तरह छूटी नहीं और 'दलित साहित्य' को 'ब्लैक राइटिंग' की तर्ज पर देखने की प्रविधि अभी फ़ैशन से बाहर नहीं

हुई किन्तु यह 'पहचानने' में हमें देर न लगेगी कि दलित साहित्य का चरित्र भिन्न है और उसका एक अलग काव्यशास्त्र है जो हमारे यहाँ से उपजेगा।

पहले यदि आप अपने मनपसन्द अभिनेताओं को देखना चाहते थे तो आपको सिनेमाहाल जाना पड़ता था। लेकिन अब ऐसा नहीं है। अब आप घर बैठे सोनी इण्टरटेनमेण्ट टेलीविज़न पर उन्हें देख सकते हैं। सोनी इण्टरटेनमेण्ट टेलीविज़न—आपकी बेस्ट च्वायस।[11]

हमने कभी शेक्सपियर को एक अँग्रेज़ साहित्यकार और हाफिज़ को एक ईरानी साहित्यकार के रूप में नहीं पढ़ा। हमारे लिए यह बहस मानीखेज़ नहीं रही है कि टी. एस. इलियट एक ब्रिटिश कवि है या अमरीकन। लेकिन अब हमें न केवल अनन्तमूर्ति को कन्नड़ साहित्यकार, और नामदेव ढसाल को मराठी साहित्यकार के रूप में पढ़ना बताया जाता है अपितु सन्त कवि रैदास को दलित साहित्यकार के रूप में पढ़ने के लिए हम तैयार हो चुके हैं और मीरा अब एक स्त्री-कवि के रूप में पहचानी जाने के लिए प्रस्तुत हैं। अब शीघ्र हमें यह भी मालूम हो जाएगा कि वैदिक ऋषि कवष ऐलूष एक दलित कवि थे और दर्शन में अचिन्त्य भेदाभेदवाद तथा साहित्य-शास्त्र में भक्ति-रस को स्थापित करने वाले रूप गोस्वामी और जीव गोस्वामी मुसलमान थे।

बहुलता, एक व्यापक, अद्वितीय, इट्-सचाई के सन्दर्भ में एक घटना के रूप में, एक अद्वितीय इट्-कथा में घटनावसर के रूप में हमारे सामने है।

हम वस्तु-सचाइयों को अनदेखा नहीं कर सकते और हमें यह जानना ही होगा कि ऋषि कवष ऐलूष को अन्य ऋषियों ने अपनी मण्डली से ढकेलकर क्यों बाहर कर दिया था। लेकिन हम इसके लिए भी विवश हैं कि कवष ऐलूष को उसी इट्-सचाई में भागीदार बनाएँ जिसमें महात्मा गाँधी तक भागीदार हुए थे जब उन्हें दक्षिण अफ्रीका में ट्रेन से ढकेलकर प्लेटफ़ॉर्म पर गिरा दिया गया था? क्या हम साहित्य को 'मल्टी-कल्चरल' ब-वज़न 'मल्टी-नेशनल' ही कहने के लिए विवश हैं? क्या बहुवचन केवल मध्य के होते हैं, आदि और अन्त के नहीं?

मैं समझता हूँ कि ऐसा मानने पर हम विवश नहीं हैं! हम तो 'शब्द' की संज्ञा 'अ-शब्द' भी स्वीकार करते रहे हैं...शब्दस्याशब्द संज्ञा।[12]

सन्दर्भ

1. एरिक फ़ोएगलिन (Eric Voeglin) की पुस्तक **क्रम और इतिहास** (Order and History) का प्रारम्भिक वाक्य : "The order of history emerges from the history of order." जो पाँचवें और अन्तिम खण्ड **क्रम की तलाश में** (In search of order) के पृष्ठ 32 पर पुनः उद्धृत किया गया है।

फ़ोएगलिन की यह पुस्तक पाँच खण्डों में 1956 से 1987 तक प्रकाशित हुई। पाँचवाँ खण्ड लेखक की मृत्यु के कारण अपूर्ण रह गया और उसके केवल दो अध्याय उपलब्ध हैं। इस अन्तिम खण्ड को इन टिप्पणियों में EV5 से जताया गया है।

2. **डि-कांस्ट्रक्शन का (मातमी) रतजगा** (The wake of Decontruction) लेखक बार्बरा जान्सन (Barbra Johnson), The Bucknill lecters in literacy Theory शृंखला में ग्यारहवीं पुस्तक, Blackwell 1994
3. यह शब्द फ़ारसी साहित्य में भारत में अंग्रेजी शासन के बहुत पहले से प्रचलित है।
4. 'पैन-आप्टिकान' या सर्वेक्षा-गृह (Pan-opticon) उन्नीसवीं सदी में परिकल्पित एक ऐसे कारागार का अभिकल्प है जिसमें केन्द्र में एक टावर हो जिसकी खिड़कियाँ चारों ओर की कोठरियों की खिड़कियों के सामने खुलती हों ताकि टावर में बैठे-बैठे हर कोठरी में क्या हो रहा है इस पर नज़र रखी जा सके। विशेष विवरण के लिए देखिए Michel Foucoult की पुस्तक Discipline and punish में पृ. 200 से प्रारम्भ विवरण।
5. यह बतलाना आवश्यक है कि जार्ज आर्वेल का मूल वाक्य है "Big brother is Watching you."
6. If the validity of the story depends on its beginning in the middle, then our own story, in order to be valid, must have its beginning in the middle, too; and the middle in which we begin as Western philosopher towards the end of the twentieth century A.D. is not the middle in which the authors of Genesis had to begin their story about 500 BC; nor is it the middle in which Plato developed his symbolism. In the pursuit of our questioning, thus, we encounter a plurality of middles, validating a plurality of quests, telling a plurality of stories, all having valid beginnings.

   —EV 5 Page 28
7. To denote the reality that comprehends the partners in being, i.e. God and the World, man and society, no technical term has been developed, as far as I know by anybody. However, I notice that philosophers, when they seen into this structre incidentally in their exploration of other subject matters, have a habit of referring to it by a neutral 'it'. The It referred to is the mysterious 'it' that also occurs in everyday language in such phrases as 'it rains'. I shall call it therefore the it-reality, as distinguished from the thing-reality.

   —EV 5 Page 16
8. The identification of thinking and being inevitably recalls the...Hegelian identification..."what is reasonable, is real what is real is reasonable". Unfortunately, what is unreasonable, is also real.

   —EV5 Page 87
9. क़दःह ब. सुर्खशी+ए+वह्म में-ज़नम बेदिल

दरीं बहार चि. दारद ब-ग़ैर+ए+बंग, शराब ॥
संयोगवश, इस शेर में जिस फ़ारसी मुहावरे 'क़दह ज़दन' (= 'प्याला मारना') का प्रयोग किया गया है वह 'हिट द बाटल' का शब्दशः अनुवाद होगा।

10. If the story of the quest depends for its truth on being an event in the comprehending reality, a plurality of middles can mean either (1) a plurality of comprehending realities with a corresponding plurality of middles, or (2) a plurality of episodes occurring in the same comprehending it-story. The first possibility must be dismissed as senseless, because we have no experience of a comprehending reality other than its comprehensiveness in relation to reality in its mode of thing-ness. The phantasy of multiple it-realities would transform the it into one of the things comprenended and require a further comprehending reality; the phantasy would abandon the analysis consciousness, with its structures of intentionality and luminosity, and with the exegetic analysis its experiential basis. If, then, the second possibility is to be accepted, we must accept the reality of an it-story that tell itself through the events of the participatory quests for truth and, with its reality, the implications of the paradoxic symbolism.

—EV5 Page 29

11. 'सोनी इंटरटेनमेण्ट टेलीविज़न' का विज्ञापन।
12. यह महर्षि पाणिनि की **अष्टाध्यायी** के सूत्र 1/1/67 का अप-पठन (= miss-reading) है। मूल सूत्र है 'स्वं रूपं शब्दस्याशब्दसंज्ञा' जिसमें से मैंने पहले दो शब्द छोड़कर आलेख में उद्धरण दिया है। इससे एक वाक्य बनता है जिसका अर्थ वही है जो मैंने आलेख में दिया है, इसके लिए आवश्यक व्याकरणिक व्यायाम को मैं यहाँ विस्तार से समझना आवश्यक नहीं मानता। किन्तु महर्षि पाणिनि का मूल आशय बताना आवश्यक है। उनका कहना है कि जब दुनिया में किसी से कहते हैं कि 'अग्नि लाओ' तो वह 'अग्नि' शब्द को नहीं लाता, अग्नि का जो अर्थ है, (जलती) 'आग', उसे लाता है। वह अर्थ से काम लेता है न कि शब्द से। व्याकरण-शास्त्र में ऐसा न समझा जाय। उदाहरण के लिए अग्नेर्ढक् (4/2/32, **अष्टाध्यायी**) में कहा गया कि 'अग्नि (शब्द) से ढक्' (प्रत्यय लगाया जाए) (और इस प्रकार 'अग्नि' से 'आग्नेय' शब्द बनता है।) इसका यह अर्थ न लगाया जाए कि आग से **अष्टाध्यायी** की पोथी को ढक देना है।
मैं समझता हूँ कि यदि महर्षि पाणिनि ने स्वतन्त्र रूप से एक सूत्र लिखकर यह चेतावनी देना आवश्यक समझा है (ऊपर दिया गया उदाहरण व्याकरण के विद्वानों में प्रचलित है और पण्डित ब्रह्मदत्त जिज्ञासु की **अष्टाध्यायी** पर की गई व्याख्या से लिया गया है) तो मेरा अप-पठन उनके आशय से बहुत दूर नहीं है।

धर्म, दर्शन और विज्ञान की समीक्षा तथा नया मानववाद*

ब्यौरे के बारे में बढ़ती हुई जानकारी, खाके के बारे में बढ़ता हुआ अनजानपन ले आयी है।

—जान आर्किबाल्ड व्हीलर

विचारार्थ विषय के केन्द्र में चार शब्द हैं और मेरे लिए यह हितकर होगा कि इन चार शब्दों का जो अर्थ मेरे मन में इस समय है उसे मैं स्पष्ट कर दूँ ताकि विमर्श के अन्तर्गत उन उलझावों की समाई कम रह जाए जो इसलिए उपजते हैं कि एक पारिभाषिक शब्द का अर्थ दो लोग, दो तरह से लगाते हैं।

सबसे पहले, **मानववाद**। 'नया' मानववाद, सम्भव है किसी विशिष्ट दार्शनिक सम्प्रदाय की ओर इंगित करता हो। दुर्भाग्यवश, मैं उससे अपरिचित हूँ। किन्तु इस 'नये' मानववाद में भी मानववाद के कुछ अभिलक्षण होने चाहिए, जिनमें एक है ऐतिहासिक 'दूरी' का विचार। क्लासिकी साहित्य के अध्ययन से ही मानववाद का प्रमुख सम्बन्ध है और इस अध्ययन की जो विधि मानववाद की है, उसके अन्तर्गत **रामायण** का कुल मतलब होगा, 'राम की तरह आचरण करना चाहिए, रावण की तरह नहीं।' इस मत के अनुसार **रामायण** का सम्पूर्ण सन्दर्भ मानवीय है, मनुष्य का इहलौकिक आचरण है। अर्थानुसन्धान और विश्लेषण की इस पद्धति में मनुष्य की मुक्ति के मार्ग, मनुष्य द्वारा आविष्कृत सद्सद्विवेक, नैतिकता, राजनीतिक और सामाजिक व्यवस्थाओं में मिलते हैं और परम्परागत कलाकर्म तथा वैदुष्य की भूमिका यह है कि इस सद्सद्विवेक की पुष्टि करे। यहाँ ऐतिहासिक दूरी मदद करती है, यानी हमें **रामायण** को वाल्मीकि के समय के प्ररिपेक्ष्य में देखना चाहिए और फिर तब से अब तक चले आते अविच्छिन्न मानव-समाज की इहलौकिक सुख-शान्ति के सिलसिले में उसकी भूमिका को स्वीकृत करना चाहिए। **रामचरितमानस** और **रामायण** में अन्तर है और वह अन्तर दो लेखकों का ही नहीं, दो समयों, दो मानवीय व्यवस्थाओं का है। संक्षेप में, इस दृष्टि के अधीन पारलौकिक और ईश्वरीय भूमिकाओं

* आचार्य रामचन्द्र शुक्ल जन्मशती पर जवाहरलाल नेहरू विश्वविद्यालय में आयोजित संगोष्ठी में पठित निबन्ध।

का अस्तित्व नहीं है और क्लासिकी साहित्य की हमसे एक दूरी होती है जो हमें उसका 'सही' परिप्रेक्ष्य ध्यान में रखने में सहायता करती है। इस आलेख के लिए मैं 'मानववादी' और 'मनुष्य-केन्द्रित' को पर्याय के रूप में इस्तेमाल कर रहा हूँ, 'ह्यूमनिस्ट' और 'होमोसेण्ट्रिक' मेरे लिए यहाँ समानार्थी हैं।

दर्शन से मैं यहाँ विश्व-दृष्टि या वैश्विकी का अर्थ ग्रहण करूँगा जिसके लिए 'कॉस्मॉलॅजी' और 'वेल्टानशाउंग' शब्दों का प्रचलन है। **विज्ञान** से मेरा तात्पर्य होगा उन अनुशासनों से जो विश्वविद्यालय अध्ययन में विज्ञान और सामाजिक विज्ञान संकायों में पढ़ाये जाते हैं—भौतिकी, गणित, जैविकी, सामाजिकी, अर्थशास्त्र आदि। कुछ और विषयों के अध्येता भी 'वैज्ञानिक' कहलाना पसन्द करते हैं, जैसे इतिहास और साहित्य-शास्त्र, उनको भी इसी वर्ग में शामिल कर लेना चाहिए। **धर्म** की समस्या थोड़ी टेढ़ी है। यह दो कारणों से है। प्रमुख कारण को मैं आइन्स्टाइन के शब्दों में आगे कहूँगा। गौण कारण यह है कि सामी मूल के और भारतीय मूल के धर्मों की संकल्पनाओं में बुनियादी अन्तर है। इस बात को ध्यान में रखते हुए कि आजकल जो चर्चाएँ हिन्दी बुद्धिजीवियों में धर्म को लेकर हो रही हैं उनमें सनातन हिन्दू-धर्म की पड़ताल खास-तौर पर की जाती है और इस बात को भी ध्यान में रखते हुए कि इस गोष्ठी के केन्द्र में आचार्य रामचन्द्र शुक्ल हैं और उनकी चिन्ताओं में भी धर्म का तात्पर्य सनातन हिन्दू-धर्म ही है, मैं भी धर्म से वही अर्थ लूँगा लेकिन मैं यह स्पष्ट कर देना चाहता हूँ कि जब मैं धर्म कहता हूँ तो उसमें श्रुति, स्मृति, पुराण और लोकाचार, सबका समावेश है। एक ठेठ ग्रामीण हिन्दू की तरह धर्म का अर्थ मेरे लिए भी शंकर अद्वैत और हनुमान चालीसा दोनों ही हैं। इस आलेख में धर्म शब्द का इस्तेमाल मैंने इसी अर्थ में किया है। इस प्रकार मेरे लिए महामहोपाध्याय हरप्रसाद शास्त्री की यह खोज अप्रासंगिक है कि सत्यनारायण व्रत वस्तुतः एक मुस्लिम धर्माचार को हिन्दुओं द्वारा अपना लिये जाने से बना हुआ व्रत है।

2

आचार्य रामचन्द्र शुक्ल ने इस गोष्ठी के विचारार्थ विषयों पर जो सोचा था उसका एक व्यवस्थित उदाहरण **विश्वप्रपंच** की भूमिका है। यह ग्रन्थ हैकल की किताब का अनुवाद है और यह सूचना यहाँ दे देना आवश्यक है कि हैकल का लेखन वैज्ञानिकों के लिए तोष का विषय कम रहा है, सरदर्द का ज़्यादा क्योंकि उनकी उत्साही लोकप्रिय प्रस्तुतियों में विकासवाद एक वैज्ञानिक सिद्धान्त से बढ़कर एक पन्थ के रूप में आया है और उनके तर्कों में जोड़-तोड़ तथा कल्पना का स्थान महत्त्वपूर्ण है। केवल एक उदाहरण देना पर्याप्त होगा—यह उन्हीं का प्रतिपादित कथन है कि मानव-भ्रूण विकास क्रम की सारी अवस्थाओं से गुजरता है यानी उसमें समय-समय पर मत्स्य या सरीसृप आकृतियाँ दिखती हैं। वैज्ञानिक तर्क के रूप में इस कथन

का मूल्य उतना ही है जितना मत्स्य, कूर्म आदि अवतारों के आधार पर यह प्रतिपादित करने का कि दशावतार वस्तुतः विकासवाद को ही सिद्ध करते हैं किन्तु यह तर्क सभी जगह और पाठ्य-पुस्तकों तक में प्रचलित है। हैकल ने यह तर्क इसके बावजूद दिया कि उनसे पहले ही फान बाएर ने यह सिद्ध कर दिया था कि भ्रूण की तुलना केवल भ्रूण से हो सकती है, भ्रूण की तुलना जात से नहीं हो सकती। अस्तु, इस आलेख के लिए इस सूचना की प्रासंगिकता यह है कि वैज्ञानिक जानकारी भी अवैज्ञानिक रूप में दी जा सकती है। मैं यहाँ इस विवाद में न पड़ूँगा कि डार्विन का विकासवाद विज्ञान है कि नहीं और यदि है तो क्या वह अभी भी सन्तोषजनक है। विकासवाद की लड़ाई दुर्भाग्यवश पत्रकारिता के स्तर पर अधिक लड़ी गयी है और पिछली सदी में धर्माचार्यों और आजकल तथाकथित सर्जनावादियों (क्रियेशनिस्ट्स) के द्वारा प्रतिपक्ष के रूप में चुन लिये जाने के नाते अनायास ही उसे ऐसे सैद्धान्तिक युद्ध में खड़ा कर दिया गया है जिसका उससे कोई तअल्लुक नहीं है।

जहाँ तक आचार्य शुक्ल का सवाल है, हैकल की ही तरह उन्होंने विकासवाद से कुछ परिणाम निकाल लिये हैं और उससे एक दर्शन का भी काम लिया है। इन दिनों भी विदेशों में 'सामाजिक जैविकी' (सोशल बॅयोलॅजी) नामक अनुशासन बन गया है जो जैविकी की नयी खोजों को सामाजिकी में अनूदित करने का काम करता है। एक अनुशासन के अनुमानों को दूसरे अनुशासन में परम सत्य मानना, एक अनुशासन की प्रौद्यागिकी को दूसरी अनुशासन में ज्यों-का-त्यों भिड़ा देना क्रमशः अनुवाद प्रक्रिया की भ्रष्टता और अनुवाद प्रक्रिया के परीक्षण में काहिली के अलावा कुछ नहीं है किन्तु यह बौद्धिक लूट का युग है। हम प्रायः देखते हैं कि इतिहास के अनुमान समाजशास्त्र या भाषा विज्ञान में परमसत्य स्वीकृत कर लिये जाते हैं। अर्थशास्त्र के अभिगृहीत साहित्य-शास्त्र में इस्तेमाल कर लिये जाते हैं। इनका महत्त्व भी स्वीकार कराने का आग्रह 'वैज्ञानिकता' के नाम पर किया जाता है। यदि यह वैज्ञानिकता है तो जिस समय वाट्सन और क्रिक ने आनुवंशिकी की सर्वोच्च उपलब्धि—यानी डी.एन.ए. का डबल हेलिक्स मॉडल—1953 में प्रस्तुत की और चित्रकार सल्वाडोर डाली ने उसे ईश्वर के अस्तित्व का परम प्रमाण बताया, उस समय भी यह वैज्ञानिकता ही थी।

कहने का मतलब यह है कि आचार्य शुक्ल के इस निबन्ध को पढ़ते समय कुछ सावधानी बरतना आवश्यक है। धर्म की चर्चा वे विकासवाद के एक नैतिक आयाम के रूप में करते हैं और स्पष्ट कहते हैं कि "लोकव्यवहार और समाज-विकास की दृष्टि से ही धर्म और आचार की व्याख्या की गयी है, परलोक और अध्यात्म की दृष्टि से नहीं।" यही सही, लेकिन फिर थोड़ी ही देर बाद वे कहते हैं कि "इसी से कहा गया है कि 'धर्मो रक्षति रक्षितः'।" प्रमाण और प्रमेय में सिर्फ़ इतना सम्बन्ध है कि दोनों जगह 'धर्म' शब्द का इस्तेमाल किया गया है। प्रमेय में धर्म दैवी नहीं

है, प्रमाण में दैवी है। कुछ स्थूल स्तर पर इस तरह की गड़बड़ियाँ वैशेषिक परमाणु को वर्तमान भौतिकी के परमाणु-सिद्धान्त से जोड़ देने में, और भी अन्य अनेक स्थलों पर हुई हैं।

वस्तुतः यह निबन्ध अकेले आचार्य शुक्ल की नहीं, पिछले सौ, डेढ़-सौ वर्षों के औसत भारतीय बुद्धिजीवी की उस छटपटाहट का नमूना है जो उसके मन को मथते हुए एक शाश्वत प्रश्न के रूप में मौजूद रही है—क्या कारण है कि हम भारतीय पिछड़े हुए और विजित लोग हैं। यहाँ उस सत्यानाश की कहानी की जगह नहीं है जो सैकड़ों नहीं, हज़ारों वर्षों पहले शुरू हुई लेकिन इतना प्रासंगिक है कि प्रतिरोध और प्रतिरक्षण के जो अन्तिम उपाय थे उन्हीं से शर्मशार होनेवाले लोगों को उन्नीसवीं शताब्दी के अन्तिम चरण से भारतीय औद्योगिक चिन्तन में प्रतिष्ठित करने का काम व्यवस्थित ढंग से शुरू हुआ। आप एक क्षण के लिए कल्पना कीजिए कि यदि आचार्य रामचन्द्र शुक्ल ने सृष्टि के प्रारम्भ की पौराणिक प्रस्तुति को अक्षरशः अपनाया होता तो भारतीय बुद्धिजीवी वर्ग में उनकी क्या स्थिति होती। वे निश्चय ही पोंगा और अवैज्ञानिक ठहराये जाते यद्यपि न्यूटन जैसे वैज्ञानिक का भी काम **बाइबिल** में दिये गये सृष्टि-विज्ञान और पादरियों द्वारा गिनाये गये सृष्टिकाल अर्थात् ईसा के 4004 वर्ष पूर्व से चल गया था। मैं आपसे इस बौद्धिक वातावरण को ओझल न करने के लिए आग्रह करूँगा जिसके अधीन हम आचार्य शुक्ल को अतिरिक्त सम्मान इसलिए दे रहे हैं कि उन्होंने व्यास को हैकल के मुक़ाबले में रखा और व्यास की अपेक्षा हैकल पर अधिक विश्वास किया।

यहीं उन प्रतिबन्धों की करालता प्रकट होने लगती है जिनके कड़े शिकंजे में हमारा सारा सोच फँसा हुआ है। हमारी तर्क-पद्धति कुछ यों होती है कि ये महान् शक्तिशाली लोग, जिन्होंने रेलवे और बिजली-जैसी अद्भुत चीज़ें इस देश को दीं और सात समुन्दर पार से आकर यहाँ अपना शासन स्थापित किया, हमसे जिन बातों में भिन्न होंगे वे ही बातें इनकी विजय के मूल में होंगी और उन भिन्नताओं को हम जितनी जल्दी आत्मसात् कर लेंगे उतनी ही जल्दी हम सुधर जाएँगे। तो हम शीघ्रातिशीघ्र अपना सिविल कोड और भोजन व्यवहार उनके सिविल कोड और भोजन व्यवहार के नज़दीक कर लें और मम्मट की जगह आई ए रिचर्ड्स पढ़ने लगे तो उद्धार की कुछ आशा दिखती है। इस तर्क-पद्धति में स्वभावतः हमारे चिन्तन की भूमिका कुल इतनी रह गयी कि यदि वैज्ञानिक किसी एक मूल तत्त्व की बात करें तो हम कहें कि देखिए, शंकराचार्य ने भी अद्वैत की बात बहुत पहले कही है। **विश्वप्रपंच** की भूमिका में विज्ञान और भारतीय दर्शनों का परस्पर कुछ ऐसा ही है।

विकासवाद जैविकी के भीतर एक प्रस्ताव है और उसकी सही जगह जैविकीविदों के भाषाई सन्दर्भ में ही सदा रो रही है। संयोग से पाश्चात्य धर्म-व्यवस्था में ऐसा वर्ग हावी रहा है जिसने ज्ञान और विश्वास में भेद और संघर्ष का मॉडल

स्वीकार किया और आधिदैविकता को आधिभौतिकता में रिड्यूस करके एक नितान्त अनावश्यक संग्राम का प्रारम्भ किया। इस सामरिकता की दुर्भाग्यपूर्ण परछाईं कुछ वैज्ञानिकों पर भी पड़ी है। अभी तीन-चार साल पहले ब्रिटिश म्यूज़ियम ने अपनी एक पुस्तिका में यह लिख दिया कि "अगर विकासवाद का सिद्धान्त सत्य है तो...।" यह 'अगर' लगा देना गज़ब हो गया और फिर पिछली शताब्दी जैसे तूफ़ान की शुरुआत हुई यद्यपि यह 'अगर' जैविकी के एक शास्त्रीय संशय को ही व्यक्त करता है। विकासवाद के विरोधियों को लंगूर से आदमी बनने में लंगूर रह जाने का खतरा दिखता है, विकासवाद के साथ 'अगर' लग जाने से घबड़ा जानेवालों को इसका कि पहले के आदमी को लंगूर बनाए बिना खुद आदमी कैसे रहें। यदि हम आज अपने को सभ्य और अपने पूर्वजों को असभ्य कहते हैं तो इसके दो ही आधार हैं, एक तो यह कि हमने प्राकृतिक सम्पत्ति को अधिकाधिक खर्च कर डालने की ताक़त हासिल कर ली है और दूसरा यह कि हम पहले लंगूर थे। ये दो आधार अगर न होते तो उद्दालक की पत्नी का परपुरुष के साथ चला जाना आचार्य रामचन्द्र शुक्ल को एक असभ्य, और अविकसित धर्म सिद्धान्तवाले समाज की बात न लगती क्योंकि इसी निबन्ध में उन्होंने एकदम आधुनिक विज्ञान के प्रत्यय उपनिषदों में खोज निकाले हैं और यह तो उनको भी ज्ञात ही था कि उपनिषदों में उद्दालक और उनके शिष्यों की ज्ञानचर्चा का प्राधान्य है। तो यदि औपनिषदिक दार्शनिक चिन्तन का स्तर लगभग वही था, "जहाँ आज विज्ञान पहुँच रहा है।" तो श्रेष्ठता और सभ्यता का आधार यही बचता है कि उद्दालक के समय में रेल नहीं चलती थी और घरों में बिजली की रोशनी नहीं थी। जिनके घरों में बिजली नहीं वे लंगूर और आदमी के बीच की ही चीज़ होंगे, खासतौर पर तब जबकि विकासवाद भी सामने हो और, और भी ख़ासतौर पर तब जबकि 'स्त्रियों को विवाहेतर यौन-सम्बन्ध स्थापित करने की छूट' नामक विषय पर पिता और पुत्र (उद्दालक और श्वेतकेतु) के मत भिन्न प्रतीत होते हों। मैं पुनः यह अनुरोध करता हूँ कि मेरी इस आलोचना को आचार्य शुक्ल में दोष-दर्शन तक सीमित न समझा जाए। ऐसे असंख्य उदाहरण भारतीय और विदेशी विद्वानों ने प्रस्तुत किये हैं और प्राचीनता के प्रशंसक भी जब दक्षिणी फ्रांस में पाये गये कम-से-कम बीस हज़ार वर्ष पुराने भित्तिचित्रों के बारे में यह कहते हैं कि ये तो समकालीन कलावीथियों में सम्मान प्राप्त कर सकते हैं तो उनके मन में यही भाव रहता है कि ये लोग जो हमारे लिखे इतिहास के अनुसार मूलतः गुहामानव और फलतः असभ्य थे, इस 'सांस्कृतिक ऊँचाई' तक कैसे पहुँचे।

विश्वप्रपंच की भूमिका में विज्ञान, दर्शन और धर्म का जो परस्पर है, उसकी इस वैचारिक विकलता की ओर मैं आपका ध्यान विशेष रूप से आकृष्ट करना चाहता हूँ। उसकी तार्किक और तथ्यात्मक विकलताएँ इतनी प्रकट हैं कि उन पर बहस को केन्द्रित करने का विशेष अर्थ नहीं है।

3

आइन्स्टाइन ने **न्यूयार्क टाइम्स** मैगज़ीन के 9 नवम्बर 1930 के अंक में एक लेख लिखा था, 'धर्म और विज्ञान'। उसमें उन्होंने धर्म के तीन स्वरूपों का जिक्र किया है, भयमूलक, नीतिमूलक और विश्वरूपी (कॉस्मिक)। इस अन्तिम स्वरूप को उन्होंने विज्ञान की मूल प्रेरणा कहा है। उन्हीं के शब्दों में, "इस अनुभव (= विश्वरूपी धार्मिक अनुभव) **को किसी ऐसे आदमी को समझा सकना बहुत कठिन है जिसके पास यह बिल्कुल है ही नहीं**" (ज़ोर मेरा)। धर्म की व्याख्या के सिलसिले में जिस प्रमुख कठिनाई का मैंने उल्लेख किया था, वह यही है। अस्तु, मैं एक उद्धरण इस लेख से देना चाहता हूँ :

> *वैज्ञानिक अनुसन्धान से जिनका परिचय मुख्यतः इसके अनुप्रयोगात्मक परिणामों के माध्यम से होता है वे आसानी से उन व्यक्तियों (=वैज्ञानिकों) की मानसिकता के बारे में एकदम असत्य कल्पना विकसित कर लेते हैं जिन्होंने एक शक्की दुनिया से घिरे हुए (होने के बावजूद) संसार और सदियों में बिखरी हुई ज्ञातिमती सत्ताओं तक जानेवाला मार्ग दिखलाया है।...यह विश्वरूपी धार्मिक अनुभव है जो मनुष्य को इतनी शक्ति देता है। एक समकालीन ने ठीक ही कहा है कि हमारे इस भौतिकवादी युग में गम्भीर विज्ञानकर्मी ही अकेले लोग हैं जो पूर्णतः धार्मिक हैं।*

यहाँ यह स्पष्ट कर देना आवश्यक है कि 'विश्वरूपी धार्मिक अनुभव' कोई एक नाम-भर नहीं है जो आइन्स्टाइन ने वैज्ञानिक अनुसन्धान की प्रेरणा-शक्ति को दे दिया हो, इसी लेख में उन्होंने विश्वरूपी धार्मिक अनुभव के उदाहरण के रूप में डेविड के स्तोत्रों का उल्लेख किया है और कहा है कि "बौद्धमत में, जैसा कि हमें शोपेनहावर के अद्भुत लेखन से विशेषतः ज्ञात हुआ है, इस तत्त्व (= विश्वरूपी धार्मिक अनुभव) का बहुत अधिक अंश विद्यमान है।"

(प्रसंगवश, मैं आशा करता हूँ कि इस वाक्य की यह व्याख्या न की जाएगी कि आइन्स्टाइन 'पाखण्डी' सनातन हिन्दू धर्म के विरोधी और 'क्रान्तिकारी' बौद्धमत के समर्थक थे।)

धर्म और विज्ञान का यही परस्पर है जो सत्य है, शेष जितने परस्पर स्थापित किये गये हैं वे या तो असत्य हैं या चमत्कार। इस सन्दर्भ में मुझे लगता है कि मानववादी दृष्टि उन्हीं अपूर्णताओं और दासताओं को अन्ततः प्रश्रय देती है जिनके अधीन एक मानवीय अनुशासन दूसरे मानवीय अनुशासन में आश्रित होने या उसे आश्रित करने की भूल-भलैया में भटकता रहता है क्योंकि उसके पास नारायण में नर का आरोप करने के अतिरिक्त कोई मार्ग नहीं है। नरत्व मूलतः एक सीमा है,

आदि और अन्त से बाधित। इस सीमा का आरोपण सम्पूर्णता पर करना अन्याय है और उससे अन्याय ही उपजता है। इस आरोपण के क्रम में समय इतिहास में बदला जाता है और मानवीय परस्पर समाज व्यवस्थाओं में बदले जाते हैं। फलतः इतिहास-लेखन की विविध पद्धतियाँ कालचेतना बनने के दावे करती हैं और एक समाज-व्यवस्था दूसरी समाज-व्यवस्था को शत्रु मानती है क्योंकि वह स्वयं को मानवीय परस्पर की एकमात्र काया समझती है।

कर्म के किसी भी क्षेत्र में कर्मवीर वे ही रहे हैं जिन्होंने सीमा के इस पूर्वग्रह से मुक्ति पा ली है। आइन्स्टाइन का ज़िक्र ऊपर आ चुका है जिन्होंने वैज्ञानिक अनुसन्धान के मूल में विश्वरूपी धार्मिकता का प्रतिपादन किया है। जो लोग घोषित रूप से अपने को नास्तिक कहते रहे हैं जैसे प्रख्यात गणितज्ञ और विचारक बर्ट्रेण्ड रसेल, वे भी नरत्वारोपण के ही विरोध में रहे हैं और परमता का अनुभव गणितीय लालित्य जैसे सन्दर्भों की भाषा में व्यक्त करते रहे हैं। मैं केवल एक उदाहरण और देकर इस आलेख को समाप्त करना चाहूँगा। यह इस गोष्ठी में उपस्थित हम सभी की और जिनकी पुण्य-स्मृति में हम सब आज यहाँ बैठे हुए हैं, उन स्वर्गीय आचार्य रामचन्द्र शुक्ल की सीधी दिलचस्पी का विषय है—मेरा तात्पर्य 'रस-सिद्धान्त' से है।

अभिनवगुप्त ने **अभिनवभारती** में जिस समय रस-निरूपण किया है उस समय उनके पूर्व जितने भी आचार्यों के मत थे उन सबका उन्होंने खण्डन कर दिया। अन्त में उन्होंने यह प्रश्न उठाया कि यदि सभी सिद्धान्तों का खण्डन कर दिया गया तो आखिर रस की सत्ता किस सिद्धान्त के अनुसार मानी जाएगी। इसका उत्तर देते समय उन्होंने चार पद्यों से प्रारम्भ किया है, जिनमें पहला है :

आम्नायसिद्धे किमपूर्वमेतत् संविद्विकासेधिगतागमित्वम्
इत्थं स्वयंग्राह्यमहार्हहेतु द्वन्द्वेन किं दूषयिता न लोकः।

यह रस तो आम्नाय के द्वारा, वेदों के द्वारा सिद्ध है, इसमें अपूर्व क्या है, ऐसा क्या है जो पहले नहीं था, ऐसा क्या है जो हम लोगों को कहना है। इसका अधिगतागमित्व, इसके आगम को अधिगत कर लेने की अवस्था तो संविद के विकास से होती है, चेतना के विस्तार से होती है। इस प्रकार से, स्वयंग्राह्य और अत्यन्त मूल्यवान् हेतु की जो वस्तु है उसे द्वन्द्व के द्वारा, तर्क के द्वारा क्या लोक, अर्थात् लौकिक चिन्तन, दूषित नहीं करता?

अभिनवगुप्त ने अन्य आचार्यों के प्रमाणों का खण्डन इसलिए नहीं किया कि वे नया प्रमाण प्रस्तुत करना चाहते थे, उन्होंने आगे स्पष्ट किया है कि रस 'अप्रमेय स्वभाव' है, वह प्रमाण के क्षेत्र में है ही नहीं। अन्य प्रमाणों के खण्डन से वे यह दिखाना चाहते थे कि प्रमाणों का खण्डन किया जा सकता है और जितने भी प्रमाण हैं उन सबका खण्डन किया जा सकता है। आगे फिर उन्होंने इन प्रमाणों को रहने

भी दिया है, 'कोई हरज नहीं' के अन्दाज में (...अनुकारोऽपि अस्तु...)। रस अप्रमेय-स्वभाव है, प्रमाण का, पौरुषेय चिन्तन का विषय नहीं है किन्तु वह प्रतीतिग्राह्य है।

एक साथ अप्रमेय स्वभाव और प्रतीतिग्राह्य होने का मतलब है कि प्रतीति और प्रमाण में स्पष्ट अन्तर स्वीकार किया जाना चाहिए। विज्ञान के बारे में एक व्यापक भ्रम यह है कि वह प्रतीति और प्रमाण के अन्तर को स्वीकार नहीं करता या उसके लिए प्रतीति प्रासंगिक नहीं है। मैं इस सिलसिले में खुद कुछ कहने की पात्रता नहीं रखता और समकालीन भौतिकीविदों में मूर्धन्य श्री जान आर्किबाल्ड व्हीलर का एक उद्धरण देता हूँ लेकिन इसके पूर्व मैं आपका ध्यान इस ओर आकृष्ट करना चाहता हूँ कि अभिनवगुप्त के लिए भी प्रतीति का वीतविघ्न होना आवश्यक है (रसात्मकवीतविघ्नप्रतीतिग्राह्यो भाव एव रसः), उदाहरण के लिए जब तक वह स्वगत या परगत देशकाल आदि से आलिंगित है तब तक वह ऐसी प्रतीति नहीं है जिससे रस का ग्रहण हो सके। अस्तु, व्हीलर (1977) कहते हैं (कोष्ठकों की व्याख्याएँ मेरी हैं) :

> *कोई भी ख़ोज कभी भी भौतिकी अथवा गणित की ऐसी आखिरी नींव नहीं खोज पायी है जो भौतिक नियम के बहुतलीय स्तम्भ के लिए तर्काधार प्रस्तुत कर सकने की रंचमात्र आशा भी जगाती हो। अतः ऐसा लगता है कि यह सोचना ग़लत है कि जैसे-जैसे हम भौतिकी की संरचना में गहरे उतरते जाएँगे, हम उसे (= सरंचना को) किसी nवें (= किसी सीमित संख्या के बाद, जैसे पाँचवें या दस लाखवें) स्तर पर समाप्त हुआ पाएँगे। और यह सोचना भी ग़लत लगता है कि यह संरचना स्तर के बाद तक होती हुई अनन्तशः चली जाती है। असहायता की इस स्थिति में हम अपने को यह पूछते हुए पाते हैं कि कहीं ऐसा तो नहीं है कि यह संचरना किसी लघुतम वस्तु (= जैसे किसी पारमाणविक अवयव) या किसी सर्वाधिक मूलभूत 'फील्ड' (=जैसे विद्युच्चुम्बकत्व या गुरुत्व) में समाप्त होने के बजाय या लगातार चलती चली जाने के बजाय आखिरकार प्रत्ययद्रष्टा (='आब्ज़र्वर', व्हीलर का तात्पर्य जीवन से है क्योंकि जीवितों के द्वारा ही वैज्ञानिक कर्म किये जाते हैं।) तक ही अन्योन्याश्रय के एक वृत्त में वापस ले आती हो।*

प्रतीति की यह भूमिका 'रहस्यवादी' नहीं है। जैसा कि व्हीलर ने स्वयं ही कहा है "विज्ञान की वाहिनी से बाहर होने का सर्वोत्तम उपाय रहस्यवाद की वाहिनी में शामिल हो जाना है।" किन्तु क्वाण्टम भौतिकी का प्रश्न टाला नहीं जा सकता–दृश्य क्यों है यदि द्रष्टा की कोई भूमिका नहीं है, जड़ क्यों है यदि उसकी प्रतीति हेतु चेतना नहीं है। उत्तर के रूप में प्रस्ताव है–द्रष्टा स्वयं दृश्य को दर्शन

से उपस्थित करता है, दूसरे शब्दों में, जड़ कार्य है चेतना कारण। इस सिलसिले में यदि कुछ 'अद्भुत' हो यानी 'बाद में आनेवाली' चेतना (= जीवन) 'पहले आने वाले' जड़ को 'उत्पन्न' करती हुई दिखे तो 'पहले' और 'बाद में' के परे होकर सोचना पड़ेगा।

जड़ के 'अस्तित्व' को खतरा है, यह न समझना चाहिए। पुराना किस्सा है, डॉ. सैमुअल जानसन ने जड़ के अस्तित्व को चेतना में बतानेवालों को एक पत्थर में ठोकर मारकर दिखाया था कि पत्थर 'वास्तविक' है, 'काल्पनिक' नहीं। आज हम जानते हैं कि पत्थर परमाणुओं का बहना है जो धनात्मक और ऋणात्मक विद्युत-आवेगों के हैं और जिनमें से हर एक 99.99 प्रतिशत 'खोखला' है। लेकिन इस 'करीब-करीब खोखले' पत्थर में भी ठोकर मारने से भी उतना ही दर्द होगा जितना 'वास्तविक' पत्थर में ठोकर मारने से। और यदि कल को 'करीब-करीब' खोखला न रहकर पत्थर बिल्कुल खोखलेपन का ही बना साबित हो जाए तो ठोकर मारने की 'वास्तविकता' को भय न होना चाहिए। मैं आशा करता हूँ कि धर्म और विज्ञान के संग्राम को जिस अर्थ में मैंने 'अनावश्यक' कहा था उसका कुछ स्पष्टीकरण हो गया होगा। महाराज भोज के शब्दों में :

सत्वात्मनाममलधर्मविशेषजन्मा
जन्मान्तरानुभवनिर्मितवासनोत्थः
सर्वात्मसम्पदुदयातिशयैकहेतुर्जागर्ति
कोपि हृदि मानवतो विकारः।

हम सब चेतन होने के नाते ही मनुष्य हैं अतः इसे 'मानववाद' भी कह लें तो 'कोई हरज नहीं' किन्तु मैं कुल मिलाकर सिर्फ़ यह दिखाना चाहता हूँ कि जड़ और चेतन के बीच विनिगमना (= दो विकल्पों में से एक का चुनाव) की स्थिति नहीं है, इस नतीजे पर आप कई रास्तों से पहुँच सकते हैं जिनमें भौतिकी भी एक है। इसलिए उस आत्मसन्तोष की स्थिति में पड़ा रहना सम्भव नहीं है जिसके अधीन डार्विन का विकासवाद तो 'वैज्ञानिक' है और सांख्य या अद्वैत 'अवैज्ञानिक'। इस व्यापक भ्रम को दूर करने का प्रयास करना ही इस आलेख का प्रमुख उद्देश्य है।

●●●

नामानुक्रमणिका

●●●